KB194093

한국교회학연구소 인물연구총서 1

복음·교회·국가

서울지역 기독교 인물 연구

김필례 | 이상재 | 김정식 | 강신명 | 정경옥 | 강원용

김정회 김명구 김일환 송인설 김석수 김영신 지음

드림북

추천사

봉건왕조 조선이 근대국가 대한민국으로 환골탈태하는 과정에서 기독교의 역할은 절대적이었다. 우리가 근현대사를 논하면서 독립운동가, 교육인, 지식인, 군인, 기업가를 기억하는 것은 지극히 당연한 일로 여긴다. 반면 실제로 봉건 조선에 근대의 사상과 제도, 가치관을 소개하는데 가장 핵심적인 역할을 한 기독교인들에 대한 이야기들은 주로 교회 내에서, 기독교 내에서만 다루어져 온 것이 한국 기독교사학의 현실이다. 그러나 기독교인들이야말로 교회를 세우고 학교, 신문, 시민단체를 설립하고 운영하면서 신분제철폐, 남녀차별철폐, 지역차별철폐에 앞장서고 지도자들을 투표를 통하여 선출하는 민주주의 체제를 뿌리내리면서 전통과 현대, 유교와 기독교 간의 문명충돌의 최전선에서 근대화를 위해 싸워왔다.

『복음·교회·국가: 서울지역 기독교 인물 연구』는 기존의 교회사 연구의 틀에서 벗어나 우리 근현대사의 주요 기독교인들이 교회와 신앙, 신학에 기여한 내용을 다루는데 그치지 않고 자신들이 살았던 시대의 정치, 사회, 이념과 어떻게 치열하게 싸우면서 기독교 근대(Christian modernity)를 이루었는지 보여준다.

우리 근현대사에서 기독교의 역사는 특정 종교, 교파의 역사가 아닌 조선의 근대화, 독립운동, 공산주의 싸움, 대한민국 건국의 역사

그 자체다. 기독교는 기독교인들에게는 일차적으로 신앙의 문제이고 구원의 서사이겠지만 한국 사람들에게는 종교를 떠나 한국의 근대화, 민주화, 산업화의 서사다. 대한민국의 인구 중 기독교인들은 다수가 아니지만 한국의 정치, 경제, 사회, 제도, 이념, 가치관은 기독교에 의해서 형성되었다. 이러한 사실을 기독교인들 자신들도 모르는 것이 안타까울 따름이다.

서울장신대학교 부설 한국교회학연구소는 바로 이러한 문제의식에서 출범한 것으로 알고 있다. 『복음·교회·국가: 서울지역 기독교 인물 연구』는 「한국교회학연구소」의 첫 작품이며 보편사적인 맥락에서 기독교의 역사를 서술하는 새로운 기독교 사학의 산물이다. 보다 깊이 있는 연구와 많은 후속 연구서들의 출간을 통하여 우리 역사 속에서 기독교의 역할에 대한 이해를 도모하기를 바란다.

한국학술연구원 원장 함재봉

추천사

"역사는 과거와 현재의 끊임없는 대화이다"

식상하다 못해 곰삭은 듯한 말이다. 하지만 E. H. 카(Carr)의 식상할 것 같은 이 말이 왜 이렇게 신선하게 느껴지는 것일까? 2025년 한 날의 시점이 수 년 전 경험했던 기시감을 준다. 한 어르신은 수십 년 전의 역사의 반복이라고 한탄한다. 그래서 역사를 30초짜리 쇼츠와 릴스로 보아서는 안 되고 광장에서 쏟아지는 스크린 되지 않은 구호에서 배워서도 안 된다. 균형과 중심을 잡고 치열하게 추적하고 정리해서 일관성 있게 서술해 가는 '역사'를 읽어야 한다. 오늘의 역사를 곱씹고 전에 먹어보았던 옛 맛을 머리에 떠오르게 해야 할 뿐만 아니라, 침샘에도 그 기억을 살려야 한다. 그렇게 해야 과거와 현재가 뒤엉켜 진실에 가까운 길을 내어줄 것이기 때문이다.

서울장신대학교 부설 한국교회학연구소에서 이번에 출간하는 '복음.교회.국가: 서울지역 기독교 인물 연구'는 그 길을 보게 한다. 이책은 따뜻하다. 가장 차가운 시대를 살아왔던 여섯 분(김필례, 이상재, 김정식, 강신명, 정경옥, 강원용)의 역사적 연구는 나라와 교회를 사랑하는 따뜻함을 가슴에 품었던 로맨티시스트의 이야기로 독자들의 마음을 두드린다. 그래서 역사만 있고 진실이 없는 이 시대에 더욱 읽어야 하는 책이다.

이 추천사를 쓰면서 필자는 영화 '캡틴 아메리카: 브레이브 뉴 월드'를 보려고 준비하고 있다. 문득, '왜 역사책도 시리즈로 만들 수 없을까'라는 생각이 든다. 이 책이 시리즈처럼 나오길 바란다. 아니 벌써, 너무 기대가 된다. 시대 속 팩트이지만 따뜻한 진실이 담긴 역사 이야기를 커피 한 잔을 앞에 두고 끊임없이 소통할 수 있게 하는, 저자의 책'들'을 목 빠지게 기다려 보고 싶다.

김주용목사
연동교회 담임, 시카고루터란신학교 선교학박사

서 문

2023년 7월 서울장신대학교 부설 한국교회학연구소(The Institute for Korean Church Studies, IKCS)가 설립되었습니다. 한국학이 한국을 전체적으로 연구하듯이, 본 연구소도 한국교회를 전체적으로 바라보는 비전을 품고 시작했습니다. 연구소 설립 후에 본 연구소는 한국교회와 서울장신대학교의 복음주의 정체성을 역사적으로 정립하고 아울러 미래의 신학과 목회 및 선교의 방향과 과제를 연구하는 일부터 진행하기로 하였습니다.

이 책은 그 첫 번째 결실입니다. 한국교회의 역사가 어느덧 140여 년이 되었습니다. 한국교회가 형성되고 발전하는 시기에 활동하며 후대까지 영향을 끼친 지도자들은 무수히 많습니다. 그들의 신앙과 사상, 활동, 영향 등을 연구하는 일은 한국 교회사를 이해하는 데 필수적입니다. 따라서 본 연구소에서는 한국교회학 연구의 첫 번째 과제로, 한국교회의 주요 인물을 연구하여 소개하는 인물 총서 제1권을 기획했습니다.

선별된 인물은 강신명, 강원용, 김정식, 김필례, 이상재, 정경옥 등 6명입니다. 이상의 인물들은 생애 및 활동 시기와 분야 등이 매우 다양합니다. 강신명, 강원용, 정경옥은 목회자이지만 김정식, 김필례, 이상재는 평신도 지도자입니다. 김정식, 이상재, 정경옥은 해방 전에 세상을 떠났지만, 강신명, 강원용, 김필례는 해방 이후에 더 활발하게 활동하며 영향을 끼칩니다. 강신명을 비롯한 5명은 장로교의 인물이지만, 정경옥은 감리교인입니다.

그런데 6명의 인물을 연구하면서 필자들이 찾아낸 공통점이 있습니다. 이들의 생애와 신앙, 활동을 관통하는 3개의 키워드를 발견한 것입니다. 바로 복음, 교회, 국가입니다. 6명의 인물은 복음, 교회, 국가를 아우르는 신앙을 바탕으로 일생을 살아간 사람들이라고 할 수 있습니다. 이들은 복음적 신앙, 선교적 기관으로서의 교회, 하나님 나라를 구현하는 국가를 중요하게 생각했으며, 처한 현실에 따라 강조점이 다르기는 했지만 세 가지 요소를 삶 속에서 실천하고 드러내기 위하여 노력했습니다.

이 책은 전체 6장으로 구성되어 있습니다. 제1장에서는 한국의 근대 여성교육과 계몽운동을 이끈 지도자요 선구자인 김필례(金弼禮, 1891-1983)를 연구했고, 제2장에서는 기독교청년운동과 독립운동의 지도자 이상재(李商在, 1850-1927)를 연구했으며, 제3장에서는 재일 한국 YMCA의 기틀을 다진 김정식(金貞植, 1862-1937)을 연구했습니다. 제4장에서는 서울장신대학교와 새문안교회를 통하여 에큐메니칼 복음주의를 구현한 강신명(姜信明, 1909-1985)을 연구했으며, 제5장에서는 한국 감리교회의 복음주의 신학자요 목회자인 정경옥(鄭景玉, 1903-1945)을 연구했고, 제6장에서는 한국교회의 복음적 에큐메니칼 전통을 실천한 지도자 강원용(姜元龍, 1917-2006)을 연구했습니다.

이 책은 본 연구소가 기획한 첫 번째 연구서이다보니 일반 대중들이 쉽게 읽을 수 있는 대중서라기보다는 연구서의 성격이 강합니다. 그럼에도 이 책을 통하여 6명의 생애를 따라가다 보면 복음과 교회와 국가를 아우르며 하나님 나라를 위하여 헌신한 한국교회의 지도자들을 대면하게 될 것이라고 생각합니다. 이 책이 어느 때보다 더한 위기의 시대를 지나가고 있는 한국교회에 작은 도움이 되기를 소망합니다.

각 인물들의 연구와 집필을 맡아 수고해주신 월남시민문화연구소의 김명구 소장님과 본 연구소의 책임연구원인 김정회, 김일환 박사님, 순천엘림교회의 김석수 목사님, 대조제일교회의 김영신 목사님께 감사의 말씀을 전합니다

책을 출간하는 과정에서 도움을 주신 분들이 계십니다. 본 연구소가 설립될 때부터 지금까지 후원회장으로 항상 격려와 지원을 아끼지 않으시는 서울장신대학교 전 이사장 김홍천 목사님과 출판을 후원해 주신 태성환 장로님께 감사드립니다. 이 책의 기획과 집필을 누구보다도 기뻐하면서 출판비를 지원해 주신 연동교회 당회와 역사위원회, 김주용 위임목사님께 감사드립니다. 바쁘신 중에도 추천사를 써주신 한국학술연구원 함재봉 원장님과 연동교회의 김주용 목사님께 감사드립니다. 또한 이 책의 출간을 선뜻 맡아주신 드림북의 민상기 대표님께 감사드립니다.

2025년 3월 일
한국교회학연구소 소장 송인설 교수

목 차

김 필 례*

『사진출처- 한국 민족대백과 사전』

"우리는 먼저 신앙이란 토대 위에 지식을 쌓아야 하겠습니다. 신앙이란 토대가 무너질 때 그것은 모래 위에 세운 집과 다를 바가 없습니다. 그것은 이미 생명이 없는 지식이요, 생명이 없는 지식은 있으나마나 한 것입니다. 신앙이란 터전 위에 쌓아 올린 지시기이라야 진정으로 산지식이 되는 것입니다."
(1966년 「정신」신문 기고문 '교풍을 확립하자' 중에서)

* 이 연구는 2024년 12월 7일 한국교회사학회 제162차 정기학술대회에서 발표한 "김필례의 신앙과 신학이 교육사상에 끼친 영향"을 바탕으로 내용을 추가하고 보강한 것이다.

1장
김 필 례

I. 들어가는 말

1916년 정신학교 요청으로 귀국해 선생을 하면서 1918년 광주로 출가하여 금정교회와 인연을 맺게 됐다. 특히 친정어머니는 오원선교사 부인과의 깊은 친교로 광주에서 10년간이나 전도활동을 하셨다. 당시 광주에는 유학이라는 미명아래 이혼당한 한국여인들이 많았다. 나는 이들을 무지에서 해방시키자는 결심하고 청년들과 야학을 실시해 3백여 명을 졸업시켰으며 특히 남편에게 편지하는 법과 일기쓰는 법을 가르쳐 다시 맺게 해준 많은 흐뭇한 일도 있었다. 물론 모든 교육은 기독교 정신에 입각해서 였다.

그러던 1924년 도미하여 중등교육을 전공할 수 있게 됐고 27년 귀국하여 수피아여고 교사 교장, 정신여고 교장도 역임하게 됐다. 이렇게 학교와 많은 관계를 맺으면서 재정마련을 위해 많은 어려움도 겪었으나 나는 그때마다 기도를 했다. 작년 연등교회에서 송암봉사상을 받았지만 하나님께서 진정 받으셔야 할 것이라고 믿는다.

나의 신앙은 전적으로 어머님께 전해받은 것이며 하나님께서 시키셨다고 확신한다. 그리고 기회를 주셨다고 믿는다. 지금까지 장황한 나의 이야기가 돼버렸지만 87평생까지 사는 동안에 얻은 신앙의 확신이 있다. 그 첫 번째로 하나님께서는 나 밖에 다른 신을 믿지 말라는 것을 꼭 지켜야 한다. 우상이란 눈에 보이는 것 외에 마음의 우상 즉 하나님보다 더 가까이 하는 것은 모두 우상이 되는 것이다. 그리고 하나님은 자기가 최선을 다하는 사람만을 돕는다는 것이다. 게으른 자에게 하나님은 결코 함께 하시지 않는다.[1]

1978년 연동교회는 원로 목사인 송암 함태영을 기념하기 위해 송암봉사상을 제정하고 초대 수상자로 김필례를 선정했다. 김필례는 수상이후 인터뷰에서 자신의 교육사상이 어디에서 비롯된 것인지를 분명하게 밝힌다.

김필례(金弼禮, 1891~1983)는 한국교회의 출발점이라 할 수 있는 황해도 장연군 소래에서 출생했다. 그녀는 모태신앙이었다. 한반도에 복음이 들어오기 시작한 지 얼마 되지 않았음에도 기독교 신앙으로 생애를 시작한 1세대 기독교인이었다. 조선시대의 여성임에도 불구하고 자연스럽게 소래교회가 설립한 해서제일학교에서 근대교육을 받았다. 그녀는 연동여학교를 거쳐 일본 동경여자학교에 유학을 떠났다. 여학생 최초의 관비유학생이었다. 광주에서의 3.1운동에을 주도한 인물중의 한명이었다. 또한 YWCA의 창설에 가장 큰 역할을 했다. 미국 아그네스스콧대학에서 유학을 시작해 컬럼비아대학교에서 교육학 석사학위를 받고 귀국했다. 그리고 광주 수피아여학교와 정신여학교 교장으로 활동한다. 이때 그녀는 창설을 주도했던 YWCA 활동보다 장로교여전도회 창립을 주도하며 여전도회를 이끌었다.

---

1) "[나는 왜 크리스챤이 되었나?]教育家 김필례", 『한국기독공보』, 1978년 12월 16일, 4면.

1950년부터 10년간 여전도회 전국연합회 회장을 역임하며 그 역할을 다했다. 기독교인으로서 자신의 사명을 복음 전도와 여성교육에 두고 이를 생애 마지막까지 놓지 않았다. 감리교의 김활란(金活蘭, 1899~1970)이 있었다면 장로교는 김필례가 있었다고 할 정도로 한국의 근대여성교육과 계몽운동을 이끌었던 지도자요 선구자였다.

그러한 역사적 위치에도 불구하고 김필례에 대한 연구는 2000년대에 들어서야 처음 나왔다. 최초의 김필례 연구는 이기서의 『교육의 길, 신앙의 길』(북산책, 2012)이었다. 평전의 형식으로 나왔지만 김필례의 구두 진술을 저자가 평전형식으로 서술한 것으로 사실상 김필례의 자서전과 같은 의미를 가진다. 김필례 연구의 초석이라는 의미뿐만 아니라 김필례의 진술을 토대로 했다는 점에서 높이 평가된다.

또 하나의 중요한 연구는 2019년 김필례선생기념사업회에서 펴낸 『김필례 그를 읽고 기억하다』(열화당, 2019)이다. 이 책은 5명의 편집위원들이 평전과 김필례의 저작과 기고문, 편지등의 자료를 한데 묶은 것이다. 특히 앞부분에 배치되어 있는 김필례의 평전은 연구서로서 손색이 없을 정도로 많은 인용자료를 활용하고 있다. 김필례의 자료는 사실 여기에 대부분 담겨 있다.

논문으로는 서신혜의 "1920~30년대 성교육에 대한 연구:기독교교육자 김필례의 〈성교육〉을 중심으로"(『기독교사회윤리』, 38권, 2017)가 있다. 이 연구는 한국 최초의 성교육 지침서 였던 김필례의 저작을 시대적 상황과 연관하여 분석한 것이다. 김필례의 생애는 약력으로 다루고 있다.

김필례의 연구가 중요한 이유는 그녀가 한국교회 초기의 개신교 집안에서 자란 모태신앙의 소유자란 점이다. 기독교 신앙이 태어나면서부터 시작되었고 성장 과정이 모두 기독교적 세계관 안에서 이루어졌다는 점이다. 그녀는 평생 교회를 떠나 본적이 없다. 그의 교육과 사회에 대한 모든 인식은 그녀의 성장 과정에서 체득된 기독교 신앙을 토대로 한다. 그녀의 신앙 구조와 신학적 주제가 그녀의 삶을 이끄는 지적 방향이었다. 그렇다면 그녀의 연구는 그녀가 만났던 인물들과 교회의 신앙과 신학을 이해하는 가운데서 나와야 한다.

이는 한 개인, 한 여성의 연구가 아니라 성리학적 세계관에서 근대적 세계관으로 넘어가던 시기인 조선말과 일제 강점기, 해방 전후의 과정에서 기독교인들이 어떻게 근대를 인식했고 어떤 모습으로 역사에 참여했고 활동했는지를 밝히는 연구로 의미가 있다.

본 연구는 김필례의 신앙구조와 신학적 주제가 무엇이었는지를 분석하고 그녀의 교육사상에 어떻게 영향을 미쳤는지를 살펴볼 것이다. 이를 통해 김필례의 신앙과 교육사상 속에 내재되어 있는 신학적 주제와 근대적 여성상, 그리고 교육의 궁극적이 목표가 무엇이었는지를 알아볼 것이다.

II. 김필례 가계(家系)와 기독교 신앙

1870년대가 시작되었을 때 조선은 병인년의 양요와 제너럴 서먼호 사건의 뒤처리로 어수선한 시국을 보내고 있었다. 흥선대원군은 병인양요에서의 승리와 서먼호의 격침으로 인해 한층 더 쇄국의 의지를 불태우고 있었다. 여기에 서먼호 사건의 수습을 요구하는 미국의 요구를 거절함으로써 다시 한번 강압적인 서양의 도전을 받게 되었다. 1871년 미국함대의 공격까지 막아내면서 대원군의 정책은 성공하는 듯 했다. 그러나 두 번의 양요를 거치면서 조선의 조정 내에서는 서양에 대한 새로운 이해와 함께 개화에 대한 필요성이 대두되기 시작했다.

> "...그리고 기계를 제조하는 데 조금이라도 서양 것을 본받는 것을 보기만 하면 대뜸 사교에 물든 것으로 지목하는데, 이것도 전혀 이해하지 못한 탓이다. 그들의 종교는 사교이므로 마땅히 음탕한 음악이나 미색(美色)처럼 여겨서 멀리하여야겠지만, 그들의 기계는 이로워서 진실로 이용후생(利用厚生)할 수 있으니 농기구·의약·병기·배·수레 같은 것을 제조하는데 무엇을 꺼려하며 하지 않겠는가? 그들의 종교는 배척하고, 기계를 본받는 것은 진실로 병행하여도 사리에 어그러지지 않는다. 더구나 강약(强弱)의 형세가 이미 현저한데 만일 저들의 기계를 본받지 않는다면 무슨 수로 저들의 침략을 막고 저들이 넘보는 것을 막을 수 있겠는가? 참으로 안으로 정교(政敎)를 닦고 밖으로 이웃과 수호를 맺어 우리나라의 예의를 지키면서 부강한 각 나라들과 대등하게 하여 너희 사민들과 함께 태평 성세를 누릴 수 있다면 어찌 아름답지 않겠는가?"[2]

고종에게 있어 개화는 전통적 정신문명인 도덕, 윤리, 질서는 그대로 유지하면서 조선에 부족한 부분인 기술문명은 서양의 것을 받아들인다는 동도서기(東道西器)에 바탕을 둔 것이었다.

1873년 친정을 선포한 고종은 그를 친위할 정치세력이 필요했다. 명성황후의 외척인 민씨 일가가 고종을 호위하는 세력으로 부상했고, 박규수를 비롯한 신진개화파 세력을 내세웠다.[3] 1876년 일본과 맺은 강화도 조약으로 조선이 개방의 문을 열었다. 그러나 조선의 조정은 개방과 개화의 의미가 무엇인지 제대로 알지 못했다.[4] 고종은 개방을

---

2) 『고종실록』, 고종 19년 (1982) 8월 5일.
3) 장영숙, 『고종의 정치사상과 정치개혁론』 (서울: 선인, 2010), p.138.
4) 함재봉, 『한국사람만들기 Ⅱ - 친일개화파』 (광주: H프레스, 2021), p.509.

통해 자신의 세력을 강화하는데 열중했고 중전 민씨의 척족이었던 여흥 민씨 세력이 중심에 있었다. 그러나 개회는 진척이 없었다.

1884년 친일개화파에 의해 주도되었던 갑신정변의 실패는 자주적인 근대화의 길로 갈 기회를 좌절시켰다.[5]

그런데 갑신정변을 전후로 전혀 다른 방향에서 근대화가 시작된다. 서양의 정신으로 알려졌던 개신교의 전래가 시작된 것이다. 개신교는 성리학적 세계관이 추구했던 도덕적 인간관과는 전혀 다른 인간 이해를 제시해 주었다.

김필례는 1891년 12월 19일 황해도 장연군 송천리에서 태어났다. 김필례의 부친은 광산(光山) 김(金)씨 문정공파 34세손으로 본명은 성섬(聖蟾), 호적명은 응기(應淇)이다.[6] 판서를 지낸 김성섬의 증조부 원규(元奎)의 대에 원규의 삼형제는 부패한 조정에 대한 회의로 인해 낙향을 결심한다. 그리고 자리를 잡은 곳이 황해도 장연 지방의 송천리(일명 '소래마을')였다.[7]

낙향한 사대부들의 관심은 성리학적 세계관으로 사회 전체를 교화(敎化)하는 것이 진정한 의로운 사회를 만들어 가는 것이라고 생각했다. 이것은 단순히 양반들에게만 적용되는 것이 아니라 모든 백성들이 욕망을 절제하고 자각하며 본래 갖고 있는 마음을 보존케 해야 한다. 여기에 백성을 훈도하고 이끄는 역할이 생기게 된다. 백성의 어른 된 자가 교육, 교화를 행하여 백성의 본성을 찾아주어야 한다. 백

---

5) 위의 책, p.760.
6) http://www.kwangsankim.or.kr/_sh/_admin/goods/pop_view.php?No=30100, 광산 김씨 대종회 인터넷 족보.; 이송죽 외 4인 엮음, 『김필례 그를 기억하다』(파주: 열화당영혼도서관, 2019), p.330. 김필례는 자신의 증조부로 기술하면서 증조부의 삼형제가 가산을 정리하고 황해도 장연군 송천으로 낙향하여 땅을 사고 유지가 되었다고 증언한다. 김성섭의 족보에서 삼형제를 둔 대는 29대인 김원규의 대이다. 김성섭은 33대로 김필례는 부친의 증조부를 말하고 있는 것으로 보인다.
7) 이기서, 『교육의 길, 신앙의 길 - 김필례 그 사랑과 실천』(파주: 북산책, 2012), p.29.

성의 도덕적 본성을 계발하는 인성, 도덕교육을 중시하고 향교, 학교의 역할을 중시했다.[8]

사계 김장생(沙溪 金長生, 1548~1631)은 광산 김씨를 대표하는 학자로 조선 후기 예학(禮學)을 이끌었던 인물이었다. 그에게 중요했던 주자성리학의 주제는 예법과 가정에 관한 것이었다. 개인은 가정을 통해서 형성되고 그러한 가정은 예(禮)를 실현하는 근본이라고 여겼다.[9] 이후 광산 김씨 가문에서는 학문과 예학을 다루는 대제학과 예조의 벼슬을 맡는 경우가 많았다.[10] 근대교육자였던 김필례가 가정을 교육의 중심에 두었던 것도 그러한 가문의 영향과 무관해 보이지 않는다.

사대부 가문이었던 김필례의 가계가 기독교를 받아들인 것은 1883년 서상륜, 서경조 형제를 만난 것이 계기였다. 김성섬의 가문이 낙향한 이후 그들은 개화의 필요성을 인식하고 있었다.[11] 김성섬은 서씨 형제를 통해 서양의 정신으로 이해했던 기독교의 진리가 무엇인지를 들을 수 있었고 그 이치를 받아들인다. 그가 깨달은 것은 인간 존재에 대한 새로운 이해였다. 기독교 신앙은 그에게 새로운 인간 이해를 가져다 주었다. 집안의 노비를 모두 해방시키고 농지를 주어 경작하게 했다. 반상의 차이를 극복하고자 옛 노비들과 형, 아우로 지냈다. 유력한 양반 가문의 기독교적 변화는 소래교회가 형성되는데 중요한 역할을 했다.[12]

---

8) 도현철, "권근의 유교정치 이념과 정도전과의 관계", 「역사와 현실」 84권, 2012년 6월호, p.72.

9) 김문준, "김장생의 예학정신과 한국가정의 문화전통", 「한국사상과 문화」, 제90호, 2017, p.322.

10) http://www.kwangsankim.or.kr/. 광산김씨 대종회에 따르면 효종 이후 학자를 대표하는 대제학에 7명의 광산 김씨가 이름을 올렸다. 그중 숙종 대에 예조판서에 오른 인물이 2명이었고, 영조 대에는 1명이 영의정에, 고종 대에는 2명이 이조판서에 올랐다.

11) 장철수, 『소래교회사』 (서울: 북랩, 2022), p.21.

12) 위의 책, p.190.

소래교회는 만주에 왔던 선교사 존 로스(John Ross, 1842~1915)에게 세례를 받고 성경 번역에 참여했던 서상륜과 서경조 두 사람에 의해서 주도되었다. 소래교회가 설립된 것은 1885년이다.[13] 설립 초기부터 김성섬의 가문은 교회의 리더그룹에 속해 있었다. 1896년 차남이었던 윤오는 서경조의 장로 장립 때 집사로 임명을 받았고, 장남 윤방은 소래교회 건축 때 목재를 제공했다. 김성섬의 두번째 부인이자 김필례의 모친인 안성은은 전도부인으로 활약한다.[14]

김필례에게 가장 영향을 준 인물은 그의 어머니였던 안성은과 넷째 오빠인 김필순, 그리고 큰 오빠 김윤방의 딸이었던 김마리아였다. 김필례는 그의 어머니로부터 기독교 신앙의 기초인 기도와 전도에 대한 열심을 보고 자랐다. 언더우드와 함께 소래를 방문한 여선교사 화이팅((Georgiana Whiting, 1869~1952)[15]과 함께 황해도 일대를 다니면서 전도를 했다. 겨울은 그녀에게 전도의 계절이었다. 그녀가 평생을 기도하는 삶과 복음 전도하는 일에 열심을 내었던 이유도 어머니의 모습에서 영향을 받은 것이었다.[16] YWCA 창설에 산파 역할을 했던 김필례였다. 그러나 창설 이후에는 YWCA 활동보다는 여전도회 활동에 더 적극적으로 나선다. 1950년부터 10년간 전국여전도회연합회 회장을 역임할 정도로 그녀는 복음 전도가 중요한 사명이었다.

김성섬 가문의 기독교 신앙은 넷째인 김필순이 이끌었다 해도 과언이 아닐 정도로 영향이 컸다. 김필순은 소래에서 언더우드의 권면

13) 한규무, "한국개신교회의 기년(紀年)과 소래교회", 「기독교와 문화」, 제11집, 2019, p.119. 소래교회의 시작을 언제로 할것인지에 대해서는 1883년, 1884년, 1885년으로 주장이 나뉜다. 그러나 한규무의 주장처럼 서경조의 증언과 자료를 토대로 볼때 설립은 1885년으로 보는 것이 타당하다고 본다.

14) 이송죽 외 4인, 「김필례 그를 읽고 기억하다」 (파주: 열화당 영혼도서관, 2019), pp.25~26.

15) 제중원 여의사로 왔다. 1900년 언더우드의 사택에서 남장로교 선교사 오웬과 결혼했으며 이승만에게서 한글을 배우고 이승만에게 영어를 가르쳤다.

16) 이기서, 「교육의 길, 신앙의 길 - 김필례 그 사랑과 실천」 p.43.

을 받고 기독교 신앙을 받아들였다. 언더우드의 권우에 따라 서울로 이주해 배재학당에 입학했다. 1908년에는 세브란스 의전을 졸업하며 한국 최초의 면허 의사가 된다. 이후 의사로 활동하며 안창호가 비밀리에 조직한 신민회에 가입한다. 105인 사건에 연루되어 중국으로 망명해 만주에서 개업을 한다. 그에게 기독교 신앙은 단순히 개인의 차원에서 머무는 것이 아니라 빼앗긴 나라를 되찾는 것으로 이해했다.[17] 김필례는 그런 오빠를 동경했다. 1907년 군대해산과정에서 대한제국군인들을 돌보는 오빠의 모습에서 자신의 미래가 나라를 위해 헌신하는 것이 되어야 함을 깨닫는다.[18]

김필례에게 영향을 주었던 또 다른 인물은 조카였던 김마리아였다. 김마리아는 김필례와 마찬가지로 소래와 연동여학교를 거쳐 동경으로 유학을 갔다. 거기서 2·8독립선언에 참여했다. 그리고 독립선언서를 가지고 한국으로 들어왔다. 3.1운동이 아직 시작되기 전이었다. 김필례가 결혼하여 머물고 있던 광주로 내려와 3.1운동에 본격 가담해 여성들의 참여를 이끌었다. 투옥 후에 석방된 뒤에는 애국부인회를 조직해 여성독립운동을 조직화 했다.[19] 김필례는 김마리아를 통해 독립운동에 직접적으로 참여했다. 그것은 교육을 통해 힘을 길러야 한다고 믿었던 김필례의 생각과는 다른 것이었다. 그럼에도 만세운동에 뛰어든 것은 김필례는 조카를 통해 애국심이 무엇인지를 느낄 수 있었기 때문이었다.[20]

---

17) 김주용, "의사 김필순의 생애와 독립운동", 「연세의사학」 제21권, 2018년 1월호, p.11.
18) 이기서, 『교육의 길, 신앙의 길 - 김필례 그 사랑과 실천』, p.63.
19) 이송죽 외 4인, 『김필례 그를 읽고 기억하다』, pp.351~352.
20) 이기서, 『교육의 길, 신앙의 길 - 김필례 그 사랑과 실천』, pp.122~123.

III. 신앙의 구조와 신학적 주제

1. 신앙의 구조 - 영적구원과 사회, 국가를 향한 복음적 사명

우리 중생을 멸망에서 구출하시기 위하여 만왕의 왕좌를 버리시고 누추한 마구간에서 탄생하신 주, 지치고 연약하신 몸에 수치스럽고 무거운 십자가를 지시고 저 험한 골고다 산길로 사형장을 향하여 한 걸음 한 걸음 발길을 옮기시는 주님, 여러분과 나를 구속하시기 위하여 수치와 고통의 십자가에 달려 귀중한 피를 흘리신 내 주님, 여러분의 주님을 경건히 바라봅시다.

이제 우리도 암흑에서, 도탄 중에서 헤매며, 신음하는 우리 동족을, 전 인류를 구축하기 위하여 자신의 모든 부귀영화를 우리 주님처럼 버리고, 단지 우리에게 맡기시는 임무에 충실하여 어떠한 위험과 고난이 우리를 위협하든지 끝까지 주님을 바라보며 앞으로 전진합시다. 그리하여, 우리 주님께서 찾으시는, 우리 민족이 요구하는 유능하고 성실한 일꾼이 되도록 힘써 나아갑시다.[21]

1969년 정신학원 이사장이었던 김필례는 졸업생들 앞에서 자신의 신앙고백과 같은 연설을 한다. 요지는 명료했다. 복음의 신앙 위에서 나라와 민족을 위한 사명을 감당하라는 것이었다. 그녀의 외침 속에는 신앙과 복음의 토대가 중요했다. 그 믿음 위에 지식과 사명이 실천되어야 했다. 그녀의 일생에서 한번도 바뀌지 않았던 신앙이고 신학이었다. 그 출발은 어린 시절을 보냈던 소래교회에서 시작되었다.

---

21) 김필례, "희생적 봉사의 미덕을-모교의 전통을 오늘에 되살리자", 『정신신문』, 1969년 1월 15일; 이송죽 외 4인 엮음, 『김필례 그를 기억하다』, pp. 294~295에서 재인용.

소래교회는 동학민란을 전후해서 막 소래에 당도한 캐나다 선교사였던 윌리엄 존 맥켄지(William John McKenzie, 1861~1895)가 짧은 기간이었지만 큰 영향을 끼치고 있었다. 맥켄지는 이미 북극선교를 통해서 체득했던 선교 방법을 이어가고 있었다. 그것은 복음 전도에 있어서 현지인들과 함께 어울리는 것이었고, 학교를 열고 교육하는 일이었다. 그의 선교방식은 소래에서도 그대로 이어진다. 맥켄지의 사역을 통해서 변화를 뚜렷하게 체감하고 있었던 것은 소래의 여성들이었다. 남성 앞에서 서는 것이 금기시 되었던 상황에서 교회에서 여성들이 대중 기도를 하기 시작했고, 마을을 다니며 전도를 했다.

어떤 남자 한 분이 남아서 나의 소래 생활에 대하여 물었을 때 나는 이렇게 대답해 주었다. '나는 고향과 그리고 일가 친척들에 대한 향수를 느끼지만 조선에 예수 그리스도의 복음을 전하러 왔습니다. 지금 조선 사람들은 가난에 찌들어 생을 포기하려 하고 있습니다. 조선 사람들은 마치 장님이 벼랑에 서 있는 것같이 앞을 보지 못하고 배회하고 있습니다. 그러다가 죽으면 조선 사람들은 영원한 지옥에 빠질 것입니다. 이와 같은 결과는 모두 미신을 숭배한 대가입니다.'[22]

맥켄지는 청일전쟁 이후 소래교회 예배당 신축을 추진하면서 학교를 시작한다. 1895년 2월 25일이었다.[23] '김세학당'이라 불려진 이 학교는 후에 해서제일학교로 발전한다.[24] 해서제일학교는 1895년 2

---

22) 엘리자베스 매컬리, 유영식 역, 『케이프브레튼에서 소래까지』(서울: 대한기독교서회, 2002), pp.104~105.

23) 위의 책, p.135.

24) 해서제일학교의 전신과 관련해서는 매컬리의 기록과 장철수의 『소래교회사』의 기록이 다르다. 매컬리는 '김세학당'을 시초로 보는 반면 장철수는 언더우드의 기록을 근거로 '소래학교'를 전신으로 본다. 김필례의 기억에 따르면 장철수가 말하는 학교는 소래교회의 교회

월 정부에 의해 반포된 "교육입국조서"따라 학교로 인가를 받기로 결정하고 4년제 학교로 인가를 받는다. 맥켄지가 학교를 시작했을 때 주된 교육대상은 부녀자들과 아이들이었다. 그들에게 가르치고자 했던 것은 우선 기독교 신앙을 심는 것이 목표였다. 이를 위해 한글을 가르쳤고, 지리를 가르쳤다.[25]

맥켄지 선교사가 1895년 7월 갑작스럽게 세상을 떠난다.[26] 소래교회의 일들은 새문안교회의 언더우드가 담당했다. 맥켄지로부터 소래교회의 헌당식 초청을 받았던 언더우드였다. 언더우드는 상당 기간을 머물며 헌당식을 비롯한 소래교회의 일들을 처리하고 교회와 학교를 돌보았다.[27] 김필례의 어머니 안씨가 전도 부인으로 활약하던 시기도 이 시기였다. 언더우드는 이후에도 이곳을 정례적으로 방문하여 세례와 성찬을 베풀었다. 김필례도 1899년 언더우드에게 세례를 받았다.[28]

김필례는 자신의 진로와 관심사에 있어서 언더우드 선교사 부부의 영향을 받았다고 말한다. 선교사들이 여자를 대하는 태도와 여자로서 대우를 받는 모습에서 공부에 대한 꿈을 키울 수 있었다. 또한 넷째 오빠였던 김필순이 언더우드의 도움으로 배재학당과 세브란스의전을 다닐 수 있었다. 그것은 김필례와 그의 가문이 소래에서 서울로

학교를 의미하는 것으로 보여진다. 여기서는 매컬리의 기록을 따라 '금세학당'을 전신으로 본다. 해서제일학교의 주요내용이 김세학당을 이어받은 것이기 때문이다. 유영식 교수가 '김세학당'으로 번역했는데 맥켄지의 한국식 이름은 '김세'로 쓰였기 때문에 '김세학당'으로 표기하는 것이 맞다.

25) 엘리자베스 매컬리, 유영식 역, 『케이프브레튼에서 소래까지』, p. 134.
26) 위의 책, p. 189.
27) H. G. Underwood, "Evangelistic Report 1896", 이만열, 옥성득 편역, 『언더우드 자료집』 II (서울: 연세대학교출판부, 2006), p. 514.
28) H. G. 언더우드, "1900년 개인연례보고서", 이만열, 옥성득 편역, 『언더우드 자료집』 II, p. 258 ; 이기서, 『교육의 길, 신앙의 길 - 김필례 그 사랑과 실천』, p. 45.

삶의 터전을 옮기게 되는 계기가 되었다.[29] 김필순은 세브란스 의전을 졸업하고 의사가 된 이후에 적극적으로 국권회복 운동에 뛰어들었다.[30] 김필순의 국권회복운동 참여는 언더우드가 가지고 있었던 신학적 변화와 궤를 같이하고 있었다.

한국에 선교사로 온 언더우드의 모든 관심은 영혼 구령과 복음 전도에 집중되어 있었다. 엘린우드에 보고하는 전도 보고서는 복음 전도의 성과들에 대한 것으로 가득했다.

> 정동교회는 지난 연례회의 이후 매주 세 번씩 모이는데 참석자가 전혀 감소하지 않았습니다. 이렇게 분리한 것은 결정적인 성공을 거두었습니다. 모화관 사역은 지난해 아주 잘 발전되었으며, 내년에도 동일한 성공이 잇게 되면, 아마 독립된 교회가 분리될 것입니다 그곳의 복음전도 집회는 평소와 달리 차고 넘쳤고, 콜레라와 더위가 오기 전까지 매주 수요일 저녁 예배는 현저한 성공을 거두었습니다 남대문 설교처에도 동일한 지속적이고 폭넓은 복음의 씨가 뿌려졌고, 이 집회의 결과로 적지 않은 개종자가 생겼습니다. 가장 진지하고 신실한 교인은 남대문 시장의 상인으로서 그는 호기심에서 나왔다가, 관심을 가지고 머물렀으며, 일요일에 가게를 닫았고, 이어서 그리스도에 대한 믿음을 고백했습니다.[31]

언더우드는 복음의 우선성을 중요시 여겼다. 개인의 영적 회심을 통해 구원과 변화를 이루는 것이 선교의 가장 우선하는 목표였다. 국권 회복과 같은 한국의 정치 문제 중심에 서는 것을 꺼려했다. 그러

29) 이송죽 외 4인, 『김필례 그를 읽고 기억하다』, p. 331.
30) 김주용, "의사 김필순의 생애와 독립운동", p. 10.
31) H. G. Underwood, *Evangelistic Report 1896*, p. 516.

나 1904년 러·일전쟁의 결과로 1905년 을사늑약이 체결되고 일본의 국권침탈이 본격화 되는 과정에서 언더우드의 신학에도 변화가 나타난다.

> 지금 제군들이 내가 가르친 도를 믿고 있는 상태가 옛날보다 배가되어, 소위 확고부발의 정신을 통해서 신앙을 키우고 계신다면 그 결과는 언젠가 반드시 큰 성효를 드러낼 것이라는 점은 한 치의 의심할 여지도 없습니다. 그러기에 선포하며 바라건대 여러분이 더욱 더 용기를 떨쳐 우리 교회를 성대하게 하며, 내가 믿고 사랑하는 곳인 한국이 지극히 완전한 독립국이라는 것을 늘 마음에 두기로 결심하고 결코 한 순간도 망각하지 말고 기대하는 마음으로써 살기 바랍니다.[32]

1909년 9월 16일 YMCA 강당에서 청년들에게 행한 연설에서 복음의 열정과 독립국의 꿈을 잊지 말것을 강조했다. 사실상 국권회복이 불가능하다고 믿던 그 시기 오히려 독립에 대한 열망을 선동하고 있었다. 믿음 위에서 그리스도인이 무엇을 해야 하는지를 말하고 있었다. 기독교인의 사명이 이 땅에 있으며 그곳에서 의를 실현하는 것임을 분명히 한 것이었다.

김필례는 연동여학교 시절부터 연동교회에 출석했다. 연동교회는 연동여학교의 예배당이기도 했다. 연동교회는 중하류계층과 양반 관료계층이 함께 있는 구조를 가지고 있었다. 여기에 당시 연동교회를 담임하고 있었던 게일(James S. Gale)의 성향도 영향을 미치고 있었다. 게일은 한국의 역사와 문화에 지대한 관심을 가지고 있었다. 또한 학교를 통한 인재양성에도 관심을 가지고 있었던 인물이었다. 그

---

32) 김명구, 『복음, 성령, 교회』(서울: 예영커뮤니케이션, 2017), p. 37.

러나 그는 영적인 접근을 통해 한국인들이 기독교를 받아들이길 원하고 있었다. 언더우드와 마찬가지로 순회전도를 통해 귀신을 쫓아내며 신유의 기적이 일어나는 사건들을 경험하고 있었다.[33] 지적인 것과 영적인 체험을 모두 중요시 여기고 있었던 인물이었다. 그러한 성향은 다양한 계층이 어우러져 있었던 연동교회를 이끌기에 충분했다.

> 매 주일 아침마다 8백~1천명이 거적때기를 깔고 조선식으로 양다리를 쭈그리고 앉아 예배를 드린다. 크기가 60~80피트 공간의 오른편엔 비단 두루마기를 입고, 갓을 쓴 남자들이 앉아 있다. 왼편엔 담색 치마에 쪽진 머리의 여자들로 꽉 차 있다 부인네들과 아이들, 노인과 젊은 이들, 양반과 평민, 전직 관리들, 전과범 등 모든 사람들은 그날의 메시지를 기다리며 우리가 예배를 집전할 때 간절한 마음으로 주목하고 있다.[34]

게일은 연동교회의 예배 광경을 그렇게 묘사했다. 천여 명에 가까운 사람들이 드리는 예배 광경 속에는 남녀가 구별되어 앉아 있다. 그리고 노인과 젊은이들, 양반과 평민이 함께 어우러져 있었다. 연동교회는 하류층부터 상류층 양반에 이르기까지 다양한 신분계층이 모여 있었다. 1904년 당회가 설립되었을 때 장로로 장립된 인물은 고찬익이었는데 그는 평남 안주 사람으로 칠천역(七賤役)에 속하는 사람으로 천민이었다. 그런데 그해에 독립협회 사건으로 한성감옥에

---

33) 제임스 S. 게일, 최재형 옮김, 『조선, 그 마지막 10년의 기록 (1888~1897)』(성남: 책비, 2018), p.330. 게일은 콜레라에 걸려 죽게 되었던 신씨의 아내를 기도로 낫게 하는 현장을 목격했다. 그리고 기도를 통해 귀신이 나가는 일들이 일어났다고 기록하고 있다.

34) J. S. Gale, "연못골 교회 (예배)"(Lotus Town Church(service)), 유영식 편역, 『착한목자 - 게일의 삶과 선교 2』(서울: 도서출판 진흥, 2013), p.326.

투옥되었던 인사들이 석방되어 나왔다. 그들 중에는 옥중에서 회심을 경험하며 예수 믿기를 결심한 인사들이 있었다. 그들 중에 이상재(李商在), 김정식(金貞植), 이원긍(李源兢), 홍재기(洪在箕), 유성준(兪星濬) 등이 연동교회로 출석했다. 이들이 교회를 출석하기 시작하면서 연동교회에 양반관료 계층들이 눈에 띄게 늘기 시작했다.[35] 그들의 관심은 개인의 영적인 구원과 회심보다는 국권회복의 문제가 우선이었다. 그것은 게일의 신학과는 차이가 있었다.

개화파 양반들이 유입되기 이전부터 연동교회를 담임하고 있던 게일은 교육을 통한 조선인들의 계몽을 중요시하고 있었다. 1900년에 연동 남, 여학교를 잇따라 개설하고 유치한 것은 단순한 복음 전도의 목적만을 의미하는 것이 아니었다. 게일은 적극적으로 교과서를 만들고 서양식 근대교육을 한국인들에게 가르치길 원했다.[36] 사회의 변화는 교육을 통해 이루어지는 것이다. 복음을 통한 개인의 변화, 교육을 통한 계몽, 계몽을 통한 사회·국가의 변화가 게일의 신학적 구조였다.

개인의 영적구원과 이를 통한 사회와 국가의 변화를 이끌어야 한다는 의식이 맥켄지와 언더우드, 게일에게서 동일하게 나타나고 있었다. 김필례의 신앙구조도 그러한 신학구조에 영향을 받았다.

그녀가 YWCA를 조직하고자 마음먹었을 때 제일 먼저 실행하고자 했던 것이 하령회였다. 김필례가 가지고 있었던 기독교적 인간관은 영적인 것을 우선시했다. 그가 가지고 있는 여성에 대한 인식뿐만 아니라 인간에 대한 이해는 기독교적 신앙의 결과를 토대로 한 것이었다. 교육과 계몽운동의 중심에도 언제나 기독교 신앙이라는 전제

---

35) 연동교회90년사편찬위원회, 『연동교회90년사』(서울: 연동교회, 1984), p. 77.
36) 유영식, 『착한목자- 게일의 삶과 선교 1』, p. 353.

가 있었고, 그것은 영적인 경험을 통해서 이루어진다고 믿었다.

김필례는 광주 수피아여학교 교사로 있으면서 본격적으로 YWCA(여성기독청년회) 창립에 매진한다. 그녀가 YWCA에 대한 꿈을 갖게 된 것은 동경여자학원에서의 경험 때문이었다. 일본 YWCA 학생들이 성경을 이론적으로 가르치거나 설명하는 것이 아니라, 성경의 말씀을 생활과 삶 속에서 실천하고 있는 모습에 감명을 받은 것이었다. 또한 일본인 총무였던 가와이 미찌꼬로부터 일본의 한국 지배를 비판하고 일본이 반성해야 한다는 모습에서 감화를 받고 YWCA 설립을 마음 먹는다.[37]

그녀가 YWCA 창립을 준비하면서 우선적으로 하령회를 준비했다. 하령회는 한국YMCA(기독청년회)에서 1910년 처음 개최했던 수련회였다. 하령회는 경건과 수양, 수련을 쌓아 정신적 충전을 하는 것을 목적으로 했다. 그러나 가장 중요하게 여겼던 것은 기도회였다. 성령의 임재를 통한 깊은 영적 모임을 추구했다. 강연과 기도회가 주요 내용이었지만 1912년 이후부터는 새벽이나 밤에 산중에서 기도하는 영적인 모습들이 하령회의 모습으로 나타났다.[38]

이 하령회는 각종 교육적인 프로그램과 함께 매일 새벽의 기도회나 성경연구를 통해 깊은 종교적 분위기로 싸여 있었고, 각 단체 및 학교 대표를 보고를 통해 경험을 교환하였다. 이때까지 공식적인 조직은 없었으나 YWCA 정신은 여기에 충만하여 마지막 날 서로의 이별이 아쉬워

---

37) 이기서, 『교육의 길, 신앙의 길 - 김필례 그 사랑과 실천』, pp.140~141. YWCA(Young Women's Christian Association)은 1885년 영국에서 시작되었다. 초교파적이며 생활과 행동에 기독교적 정신을 적용하자는 이념을 기초로 하여 창설되었다. 이후 독일과 미국에서 조직되었다. 개척과 계몽, 교육과 복지 사업을 통해 여성들을 향상시키고 사회를 발전시키는데 영향을 주고 있었다.

38) 민경배, 『서울YMCA 100년사』 (서울: 서울YMCA, 2004), pp.159~160.

서 매해 보이자는 이들의 요청에 따라, YWCA조직을 발의하니 만장일치로 창설가결을 보았던 것이다. [39)]

김필례가 YWCA를 설립을 준비하는데 있어서 하령회에 주목했던 것도 바로 이러한 강력한 영적인 모습이 기반이 되어야만 전국적인 조직이 가능하다고 보았기 때문이었다. YWCA의 설립은 처음부터 이러한 하령회를 시작으로 준비되었다. 1923년 8월 진행된 제2회 하령회가 개최된 이후에 YWCA연합회가 조직과 기구를 갖출 수 있었다. [40)]

눈부시게 발전하는 YWCA의 활동을 눈여겨보면서 제가 다만 바라는 것은 이런 여러 가지 지식을 전달하는 데만 그치지 말고 반드시 활동을 통하여 YWCA의 근본적 목적, 곧 우리 구주를 그들에게 소개하여 자기들의 살길을 찾고 근처의 교회의 교인이 되게 하는 데까지 그들을 돌보아 주는 것을 잊지 말아 달라는 것입니다. 세대가 변천하고 그 변천에 따라 YWCA의 사업의 종류도 변해갈 줄 믿습니다. 그러나 변해서는 안 되는 것은 YWCA의 근본 목적인 것입니다. [41)]

김필례에게 여성 계몽의 가장 우선하는 것은 한 여성을 복음화하는 것이었다. 그 근본 목적이 모든 사업에 있어서 가장 중요한 위치를 차지했다. 복음을 통한 한 개인의 변화가 진정한 인간화를 이루고 그 바탕 위에서 올바른 인간관이 형성될 때 진정한 여성의 계몽이 이

---

39) 이송죽 외 4인, 『김필례 그를 읽고 기억하다』, p. 218.
40) 유성희, 『한국YWCA 100년사』 (서울: 대한기독교서회, 2021), p. 38.
41) 김필례, "사십오 년 전 YWCA를 돌이켜보면서", 이송죽 외 4인, 『김필례 그를 읽고 기억하다』, p. 201.

루어진다고 본 것이다. 그녀에게 복음은 개인의 변화만을 목적으로 하지 않는다. 가정과 사회, 국가의 변화를 이루는 강력한 원인이다.

김필례는 1927년 미국 유학에서 돌아온 후에 유학 전에 활동했던 부인 조력회(후에 여전도회)에서 서서평(E. Johanna Shepping, 1880~1934)을 돕는다. 그리고 전남여전도연합회 설립에 역할을 한다. 그리고 서서평, 사라 뉴랜드(Sarah Newland)에 이어 회장을 맡았다.[42] 1950년부터 1959년까지는 여전도회 전국연합회의 회장으로 여전도회를 이끌었다.[43] 복음 전도를 목적으로 하는 여전도회였다. 김필례는 여전도회 활동과 학교교육을 생애 마지막까지 놓지 않았다. 복음 전도는 그녀의 사명을 이루어 가는 출발점이었다.

2. 기독교적 인간관 - 근대적 여성의 발견

기독교 신학에서 인간은 단독적으로 이해되지 않는다. 철저하게 하나님과의 관계 속에서 다루어진다. 기독교적 인간론을 기본으로 했다. 기독교적 인간론은 인간을 하나님의 형상으로 창조된 인간을 전제로 한다. 피조 된 인간은 피조 된 인격체를 의미한다. 따라서 하나님에 의해 피조 된 인격체가 피조 된 또 다른 인격체를 함부로 대할 수 없다. 하나님의 형상으로 창조된 인간의 존엄성은 인간 자체에 의한 것이 아니라 하나님으로부터 부여된 것이다.[44] 여기에 남성과 여성의 구분이나, 인종, 출신의 구분이 존재하지 않는다. 태어나면서

---

42) 위의 책, p.106.

43) 이연옥, 『대한예수교장로회 여전도회 100년사』 (서울: 신앙과 지성사, 1998), pp.65~66.

44) Anthony A. Hoekema, *Created in God's Image* (Michigan: Wm. B. Erdmans Publishing Company, 1994), pp.13~14.

부터 기독교 신앙 안에서 자란 김필례에게 그러한 인간관은 당연한 것이었다.

김필례는 결혼식도 연동교회 예배당에서 올렸을 만큼 소래교회 이후 연동교회는 그녀에게 신앙의 진원지였다. 그런데 김필례와 남편 최영욱의 결혼식 주례를 본 연동교회의 이명혁 목사는 노름꾼 출신이었다.[45] 연동교회는 이명혁이 장로로 피택을 받는 과정에서 양반 출신인 이원긍, 함우택 등이 교회가 분립하여 나가는 아픔을 겪었던 적이 있었다. 양반 가문 출신이었던 김필례가 양반교회로 분류되었던 안동교회나 묘동교회로 가지 않고 연동교회로 남았던 이유는 그녀에게 신분의 문제가 이미 기독교적 인간관 아래에서 극복되었기 때문이었다.[46]

기독교적 인간론에서 인간이 된다는 것은 인간이 하나님께로 향해 있다는 것과 이웃을 향해 올바른 방향으로 서 있는 것을 의미한다. 인간이 하나님께로 향해 있다는 것은 인간을 하나님의 피조물로 여길 뿐만 아니라 창조주 하나님과의 관계 속에서 인식함을 의미한다. 따라서 인간이 인간을 억압하고 차별하는 것을 거부한다. 또한 하나님의 형상인 인간이 죄로 인해 타락해서 하나님의 형상을 잃었다고 보기 때문에 죄악과 죄의 근원이 되는 어떤 것도 거부한다. 인간이 가지고 있는 자유가 무한한 것이 아니라 하나님의 통치 아래에서 유한한 자유이다. 자유로운 존재이지만 하나님의 질서 안에서 그 자유는 제한적이다.

---

45) 고춘섭, 『연동교회 100년사』 (서울: 연동교회, 1995), p.193.
46) 김정회, 『송암 함태영』(서울: 연세대학교 대학출판문화원, 2022), p.92. 이원긍과 함께 묘동교회로 갔던 함우택의 아들이었던 함태영도 이제 막 기독교에 입교한 뒤였음에도 부친을 따라가지 않고 연동교회에 남았다. 그것은 그가 경험했던 초월적 하나님에 대한 경험과 기독교적 인간관의 결과로 신분의 문제가 더 이상 중요한 문제가 되지 않았기 때문이었다.

인간이 이웃을 향해 올바르게 서 있어야 한다는 것은 예수 그리스도가 그랬던 것처럼 자신의 삶을 희생해서라도 이웃을 사랑하는 것이다. 그들을 위한 기도와 함께 그들의 안녕과 복리를 위해 노력하는 것이다. 그러한 인간은 사회정의, 인권, 가난한 자와 궁핍한 자들의 필요를 채워주는 데에 관심을 갖는다. 하나님의 형상이 회복된다는 것은 궁극적으로 다른 사람을 위해 살 수 있게 되었다는 것을 의미한다.[47]

1880년대 조선을 방문했던 W. E. 그리피스(William Eliot Griffis, 1843~1928)는 프랑스 선교사 달레의 글을 인용하면서 당시 조선 여성들의 삶에 충격을 받는다.

> 조선 사람의 사회 생활을 잘 알고 있는 프랑스 선교사들에 의견에 의하면, 조선의 여자들은 도적적인 존재 가치가 없다. 여자는 환락과 노동의 도구일 뿐 남자의 반려라거나 동등한 존재로서의 의미가 없다. 여자는 이름도 없다. 어렸을 때에는 별명을 얻어 가족이나 가까운 가족에 불리다가 처녀가 되면 그의 부모들만이 이름을 부른다....(중략)
>
> 상류 사회에서는 남녀가 8~10세가 되면 자리를 함께 하지 않는 것이 예의이다. 그 나이가 지나면 남자 아이들은 공부하고 심지어는 먹고 마시기 위해 전적으로 남자들의 거처에서 산다. 여자 아이들은 규방에서 은거한다. 집안의 여인네들이 사는 곳에 발을 들여놓는 것마저도 부끄러운 짓이라고 남자들은 배운다. 여자들은 남자들의 눈에 띄면 불명예스러운 것이라고 배우기 때문에 남자들이 나타날 때면 그들은 점차로 자신을 숨기는 버릇이 생겼다.[48]

---

47) 김정회, 『송암 함태영』, pp. 155~156.
48) W. E 그리피스, 신복룡 역, 『은자의 나라 한국』 (서울: 집문당, 1999), pp. 321~322.

조선시대의 어린 여자 아이를 근대식 학교에 보내 교육을 받을 수 있었다는 것은 쉬운 일이 아니었다. 최초의 여성교육기관이었던 이화학당을 세웠던 메리 스크랜턴은 초기에 학생을 모집하는데 애를 먹어야 했다. 조선 사람들에게 여성이 교육을 받는다는 것이 말이 안 된다고 생각했기 때문이었다.[49]

김필례는 해서제일학교의 2회 졸업생이다. 해서제일학교는 남녀가 동등하게 교육을 받도록 했다. 남성과 여성의 벽을 무너뜨린 것이다. 기독교적 인간관에서 모든 인간은 하나님 앞에 동등한 존재적 가치를 갖는다. 김필례는 이 학교에서 교육다운 교육을 받았다고 증언한다.[50]

인간에 대한 그녀의 인식은 YWCA의 창설을 주도한 것에서 분명하게 나타난다. YWCA는 1855년 영국 런던에서 여성의 해방과 참정권, 노동권, 교육권을 위한 기도회가 개최된 것이 시작이었다. 영국에서는 주로 도시의 젊은 여성들을 위한 기숙사 제공, 직업교육, 여성의 이익을 추구하는 일들을 감당했다.[51] 여성의 권익과 보호를 단순히 개인과 국가에게 맡기는 것이 아니라 여성들 스스로가 개선해 나가겠다는 운동이었다. 여기에는 기독교의 복음전파와 기독교적 인간관의 구현이라는 목적이 있었다.

한국에서는 1922년 북경 청화대학에서 열린 '세계기독학생대회'에 여성대표로 장로교의 김필례와 감리교의 김활란(金活蘭, 1899~1970)이 참석한 것을 계기로 YWCA 설립이 본격화 되었다. 김필례는 윤치호(尹致昊, 1865~1945)로부터 200원을 후원받아 하령회를 개최할 수 있었

---

49) 함재봉, 『한국사람만들기 Ⅲ-친미기독교파』 (광주: H프레스, 2020), pp.132~133.
50) 이기서, 『교육의 길, 신앙의 길 - 김필례 그 사랑과 실천』, p.48.
51) 유성희, 『한국 YWCA 100년의 여정』 (서울: 대한기독교서회, 2021). p.24.

다.[52)

김필례는 YWCA 추진위원회의 총무를 맡았다. 규칙의 제정을 주도하고 전국을 순회하며 지방조직의 설립을 주도했다. 그녀가 YWCA의 설립을 주도한 이유는 여성들이 인간다운 삶을 살고 여성으로서의 권리를 찾도록 하기 위한 사명 때문이었다.[53)

조선경성기독교 여자청년회 규칙

제1조 본회는 조선 경성 기독교 여자청년회라 칭함.
제2조 본회의 목적은 기독교적 품성을 계발하며 청년의 영적, 지적, 사교적, 신체적 행복을 증진케 함으로 함[54)

김필례는 여성을 교육시키는 것에서 그쳐서는 안된다고 생각했다. 교육을 받은 여성들이 사회에서의 역할을 감당해야 했고, 이를 위해서는 여성의 가치와 인식, 그리고 사회적 지위가 달라져야 했다. 조선의 성리학적 세계관에서는 그런 것은 불가능했다. 기독교적 인식의 고양이 전제되어야 여성의 가치와 지위를 증진시킬 수 있었다. YWCA는 그런 목적을 실현시켜줄 최적의 단체였다.

그러나 김필례의 역할은 YWCA의 설립까지였다. 그녀는 1923년 다시 정신여학교로 돌아간다. 그리고 얼마 지나지 않은 1924년 미국 유학길에 오른다. 1925년 1월에 아그네스스콧 대학에서 공부를 시작해서 1926년에 졸업을 하고 컬럼비아 대학교 교육대학원에서 중

---

52) 위의 책, p.147.
53) 이원화, 『서울YWCA 50년사』 (서울: 동영인쇄주식회사, 1976), p.27 ; 이기서, 위의 책, p.151.
54) 이원화, 『서울YWCA 50년사』, p.30.

등교육행정을 전공하여 1927년 석사학위를 받았다. [55)

그해 귀국한 김필례는 YWCA 활동에 거의 참여하지 못한다. 위기에 처한 정신여학교를 일으켜 세워야 하는 과제가 급선무였다. [56) 당시 정신여학교는 1924년 지정시험을 통해 주어지는 지정 여학교에 불합격하게 되면서 북장로교 선교회로부터 선교비를 받지 못하고 있었다. 선교비는 1926년부터 평양의 숭의여학교로 보내진다. 학교로서는 큰 충격이었다. 이 문제를 미국에 유학 중이던 김필례에게 전했고 김필례는 선교회 본부를 찾아 협상을 통해서 해결했다. [57)

김필례는 학교의 재정적인 위기를 타개하기 위해 후원회를 조직했다. 후원회장은 제2공화국의 대통령이었던 윤보선(尹潽善, 1897~1990)의 부친이자 안동교회의 장로였던 윤치소(尹致昭, 1871~1944)가 맡았다. [58) 남편을 따라 광주로 돌아간 김필례는 해방 후 수피아여학교의 교장을 맡는다. 그리고 1947년 정신여학교의 교장이 되어 모교로 돌아온다. 이후 삶을 마감하는 1983년까지 정신여학교와 정신학원이 그가 사명을 감당하는 곳이었다.

3. 복음의 확장

1901년 김필례는 오빠 김필순의 권유로 서울로 올라간다. 그리고

---

55) 이송죽 외 4인, 『김필례 그를 읽고 기억하다』, p. 128. 미국 유학은 미국 남장로교의 도움을 받았다. 남편 최영욱은 1926년에 에모리대학교에서 의학박사 학위를 받는다.
56) 유성희, 『한국YWCA 100년사』 (서울: 대한기독교서회, 2021), p. 78.
57) 김영삼, 『정신75년사』 (서울: 정신여자중·고등학교, 1962), pp. 221~222. 김필례는 한국인 스스로 재정을 감당하라는 선교회의 요구에 10년 동안 선교회가 지원을 하고 10년 뒤에는 한국인이 전적으로 재정을 담당하는 것으로 협상을 이끌었다.
58) 위의 책, p. 223.

1903년 장로교 여학교였던 연동여학교에 입학한다.[59] 연동여학교는
4년제로 운영되었다. 연동교회가 예배당이고 강당이 되었다. 김필례
가 이 학교에서 배운 과목들은 성경을 중심으로 한문, 역사와 지리,
산술, 습자(習字)와 도화(圖畵), 음악, 가사와 침공, 생물과 위생 등을 배
웠다. 한문은 국어와 함께 배웠는데 게일이 만든 교본으로 배웠다.
역사는 한국 역사와 서양사를 배웠는데 서양사와 천문은 게일이 가
르쳤다. 지리 교과서는 '사민필지(士民必知)'가 교과서로 사용되었다.[60]
김필례의 생애에서 기독교적 인간관, 국가관이 형성된 시기였다. 이
는 단순히 자신의 신앙적 열망에만 머물지 않고 하나님께서 나라와
민족을 위해 부여하신 사명적 삶을 사는 것을 의미했다. 사명은 성경
을 통해 배운 복음으로 세상을 변화시키는 것이었다.

　1907년 졸업과 함께 김필례는 교장이었던 밀러 부인[61]의 권유로
연동여학교의 교사가 된다. 이것은 앞으로 김필례가 교육가의 길로
가는 중요한 동기를 부여한다. 어린 나이에 교사를 한다는 것은 쉽지
않았고 오히려 공부를 더해야 한다는 생각을 갖게 했다. 미국유학을
희망했지만 오빠 필순의 권유로 일본 유학으로 진로를 바꿨다.

　　"하나님, 저를 동경으로 보내 주십시오.
　　저에게 더 많은 것을 알게 해 주십시오. 가난하고 불쌍한 우리 동포들
　　에게 새로운 지식을 많이 배워와 전해 줄 수 있도록 해 주십시오."[62]

59) 정신100년사 출판위원회, 『정신100년사』 (서울: 정신여자중고등학교, 1989), p. 1670. 김필
　　레는 1907년 연동여학교 1회로 졸업했다.
60) 위의 책, pp. 139~141.
61) 밀의두(E. H. Miller, 1873~1966)의 부인이었던 매티 헨리(Mattie Henry, 1873~1969)를 말
　　한다. 밀의두는 1906년부터 1909년까지 게일의 부탁으로 연동교회의 당회장을 맡았다.
62) 이기서, 『교육의 길, 신앙의 길 - 김필례 그 사랑과 실천』, p. 57.

1907년 정미7조약으로 군대가 해산되고 사실상 국권을 상실한 상태에서 해산된 군대가 마지막 몸부림을 치던 시기였다. 세브란스병원 의사였던 오빠 필순을 도와 부상병을 치료하던 김필례는 일본으로 가는 이유를 분명하게 깨닫는다. "내가 만약 일본에 가서 일본인들과 겨루어 진다면 이는 나 개인 김필례가 일본에 지는 것이 아니라 조선이 일본에 지는 것이다."[63] 김필례는 1908년 관비 유학생으로 일본 유학길에 오른다.

미국 선교사들에 의해 설립된 동경여자학교에 진학한 김필례는 중등 과정과 고등 과정을 8년에 걸쳐서 마친다. 귀국을 준비하면서 자신의 진로를 결정한다. "본국으로 돌아가 내가 아는 대로 우리 동포를 가르치고 깨우치자 그것이 내 사명이요 임무다. 그래서 나는 선생이 될 것을 결심했다"[64]

1916년 김필례는 연동 여학교에서 개명한 정신 여학교의 교사로 돌아온다. 정신 여학교에서 주로 역사를 담당했다.[65] 세계사뿐만 아니라 교회사도 가르쳤다. 예배 때 설교를 담당하기도 했다. 부흥회가 열리면 영어 통역도 맡았다.[66] 그런 와중에 1918년 그녀는 최영욱(崔泳旭, 1891~1950)과 연동교회에서 결혼한다.[67]

---

63) 위의 책, p.63.

64) 정신100년사 출판위원회, 『정신100년사』, p.703. 1975년 정신학보 제8집에 실린 '김필례의 수기' 내용이다.

65) 이송죽 외 4인, 『김필례 그를 읽고 기억하다』, p.49. 김필례는 1973년 발간된 『회상의 학창시절:여류21인집』(신서출판사)에서 일본에서 전공을 역사로 선택했다고 말한다. 그것은 한국이 일본의 속국이 되었던 이유를 역사 속에서 찾고자 했던 것이고 무엇을 개화해야 하는지, 일본의 좋은 점, 훌륭한 점을 가져오고자 함이었다. 역사 속에서 극일(克日)을 찾고자 했던 것이다.

66) 이기서, 『교육의 길, 신앙의 길 - 김필례 그 사랑과 실천』, p.92.

67) 최영욱은 광주 기독교를 대표했던 인물이었던 최흥종(崔興琮, 1879~1966)목사의 이복 동생이었다. 의사였으며 해방 후에 미군정청 하에서 전라남도 부지사, 도지사를 지냈다. 1950년 북한 공산군에 의해 학살당한다.

결혼 후에 남편을 따라 광주로 내려가 생활하던 김필례는 1919년 3.1운동에 참여한다. 최영욱이 세운 '서석의원'이 만세운동의 거점 역할을 했다. 부부가 모두 일경에 의해 체포되지만 김필례는 만삭의 몸이어서 쉽게 풀려났고, 최영욱도 별다른 증거를 찾지 못해 풀려난다.[68] 그녀와 최영욱은 광주지역을 비롯한 전라도 지역에서 이 운동의 중심 역할을 했다. 교육과 여성계몽 차원의 문제가 아니었다. 이 운동은 엄연히 정치적이었고, 자주독립, 새로운 국가건설의 여망이 담겨있는 운동이었다. 그럼에도 김필례가 이 운동에 참여한 것은 그녀의 궁극적인 관심이 국가로까지 확장되어 있었기 때문이었다.

해방 이후 정신 여학교 교장으로 몸담고 있던 김필례는 한국전쟁 당시 미국에서 전쟁의 참상을 알리는데 주력하고 있었다. 그곳에서 미국인들이 한국을 돕겠다고 나서는 모습에서 그녀는 어떤 국가를 세워야 하는지를 발견한다.

> 남을 돕는 박애의 정신을 케케묵은 기성들에게게서는 기대할 수 없다. 그 마음이 백지같은 어린들에게서 우러나와야 한다. 그리고 그렇게 교육하여 기르는 일은 어른들이 해야한다. 우선 가정에서 형제가 아플때 동정하고 간호해주는 습관을 붙여주고 시시때때로 변하는 세계의 움직임을 알기 쉽게 들려주자. 우리도 남을 도와주며 살아야 한다고 가르치고 몸소 실천해 보이자. 어렸을 때부터 남을 돕는 습관이 되어지지 않는한 아무리 오래산다해도 복된 나라를 이룰 수 없을 것이다. 어려운 사람은 「내」가 도와야 한다는 인류에의 책임을 느끼게 해주고 넓은 안목으로 세계를 내다보는 것이 생활화되어 질때 비로소 우리도 남을 도우며 살게 되는 것이다.[69]

---

68) 이기서, 『교육의 길, 신앙의 길 - 김필례 그 사랑과 실천』, p.122.
69) 김필례, "도와주며 사는 나라", 「새가정사」 통권 142호, 1966년 10월호, p.13.

그가 꿈꾸었던 나라는 스스로 나눔의 실현이 이루어지는 박애의 나라였다. 그녀에게 이는 기독교 신앙의 기초 안에서 가능하다. 그녀가 미국에서 발견된 민주주의 국가의 모습은 복음의 가치가 개인과 가정에 머물지 않고 국가로 세계로 향하고 있었다. 그녀의 교육목표도 궁극적으로는 국가를 향해 있었다.

사랑하는 졸업생 여러분!

눈을 들어 우리 사랑하는 조국의 현 실태를 자세히 살펴봅시다. 사실 우리 선열들은 이 조국의 자유와 해방을 위하여 그 귀중한 목숨을 초개같이 내어던진 분들이 얼마나 많습니까? 자유를 얻은 지 이미 이십여 성상이건마는 이 나라가 지금도 이처럼 비참한 처지를 면치 못하여 이 민족은 날이 갈수록 무직자의 수효가 늘고 생활이 곤궁함 감은 무슨 연고입니까?

………이제 군건한 신앙의 토대 위에 쌓아 올린 고결한 인격을 가지고 희생적 봉사를 각자의 생의 목표로 삼고 정신의 교문을 나서는 삼백육십사 명의 졸업생 제위는 날로 썩어가는 우리 조국을 똑바로 진단해 봅시다. 그리고 이런 나라를 어떠한 일꾼이라야만 소생시킬 수 있는가를 살펴봅시다. 과연 우리 사회는 유능하고 충성스러운 일꾼이 절실히 요구됩니다.

여러분! 하나님이 특별히 택하여 세우신 여러분은, 이 민족을 도탄 속에서 구출하고 또 이 나라를 강하고 부하게 쌓아올릴 수 있는, 유능하고 그 임무에 충성할 수 있는 일꾼이 되어 주십시오.[70]

복음이 개인의 구원에만 머무는 것이 아니었다. 복음으로 변화된

---

70) 김필례, "희생적 봉사의 미덕을", 『정신』 1969년 1월 15일, p.4~5.; 이송죽 외 4인, 『김필례 그를 읽고 기억하다』, pp.293~294.

개인이 사명을 가지고 가야할 곳은 국가였다. 그녀에게 국가는 복음의 무대였고, 사명의 무대로 인식되었다. 복음으로 변화된 개인이 교육을 통해 국가적 사명으로 확장되는 것으로 받아들인 것이다.

IV. 교육의 이상

1. 근대적 여성상의 실현 - 주체적, 전문적인 여성

첫째로 여성들은 교육받을 권리를 찾았습니다. 예전의 한국 부모들은 아들에 대해서는 교육할 의무가 있다고 생각했지만, 딸은 학교에 보내지 않았습니다. 그러나 지금의 부모들은 딸도 교육시킬 의무가 있다는 것을 깨닫기 시작했습니다.
......
둘째로 여성들은 결혼과 관련하여 새로운 자유를 얻게 되었습니다. 십년 전만해도 여성은 부모님께 맹목적으로 복종하고 결혼에 관해 자신의 소리를 내지 못했습니다. 여성은 시부모님이나 친정 부모님 앞에서 남편과 대화할 수 없었으며, 아이를 낳기 전까지는 다른 사람들 앞에서도 남편과 이야기를 나누지 못했습니다. 오늘날은 약혼자는 물론 약혼하지 않은 사람과도 자유롭게 대화할 수 있습니다. 여성은 이제 약혼에 관해서 자신의 의견을 말할 수 있고 구혼자에게 편지를 보낼 수도 있습니다..... 더 나아가 여성이 결혼을 하지 않을 수 있는 권리를 인정받게 되었습니다. 이것이야말로 여성이 찾은 자유 중 가장 큰 것인데, 몇년 전까지만 해도 여성이 이십오 세가 되도록 결혼하지 않는다는 것은 불

가능했기 때문입니다. [71]

김필례에게 가장 중요한 교육적 주제는 여성이었다. 특히 지금까지의 여성상을 출산과 육아, 가정으로 제한했던 성리학적 세계관에서 벗어나 사회와 국가, 세계로 향하는 근대적 여성상을 제시하는데 주력했다. 교육을 받을 수 있는 여성의 권리, 그리고 자신의 선택에 의해 결혼할 수 있는 자유를 여성들이 누려야 함을 강조한다. 김필례는 이것을 여성이 누려야 하는 자유로 인식했다.

그녀의 근대적 여성상은 여성의 해방이나 여성 우월의식을 의미하는 것이 아니었다. 주체적인 여성을 의미했다. 여성의 자유를 말하지만 그것은 남성과 여성의 존재적 동등성을 의미했으며 여성이 객체로서가 아니라 주체로서 역할을 감당해야 함을 의미한다.

김필례는 여성 교육에 있어서 중요한 두 가지 주제를 언급하는데 그것은 가정과 성(性)이다. 그것은 여성의 역할을 가정에 한정시키는 것을 의미하지 않았다. 그녀에게 있어서 가정은 개인 다음의 중요한 사회 단위에 위치하기 때문이다. 가정은 개인의 안식처이며 회복과 양육, 건강을 보장하는 곳이다. 그러한 가정을 건강하게 유지하기 위해서는 청결이 중요한 과제가 된다. 그것은 곧 가정의 건강을 책임지고 있는 여성의 역할이 중요한 이유를 가정에서 찾는 것이다. 가정의 청결이 곧 국가의 위생, 청결과 직결되기 때문에 여성의 존재 가치는 중요한 의미를 갖는다. [72]

---

71) Mrs. CHOI PHIL LEY, The Development of Korean Women during the Past Ten Years, *The Korean Mission Field, November*, 1923, p. 222.; 이송죽 외 4인, 『김필례 그를 읽고 기억하다』, pp. 305~306. The Korean Mission Field에서는 CHOI PHIL LEY로 표기되어 있지만 이는 남편인 최영욱의 성을 따른 것이다.
72) 김필례, "가정과 청결", 『새가정』, 1954년 7월호, pp. 50~55.

녀자가 가사에 대한 공부를 하는 것이 웨 시시부시 하겠습니까. 살림살이 안 하는 집이 어디 있으며, 살림사리 안 하는 사람이 어디 있겠습니까? 조선 녀성의 과거생활을 돌아보면 살림사리는 과연 고역이엇습니다마는 문화가 발달된 현대에 있는 녀성으로서 생활이 개량을 도모하고 가뎡을 보다 더 자미잇고 보다 더 훌륭하게 만들면 살림사리가 고역은 고사하고 얼마나 행복을 늣기는 고상한 직업이 될는지 모를 것이올시다. 나는 녀자가 가사를 처리하고 한집안의 주인이 되어 남편의 사업이나 자녀의 학업에 둘도 없는 원동력이 되는 것을 영광스러운 천직으로 알지 않을 수 없습니다.

미국서는 가사과(家事科)를 대단히 존중히 여겨서 가사과를 공부한 이에게도 학박사의 위를 줍니다. 그리우든 내 땅에 돌아와서 첫해를 맞는 나로서 가장 희망하는 바는 조선에 완전한 전문학교가 생기게 되고 따라서 가사과를 공부하는 이가 많아지는 것입니다[73]

조선 사회에서 가지고 있었던 가정에서 여성의 역할이 남편의 말에 복종하고 자녀들을 뒷바라지 하는 것으로 보았다면 근대적 여성은 가정의 주인으로 모든 것을 주체적으로 이끌어가는 것으로 본 것이다. 여성의 역할이었던 가사(家事)를 전문적인 것으로 인식하고 학교 교육에서도 주요한 과목으로 존중해야 함을 역설한다. 가사 과목이 여성의 역할을 축소시키는 의미가 아니라 여성의 주체성과 전문성을 강조하고자 한 것이다.

정신 여학교는 일제 하에서 재정의 압박, 신사참배의 거부 등으로 일제에 의해 강제 폐교를 당해 학생과 교사들은 인근 풍문 여학교로 보내졌고 건물은 성남중학교에 넘어가 버렸다. 광주 수피아 여학교

---

73) 김필례, "가사과(家事科)를 존중하라", 『조선일보』, 1928년 1월 4일, 7면.

의 교장을 맡고 있던 김필례는 1947년 자신의 모교였던 정신여학교의 교장으로 부임한다.[74] 모교의 재건이라는 책무를 감당하며 그녀가 우선했던 것은 설립 이념과 모교의 전통을 계승하는 가운데 학생들을 다시 불러 모아 학교를 재개교하는 일이었다. 그러한 노력은 당장 정신여학교는 중학교로서 1947년 7월 12일 미군정 당국으로부터 재인가가 승인된다. 비로소 학교의 면모를 갖출 수 있었다.[75] 이때 채택된 교과목은 다음과 같았다.

1947년 정신여자중학교 교과목[76]

과목	시간	과목	시간
1. 성경	(3)	2. 국어	(5)
3. 수학	(4)	4. 영어(외국어)	(5)
5. 사회생활	(4)	6. 과학	(4)
7. 가사, 재봉, 수예	(5)	8. 음악	(2)
9. 미술, 서도	(2)	10. 체육	(2)

이때 중점을 두었던 과목이 성경과 가사였다. 가사는 국어, 영어와 함께 가장 많은 5시간을 배정했다. 수학은 4시간이었다. 성경과 가사 과목의 강조는 기독교 정신과 실제적 삶에서의 실천이 근대적 여성상을 확립하는데 중요한 요소로 보았기 때문이다.

1935년 김필례는 의사인 남편 최영욱과 함께 『성교육론』이라는 제목의 책을 출간한다. 이 책은 한국 최초의 근대적 성교육 지침서로 평가받는다. 김필례는 서언에서 이 책의 의미를 다음과 같이 서술한다.

---

74) 이기서, 『교육의 길, 신앙의 길』, p.190.
75) "정신여학교 소생개교", 『동아일보』, 1947년 6월 8일, 2면. 당시 이사장은 김필례의 언니이자 김규식의 부인이었던 김순애가 맡았다. 정신여학교의 인가과정에서는 김순애의 남편이었던 김규식의 도움이 있었다.
76) 김영삼, 『정신75년사』 (서울:계문출판사, 1962), p.290.

이제 본서를 출간함에 제하여 필자는 무한한 희망과 공포를 느낀다. 비록 이 책의 페이지 수가 적고 내용이 빈약할지라도 모든 번민과 고통 중에서 메해는 무수한 청춘남녀에게 조그마한 도움이라도 되기를 바라는 동시에 아직 성교육이 우리 사회에 새 문제이니만큼 독자 제씨에게 어떠한 인상과 영향을 끼칠 것이 문제이다. 단지 본 문제를 취급하시는 지도자 제씨의 철저한 지식과 진정한 동정이 성의 오묘한 이치를 연구하는 청년 제씨의 신중한 태도와 협동되어 행복한 생활의 길이 독자 제씨들 앞에 전개되기를 빌 따름이다.[77]

책의 내용은 당시로서는 파격적인 것이었다. 생물학적 성(性)의 구분과 올바른 성적인 관계의 필요성, 연애와 결혼, 성에 대한 올바른 인식이 무엇인지를 담고 있다. 김필례는 여성을 남성과 동등한 위치에 올려놓고 연애와 약혼, 결혼, 성적 관계에 이르기까지 서로 간의 인식이 교류되어야 한다. 누가 주도하는 것이 아니다. 성이 단순한 육체의 관계만으로 인식되면 왜곡되고 난잡해 진다. 성은 정신적이며 사업적이어야 한다. 같이 생각하고 협력하여 사업을 성취함에 이르게 하는 것이다.[78]

김필례는 여성 교육의 궁극적인 목표를 국가에 필요한 기독교 여성 지도자를 양성하는 것에 두었다. 중등교육기관인 정신 여학교 교장으로 봉직하고 있으면서 전문적인 여성 인재를 양성하는 여자대학교의 필요성을 절감하고 있었다. 한국교회 초기부터 감리교회는 이화여자대학교를 통해 여성 인재를 양성하고 있었지만 장로교에서는 여자대학을 운영하지 않았다. 그런데 그녀가 보기에 이화여대

77) 김필례, 최영욱, 『성교육론』 (서울: 조선예수교서회, 1935), 저자서문. ; 이송죽 외 4인, 『김필례 그를 읽고 기억하다』, p.598.
78) 위의 책, p.600.

의 방향성이 학문의 탐구와 보편적 지성인 양성에 집중하면서 기독교인의 생활과 신앙, 그리고 기독교 여성 지도자 양성에는 한계가 있었다. 김필례는 1948년 미국 북장로교 본부 여전도회 대표가 한국을 방문했을 때 여자대학교의 설립을 대표인 마그렛 프롤리 선교사에게 건의하면서 본격적으로 여자대학교 설립 운동에 뛰어든다.

"지금 우리나라에도 기독교 계통의 대학이 전혀 없는 건 아닙니다. 연세·숭실·계명·이화 등이 있지요. 하지만 이들 대학은 장로교 교회에서 평생 봉직할 수 있는 여성들을 길러내는 교육을 맡기에는 미흡합니다. 설립목적이 서로 맞지를 않지요. 이제 우리는 장로교 여성 지도자를 위한 새로운 고등교육기관을 세워 교회 속에서 지도자가 될 수 있는 훈련과 교육을 본격적으로 시켜야 할 필요가 있다고 생각합니다."[79]

그녀의 노력은 1957년 미국 장로교 총회의 승인으로 7만 달러의 설립기금이 조성되면서 본격화되었다. 그해 9월 부산중앙교회에서 개최된 제42회 대한예수교장로교 총회에서 김필례는 여전도회 회장의 자격으로 언권 허락을 받아 여자대학 설립의 계획과 당위성을 보고하고 허락을 받는다.[80] 서울여자대학교가 교육부에 제출한 건학 이념은 다음과 같았다.

"민주국가 건설 초기에 강력한 도의 정신과 기술을 구비한 지도자가 절실히 요구되는 실정에 비추어, 재래의 대량 생산적이며 지적 편중인 대학 교육을 지양하고, 지적 교육과 아울러 기독교 정신에 입각한 도의 실천 교육과 기술 교육을 선발 받은 극소수에게 균형있게 실시함으로

---

79) 이기서, 『교육의 길, 신앙의 길』, pp. 246~247.
80) 『대한예수교장로회 총회 제42회록』, 1957년 9월 23일, p. 95.

써 출세주의, 성공주의, 간판주의를 떠나 동족과 인류의 행복을 위하여 자발적으로 수준 이하의 사회와 퇴폐된 농촌의 개척자 선봉자로서 봉사할 수 있는 지·덕·술이 겸비된 여성 지도자를 양성함에 있다"[81]

기독교 정신, 전문인 양성, 사회와 농촌의 지도자 양성이 핵심이다. 여성의 역할을 개인, 가정에서 사회와 국가를 주도하는 지도자로까지 확대하고 있다.[82] 김필례가 서울여대 설립에 동분서주했던 것도 주체적이고 전문적인 근대적 여성상을 세우고자 했던 자신의 신념을 완성하는 것으로 보았기 때문이었다.

2. 민주주의의 고양 - 인간화

김필례의 교육적 이상은 민주주의 시민으로서 양성하는 것이었다. 그것은 단순히 제도적이고 지식적인 민주주의를 고양하는 것이 아니었다. 민주주의의 핵심인 개인을 올바른 정신과 상식으로 인간화하는 것을 의미했다.

.......소학교 교육이 좋지 못하여져 가는 데에도 한 가지 원인이 있을지도 모르겠습니다. 첫째는 소화력 즉 배워서 깨달아 가지고 내 머리에 넣는 힘이 적고, 둘째로는 연구하는 힘이 적습니다. 그것은 지금 교육이 생도 스스로 연구하고 깨달을 만한 기회와 여유를 주어서 정말 학문의 터를 잡도록 지도를 하지 못하고 선생이 덮어놓고 퍼부어 주는 쉽게

---

81) 서울여자대학교50년사편찬위원회, 『서울여자대학교 50년사』 (서울: 서울여자대학교, 2012), p.32.
82) 서울여자대학교의 초대학장이었던 고황경은 김필례의 둘째 오빠였던 김윤오의 외손녀였다.

말하면 주입적 경향이 현저하여지기 때문입니다.[83]

개인 스스로가 발전하고 깨닫지 못하면 그것은 교육의 실패였다. 그녀는 애국심을 단순히 국가의 상태를 향상시키기 위한 것만으로 생각하지 않는다. 개개인의 행복을 증진시킬 수 있는 건설적인 것을 의미했다.[84]

이 시대 인간들이 흠모하는 민주주의의 사상은 인간이 얼마나 존엄하다는 것을 강조하고 인격의 위대성을 가르치고 있거니와 성경은 민주주의보다 훨씬 앞서서 예수님의 지상명령은 외적 인간보다 내적 신앙의 인간을 즉 육보다 영의 사람을 중요하게 다루고 있는 것입니다.[85]

민주주의 사상이 가장 중요하게 여기는 인간의 존엄성과 인격의 위대성이 성경에서 말하는 영적인 인간을 의미한다고 본 것이다. 진정한 인간화의 출발점은 성경에 담겨 있는 기독교 정신에서 온다. 그녀에게 있어 학교에서 성경을 가르치는 것은 인간화의 출발점이고 이는 민주주의의 출발점이다.

그러한 교육의 이상은 '사람다운 사람'으로 상징화 된다. 여기에는 배움과 참된 인격의 고양이 함께 어우러져야 한다. 교육은 참된 인격을 깨닫게 하고 높은 이상을 향해 안내하는 곳이어야 한다. 이렇게 교육을 통해 고양된 개인은 현실을 직시하고 잘못된 것을 바로잡을

---

83) 김필례, "주입적 교육의 폐해: 교사는 사람 본위로 채용하고 학생은 열쇠 꾸러미를 차 보라"『시대일보』, 1924년 3월 31일자, 2면.

84) Mrs. C. McLaren and Mrs. Pilley Kim Choi, "At Conferences in India", *The Korean Mission Field*, 25-12, December, 1929, p.247 ;이송죽 외 4인, 『김필례 그를 읽고 기억하다』, p.212

85) 김필례, "신앙적 교육은 가정으로부터", 이송죽 외 4인, 『김필례 그를 읽고 기억하다』, p.233.

줄 알게 된다. 궁극적으로 조국과 민족에 이바지 하는 데 이를 수 있다. 여기까지 이를 때 '사람다운 사람'이다.[86]

그녀에게 민주주의는 제도적인 것보다 개인을 완성하는 것이 우선이었다. 조카인 김마리아가 독립운동에 있어서 가시적인 활동을 통해 쟁취하려 했다면 김필례는 전쟁과 4·19, 5·16을 거치는 동안에도 그가 교육에 몰두했다. 민주주의는 교육을 통해 개인을 완성해 나가야만 이룩할 수 있는 이상(理想)이었기 때문이다.

> 제3공화국을 건설하려는 이 마당에서는 얼마나 마음이 바르고 민족만을 위하는, 끝까지 처음 이념을 견지해 나갈 수 있는 지도자가 갈망되는 것이다. 지금 이 시대 제3공화국을 건설하려는 학생들은 특히 고3은 자극을 받아야 한다.
> ……인격 수양에 관심을 한 달 동안 가졌다가 한 달 동안 안 가지고 간다면 진보 발달은 없고 오히려 퇴보될 수도 있다. 즉 꾸준히 계속해야만 되는 것이다.
> ……또 인격 수양은 학생 시절뿐만 아니고 청장년 노년에까지 걸쳐서, 죽는 그 시간까지 조심하고 반성하고 나쁜 습관을 꾸준히 고치는 일로 계속 노력해야 할 것이다.[87]

민주주의는 투쟁과 혁명을 통해서 완성되는 개념이 아니다. 개개인이 민주주의적인 인격으로 고양되어야만 한다. 그것은 한 순간에 이루어지는 것이 아니라 지속적인 훈련과 노력으로 이루어진다. 또한 민주주의적인 인간의 모습은 개인의 책임과 권리를 다함으로 멈

---

86) 김필례, "높은 이상으로 인격을 다듬어 가자", 『정신』, 1968년 3월 5일, 5쪽. ; 위의 책, pp. 290~291.
87) 김필례, "성공하는 길", 『정신』 13, 1963년: 위의 책, p. 271

추는 것이 아니라 국가와 민족을 위한 헌신과 봉사로 이어지는 것까지를 목표로 한다. [88)]

V. 나가는 말

황해도 장연의 개화된 독실한 기독교 집안에서 태어난 김 여사는 "여성 기독교은 언제나 사회와 교회 사이에서 초교파적으로 예수를 구주로 소개해야 한다"고 역설해 왔다.

그는 이십오 세 때 서울 정신여중의 교사로 여성교육에 뛰어들었다. 그후 구십이 세로 세상을 떠날 때까지 정신여고와 수피아여교의 교사-교감-교장을 거치며 이사장으로까지 줄곧 기독교계 여학교의 살아있는 역사로 일을 해 왔다.

조용하면서도 그러나 '정열가'라는 별명을 갖고 있는 성격, 그는 육십여 년 전 엄격함 시집살이를 하면서 사회활동을 해야 하는 '옛날 여성'의 수많은 일화를 지닌 선각자였다. 젊은 시절 시어머님 몰래 담을 뛰어넘어 야학의 여학생들을 가르쳤다는 이야기는 특히 유명하다. [89)]

김필례는 1983년 7월 30일 생을 마감했다. 언론은 그의 죽음을 보도하며 '한국 여성개화의 선각자'라는 제호를 달았다. [90)] 그녀가 평생토록 헌신했던 사명이 무엇이었는지를 분명히 보여준다.

김필례는 자신의 신앙과 신학적 주제가 교육을 통해서 국가로 확장되기를 원했다. 그에게는 언제나 기독교 신앙을 통한 개인의 인간

---

88) 위의 책, p.272.
89) "일제하 YWCA 창설… 여성에 독립혼(獨立魂)고취", 『조선일보』, 1983년 7월 31일자, 6면.
90) "타계한 故 김필례 여사 한국 여성 개화의 선각자", 『동아일보』, 1983년 7월 30일자, 6면.

화와 교육을 통한 인격의 고양과 계발이 민주주의 국가 발전에 필수적인 과제라고 생각했다. 그녀가 말하는 개인의 발전은 개인주의적이고 이기적인 것을 의미하지 않는다. 올바른 인격의 수양은 개인을 이타적이고 국가에 대한 헌신과 봉사로 이어진다.

그녀는 성리학적 세계관과 질서 아래에서 수동적이고, 피동적이었던 여성에서 주체적이고 능동적인 여성으로의 개화를 추구했다. 남성을 보좌하는 역할의 여성이 아니라 존귀하고 존엄한 인간으로서의 여성을 회복하려는 그녀의 목표였다. 그녀의 삶도 다르지 않았다. 기독교인으로서 자신의 사명을 펼치기 위해 관비 유학생으로 일본에서 교육을 받았고 미국에서 교육학으로 석사학위를 받은 엘리트 지식인이었다. 한 가정에서는 아내로, 며느리로, 어머니로서 가정을 일구는데 있어서도 소홀함이 없었다. 사회에서는 수피아 여학교와 정신 여학교를 이끌었던 교육가였으며 YWCA 창설에 가장 중요한 역할을 감당했던 사회운동가였다. 김필례는 이 모든 일에 누군가의 권유에 의해서 하지 않았다. 본인의 판단과 의지, 신념을 따라 행동하고 결정한 것이다.

이는 그의 신앙 안에 내면화되어 있었던 기독교적 가치와 세계관의 결과였다. 김필례는 기독교적 인간관에 토대로 근대적 여성상을 제시했다. 주체적이고 전문적인 여성이다. 이러한 여성상은 여성의 사회적 지위가 향상되면서 그 역할과 가치가 더욱 중요해지고 있는 지금도 유효하다.

연보(年譜)

1891년   12월 19일 황해도 장연에서 기독교 가정인 부친 김성섭
          과 모친 안성은의 5남 4녀 중 막내딸로 출생

1895년   소래교회 부설 금세학교(해서제일학교) 입학

1903년   연동여학교 입학

1907년   연동여학교(정신여학교)를 졸업하고 수학 차 도일

1913년   동경여자학원 중등부 수료

1916년   동경여자학원 고등부 졸업

1916년   정신학교와 광주 수피아 여학교에서 교사로 재임하였고,
          8·15 해방과 더불어 수피아 여중 교장으로 재임

1922년   대한 YWCA 발기총회를 주관 및 창립준비를 위한 규칙제
          정, 지방조직완성

1922년   인도에서 열린 세계기독교 학생대회 한국대표로 참석

1922년   김활란, 유각경 등과 함께 대한 YWCA를 창설하여 우리
          나라 기독교 청년운동의 산파역 담당

1926년   미국 엑네스 여자대학에서 역사학 전공 학사학위 취득

1926년   미국에서 열린 국제 기독교 학생대회 한국 대표로 참석

1927년   미국 콜럼비아대학 대학원에서 중등교육 행정학 전공 석
          사학위 취득

1947년   정신여자중·고등학교 제12대 교장에 취임

1950년 6월1일· 미국에서 열린 세계 YWCA대회 한국 대표로 참석

1950년   대한예수교 장로회 여전도회 전국연합회 회장 역임 (~1959
          년)

1961년 정신여자중·고등학교 명예교장 역임 (~1963년)

1963년 정신학원 재단 이사장 역임 (~1973년)

1972년 대한민국 국민훈장 목련장과 한국 YWCA 50주년 공로상
       수상

1975년 연동교회 봉사상 수상

1978년 송암 봉사상 수상

1982년 광주 YWCA 창립 60주년 공로상 수상

1983년 7월 30일 92세를 일기로 별세, 정신여중고등학교장으로
       연동교회에서 영결예배

2장

이 상 재

만민회 만세운동
거푸 일던 옛 거리에
원대한 스승 모습
우뚝 솟아 계시네
높푸른 야인상
만만세 빛나오리
회 터럭 청년상
만만세 빛나오리

('이상재 선생 찬가(위대한 야인상)' 中에서)

2장
이 상 재

Ⅰ. 들어가는 말

대한제국이 몰락하고 주권이 일본으로 넘어갔던 일은 우리 민족의 정체성과 사상적(思想的) 가치체계를 단절시킬 수 있는 엄청난 변혁적 사건이었다. 그러나 한국 내부에 있었던 진취적이고 역동적인 사상체계는 보존되었고 새롭게 변화되고 확장되어 계승될 수 있었다. 그리고 그 사상은 독립운동의 이데올로기로 전환되었다. 월남 이상재(李商在, 1850-1927)는 바로 그 중심에 있었던 인물이다. 개화기와 일제 강점기에 자주와 독립의 방향을 제시했고 민족의 향도로서 역할을 했다. 독립협회의 주도자로 국권 회복과 민권 운동에 앞장섰고 YMCA를 거점으로 하는 기독교 청년운동에 투신해 3.1운동, 민립대학 설립운동, 조선일보 사장, 흥업구락부운동, 신간회운동 등에서 큰 영향력을 발휘했다. 특별히 YMCA학관의 창시의 주역으로, 대한민국 제1공화국과 제2공화국을 주도했던 학관 출신들은 그를 '민족의 스승'으로 일컬었다. 그의 지도력이 대한민국의 정체의 바탕이 되었다는 것을 인정한 것이다.

이상재가 이런 위치에 올라갈 수 있었던 것은 죽천(竹泉) 박정양(朴定陽, 1841-1905)과의 만남이 우선의 계기가 되었다. 박정양으로 인해 개화 관료가 될 수 있었고 근대 일본과 미국을 조사 관찰할 수 있었다. 세계 질서에 대한 새로운 인식을 갖게 되었고 친미 개화파인 정동개화파의 주역이 될 수 있었다. 독립협회의 일원이 되어 만민공동회와 관민공동회도 이끌 수 있었다. 그런데 조선 개화정책의 주도자였던 박정양이 고종의 신임을 받을 수 있었던 것은 유능한 보필자인 이상재가 있었기 때문이다. 그가 미국을 탁월하게 분석한 책, 곧 미속습유(美俗拾遺)를 쓸 수 있었던 것은 이상재 덕분이었다.

박정양과의 밀접한 관계가 한 이유가 되어서 이상재는 한성감옥에 투옥이 되었다. 이곳에서, 54세가 되던 1902년에 기독교에 입교했다. 공정과 공평의 나라를 꿈꾸었던 그는 기독교가 이러한 자신의 이상을 실현시킬 수 있다고 확신했다. YMCA에 입회한 이상재는 보다 적극적으로 기독교 이데올로기를 수용한 대신 YMCA를 근대화된 민족운동 조직으로 발전시켰다. YMCA 종교부와 교육부간사를 거치고 학관을 개설했으며, YMCA 한국인 초대 총무를 역임하면서 주도적 역할을 했다. 3.1운동 때도 적지 않은 영향력을 끼쳤고 민립대학 추진의 중심에 있었다. 기호계 민족주의 그룹인 흥업구락부를 이끌었고 신간회 창립의 상징적 존재가 되었다.

이상재는 YMCA를 모든 계급의 공간으로 만들어 나아갔다. 그의 사상은 인간이 하나님의 형상으로 빚어졌다는 인간관뿐만 아니라 모든 국가가 동일한 권리를 갖고 있다는 신부적(神賦的) 국가의식으로 확장된다. 개(改) 국가가 하나님 안에서 공정하고 공평한 권리를 갖는다는 의식은 일본 필망론(必亡論)으로 연결되었고, YMCA 민족주의계의 사상이 되어 독립운동의 논리가 되었다. 이상재의 주장은 YMCA를 통해 한국의 근대 지식계로 확산되었고 기호계 민족운동 그룹의 사상적 기저로 발전되었다. 한민당의 사상적 정체(政體)가 되었고 제1공화국과 제2공화국로 이어졌다.

이 소고는 월남 이상재의 생애 속에서 나타난 사상을 도출하고 그것이 어떻게 확장되었는지 알고자 하는 것이다. 이를 통해 그의 사상과 활동이 민족운동에 어떻게 나타나고 실현되었는지 밝히고자 한다.

II. 생애와 활동

1. 박정양과의 관계

이상재는 1850년 10월 26일 충남 서천군(舒川郡) 한산면(韓山面) 종지리(種芝里)에서 아버지 이희택(李羲宅)과 어머니 밀양 박씨의 맏아들로 태어났다. 고려 말 충신 목은(牧隱) 이색(李穡)의 16대손으로 과거시험을 볼 때까지 유학(儒學)을 공부하며 자랐다. 18세에 치른 대과(大科)에서 실패했던 것은 당시의 부패한 현실 때문이다. 이상재의 부모는 친가 이장직(李長稙)을 통해 박정양에게 이상재를 천거했다.[1] 이후 이상재는 박정양의 겸인(傔人)이 되어 청장년기 전반을 보냈고 정치적·사상적 활동을 같이했다.

---

1) 박정양의 어머니는 한산 이씨 이장직의 고모였다.

1881년 1월 박정양이 일본의 조사시찰단(朝士視察團)[2]에 참가했을 때 이상재는 그의 수원(隨員)이 되어 4개월간 일본의 내무성과 농무성을 관찰하고 연구했다.[3] 1887년 6월에는 초대 미국공사로 임명받은 박정양을 따라, 서기관이 되어 미국의 근대문명을 분석할 수 있었다. 1892년 박정양이 전환국(典圜局)[4] 독판(督辦)이 되었을 때 위원(委員)이 되어 그를 보좌했고 1894년 박정양이 학부대신이었을 때 학부참서관으로 실무를 담당했다. 1896년 아관파천(俄館播遷) 때, 곧 박정양이 총리대신(總理大臣) 임시 서리(署理)가 되었을 때, 내각총서(內閣總書)를 맡아 일련의 개혁 방안들을 실행에 옮겼다. 1904년 전후에 박정양이 별세(別世)하기까지 이상재는 그의 정치적 최측근으로 있었다.[5]

1896년 7월 2일 독립협회는 독립문과 독립공원을 건립하기 위해 설립되었다. 당시 내무대신이었던 박정양은 고종의 지시로 독립문 건립 기금 모집에 심혈을 기울였다. 독립협회의 임원들을 비롯해 각 부의 칙(勅)·주(奏)·판임관(判任官)들과 논의하는 등 독립협회 창립에 실

---

2) 일명 신사유람단으로 신사유람단이라는 명칭은 1930년 1월 12일자 「동아일보」에 실린 윤치호의 "十二紳士遊覽團"이라는 제하의 조사시찰단에 관한 회고담에서 최초로 사용되었으며, 정옥자의 「紳士遊覽團考」(『역사학보』27, 1965)가 발표된 뒤 보편화되었다. 그러나 박정양 등 12명을 "신사"로 부른 것은 일본측이었으며, 당시 조선정부는 이들을 일관성 있게 "조사"라고 지칭했다. 또한 이들 조사에게 부여되었던 임무를 고려해 볼 때 "유람(遊覽)"이란 말도 현대적 어의에 어긋난다. 왜냐하면 "유람"의 원의(原義)는 문물·제도를 살핀다는 뜻이지만 현재에는 본 뜻이 전화(轉化)되어 사용되므로 조사시찰단의 역사적 의의가 폄하(貶下)될 가능성이 높기 때문이다.

3) 당시 조선정부에서는 보수파들의 이목을 피하기 위해 "東萊府 暗行御史"라는 이름으로 조사(朝士)·수원(隨員)·통사(通事)·하인(下人) 등 62명을 비밀리에 서울을 떠나게 했다. 이때 조사 중 한 명이었던 박정양은 이상재를 수원으로 해서 그 해 4월에서 7월 까지 일본에 머물렀다. 그가 맡았던 일은 내무성의 조사였다. 그런데 농상무성이 내무성과 같은 구내(構內)에 있어 이 관청도 같이 조사했다.

4) 전환국은 1883년(고종 20)에 설치되었던 상설 조폐기관이다.

5) 이상재의 약력에 대해서는 月南社會葬儀委員會刊 『月南 李商在』(1929), 公報室 『月南 李商在先生 略傳 2』등 참조.

질적으로 지원했다.[6] 당시 독립협회의 발기인을 보면 이상재를 비롯해 안경수(安駉壽, 1853-1900), 이완용(李完用, 1858-1926), 김가진(金嘉鎭, 1846-1922), 이윤용(李允用, 1855-1938), 김종한(金宗漢, 1844-1932), 권재형(權在衡, 1854-1934), 고영희(高永喜, 1849-1916), 민상호(閔商鎬, 1870-1933), 이채연(李采淵, 1861-1900), 현흥택(玄興澤, 미상), 김각현(金珏鉉, 1864-미상), 이근호(李根澔, 1861-1923), 남궁억(南宮檍, 1863-1939) 등이었다.[7] 이 가운데 이윤용, 고영희, 김각현 등을 제외하고 다음과 같이 임원진이 구성되었다.

> 회장(會席 의장 겸 會計長) - 안경수, 위원장- 이완용
> 위원 - 김가진, 김종한, 민상호, 이채연, 권재형, 현흥택, 이상재, 이근호
> 간사원 - 송헌빈(宋憲斌), 남궁억(南宮檍), 심의석(沈宜碩), 정현철(鄭顯哲),
>   팽한주(彭翰周), 오세창(吳世昌), 현제복(玄濟復), 이계필(李啓弼),
>   박승조(朴承祖), 홍우관(洪禹觀)[8]

이상재는 독립협회가 해산될 때까지 중심에서 활동했다. 1897년 2월에는 회계를 맡았고 윤치호(尹致昊, 1865년-1945)가 회장이 되는 8월부터는 부회장을 맡아 독립협회의 전(全) 과정에 참여했다. 그 활동은 박정양의 지원 아래 이루어진 것이었다. 관직이 상대적으로 아래 위치임에도 불구하고 중심적 역할을 했던 것은 박정양 때문이라 할 수 있다.[9]

---

6) "종환일기", 『朴定陽全集』3(서울:아세아문화사, 1884), 256-257쪽. 丙申年 6월 8일. "出往漢城觀察府 議慕華館獨立門樹建事 各部勅奏判任官同會"; 한철호, 『친미 개화파 연구』(국학자료원, 서울: 1998), 191쪽 재인용.
7) 「독립신문」, 1896년 7월 4일자, "논설"
8) 같은 날자의 영문관에서는 이채연이 서기(Secretary)로 되어있으며 위원은 집행위원회(Executive Committee) 소속으로, 간사원은 운영위원회(Working Committee) 소속으로, 그리고 고문(Adviser)으로 Dr. Philip Jaisohn(서재필)이 임명된 것으로 되어있다.
9) 박정양은 자신의 겸인이었던 이상재와 미국 공사 시절 참찬관이었던 이완용, 자신의 통역

2. 정동개화파(친미개화파) 이상재

이상재는 친미적 개화파, 곧 정동개화파의 일원이었다. 정동개화파는 주미 공사관의 외교관을 지냈거나 제중원(濟衆院), 광무국(鑛務局)이나 육영공원(育英公院), 연무공원(鍊武公院)의 미국인들과 관련을 맺고 있었다. 왕실과 미국을 비롯한 구미세력을 연결하는 역할도 했다. 이들은 미국의 체제와 제도를 모델로 해 조선의 체제를 변화시켜야 한다고 주장했다. 미국을 가까이서 경험할 수 있었던 이상재는 미국의 문명과 사회체제 속에 합리적이고 평등적인 실천이 있다고 보았다.

미국 체류의 첫해인 1887년에만 하더라도 이상재는 미국이 정신문명이 없고 외형적인 힘에만 의존한다고 비판한 바 있다.[10] 미국의 정신문명이 저급한 것이라는 의미였다. 그러나 미국 사회를 겪으면서 생각이 바뀌었다. 단순히 근대적 힘만을 숭상하는 나라가 아니라고 확인한 것이다. 아들들에게 보낸 편지에서 확연히 드러난다.

> "만일 한 사람이라도 사민(四民) 밖에서 유의유식(遊衣遊食)하는 자가 있으면 난민(亂民, 무뢰한)이라고 해서, 절도(節度)와 동률(同律)로 다스리며, 이런 자가 비록 현직 고관의 자식이라고 해도 조금도 가차없이 처벌되는 까닭으로, 국민은 모두 직업을 갖고 있다. 그러므로 나라가 부강한 것이 이 때문인 것이다"[11]

관이었던 이채연, 자신의 영향 아래 있던 민상호, 이계필을 통해 독립협회운동을 직·간접적으로 지원하고 있었다. 관민공동회의 건의를 왕에게 헌의(獻議)하는 등 개화의지가 강했다.

10) 이상재, "光龍(承倫)三兄弟及長春妙一同見," 월남이상재선생동상건립위원회, 『月南李商在研究』(서울:로출판, 1986), 366쪽 참조.

11) 이상재, "寄承倫諸昆季,"『月南李商在研究』, 369쪽.

이상재는 미국이 신분에 관계없이 법률을 엄격히 적용하는 것을 발견했다. 그것은 미국이 공정한 윤리공동체라는 의미였다. 미국이 부강한 것은 "헌법(憲法)"이 백성들에게 공평과 자유를 주어 속박과 질곡(桎梏)으로부터 해방을 시키고 있기 때문이라 보았다. 뚜렷한 기준을 가지고 공동체의 인화(人和)를 저해하는 모든 요소를 공정하고 공평하게 치리(治理)했기 때문이라는 판단이었다. 거기에 비해 조선은 "정령(政令)을 옳게 행하지 못하고 그 형법(刑法)을 바르게 쓰지 못하여 모든 행동에 자주(自主)를 얻지 못한", 가렴주구가 판치는 사회였다. 부패와 가렴주구가 판치는 사회였고 백성들은 학정(虐政)에 시달리고 있었다. 민초들이 가학(苛虐)을 견디지 못해 폭동을 일으킬 수밖에 없는 사회였다.[12] "안으로는 탐관오리(貪官汚吏)들이 있어 계급이 낮은 자는 훔쳐먹고 지위가 높은 자는 긁어먹고 빼앗아 먹어 인민들이 어육(魚肉)"이 되어있다고 보았다.[13] 이상재는 다음과 같이 조선의 사회를 비판한다.

"지금 우리 한국(韓國)의 시국(時局) 형편은 나라가 존재해 있는 것인가? 없어진 것인가? 백성은 살아 있는 것인가? 죽은 것인가? 군제(軍制)의 미비(未備)한 것이나 재정(財政)이 정리되지 못한 것, 그 밖의 허다(許多)한 탐학(貪虐)과 허다한 고질(痼疾)이 이루 셀 수 없이 많으니 반드시 옳은 사람이 있기를 기다린 뒤의 일로서 진실로 지체 할 수 없는 일이다. 그런데 사람을 쓰는 데는 전형(銓衡)이 공평하지 못해서 어질고 못난 사람의 진퇴(進退)가 올바른 것을 잃고, 형벌하고 상주는 것은 어지러워서 착한 사람과 악한 사람을 구별하는 것이 서로 반대되고 있다."[14]

---

12) 이상재, "時務書," 위의 책, 280쪽.
13) 이상재, "上政府書(二)," 위의 책, 287-289쪽.
14) 目今我韓之時國形便 國歌日存乎亡乎 民可曰生乎 死乎 軍制之未備 財政之不整 外他許多

몰락한 양반 출신으로 조선사회의 주변부에 머무르고 있던 이상재의 입장에서는 사민평등(四民平等)을 이루고, 엄격한 법률로 운용되는 미국의 사회체제가 이상으로 보였다. 미국의 사회체제에 고무적이었던 이유이다. 15)

이상재의 미국 인식은 박정양의 『미속습유(美俗拾遺)』를 통해 알 수 있다. 서기관이었던 그는 이 책을 집필하는 데에 직·간접적으로 참여했다. 따라서 이상재의 미국관은 박정양과 다르지 않았다고 볼 수 있다. 『미속습유(美俗拾遺)』는 미국을 다음과 같이 분석하고 있다.

> 해국(該國)은 합중심성(合衆心成)의 권리가 민주에 있는 나라이다. 그러므로 비록 세맹(細氓), 소민(小民)이라 할지라도 국사를 자기 일처럼 돌보아 진심갈력(盡心竭力)하여 극진히 하지 않음이 없다. 또 교우(交友)의 도(道)는 존비(尊卑)가 같으며 귀천의 구별이 없어 무릇 사람은 태어날 때부터 자유를 얻는다고 한다. 자주라는 것은 누구나 다같이 하늘이 부여한 것이고 귀천·존비(貴賤·尊卑)는 모두 바깥에서 이르는 것이니 바깥에서 이르른 것이 어찌 자주를 훼손할 수가 있겠는가16)

이상재는 미국 사회를 주권재민과 평등한 인권 사회요 민주주의 체제라고 판단했다. 국민이 신분이나 계급에 상관없이 평등하게 살 수 있다는 것은 조선 사회에서는 생각지 못할 일이었다. 도덕적 성인만이 참다운 인간이었기 때문에 조선 성리학의 전통에서는 일반인의 권리가 전혀 고려되지 않았다. 17)

貪虐 許多痼疾 指不勝數 必待人存然後事也 因不可遲 而用人之際 銓衡不平 賢不肖之進退 失當 形賞紊雜 善惡之勸懲相反 이상재, "時務書,"위의 책, 279쪽.

15) 이상재, "寄承倫諸昆季", 위의 책, 369-370쪽.

16) 박정양, "美俗拾遺,"『박정양전집 6』(서울:아세아문화사, 1984), 639쪽.

17) Charles Moore, The Chinese Mind (Honolulu:University of Hawaii Press, 1975), 6쪽.

이상재는 미국을 모델로 하는 개화정책을 추진하고자 했다. 특별히 미국의 근대적인 교육제도를 모방하려 했다. 그런 이유로 과거제를 폐지하고 근대적 학교 설립을 주장했다. 물론, 이상재의 근대학교는 존왕애국(尊王愛國)을 강조했지만, 신분(身分)과 남녀문제에 차별을 두지 않는 평등적인 교육이념을 지향하려 했다. 1894년 학무아문참의(學務衙門參議)와 학무국장을 겸하고 있을 때, 이상재는[18] 황해도 수안군(遂安郡) 군립(郡立) 진명(眞明)학교 창립을 축하하며 다음과 같이 역설했다.

> 오직 바라건대 총명하고 준걸스러운 여러 학생들은 진정한 학업을 탐구하고 그 문명한 새 기운을 흡취해서 사람마다 모두 진진명명(眞眞明明)한 지경에 도달한다면, 어찌 교육이 떨치지 못하는 것을 근심할 것이며, 또 우리나라가 망하는 것을 바꾸어서 일어나고 쇠하는 것을 바꾸어서 성하게 되는 것이 모두 여기에 있을 것이다.[19]

이상재는 신분에 관계없이, 모든 백성이 문명적 혜택을 받아야 한다고 믿고 있었다. 진명학교가 신분에 상관없이 입학할 수 있는 학교였음을 감안했을 때, 그가 미국과 같은 이상적 민주 사회를 꿈꾸었다는 것을 알 수 있다. 정동개화파, 곧 친미개화파가 된 이유였다.

---

18) 『月南李商在研究』, 234쪽. 月南 李商在先生 年譜 참조.
19) 위의 책, 295-296쪽. 遂安郡郡立眞明學校序

3. 기독교 입교 과정과 활동

1) 한성감옥에 수감

1902년 정권(政權)을 장악하고 있던 친러내각(親露內閣)은 민영환(閔泳煥, 1861년-1905)의 조선협회가 일본에 망명 중인 박영효(朴泳孝, 1861-1939), 유길준(兪吉濬, 1856-1914) 등과 역모를 꾸민다고 모략했다. 그리고 독립협회의 관계자들과 반대파들을 검거하기 시작했다. 이때 이상재는 1902년 6월에 아들 승인(李承仁, 1872-1908)과 체포되었다.[20] 유길준의 동생이자 내부협판이었던 유성준(兪星濬, 1860-1935), 법부협판과 승지(承旨)였던 이원긍(李源兢, 1849-1919), 경무관(警務官)이었던 김정식(金貞植, 1862-1937), 참서관(參書官)이었던 홍재기(洪在箕, 1873-1950), 강화 진위대(鎭衛隊) 장교 유동근(柳東根)과 홍정섭(洪正燮), 후일 제국신문 사장이 된 이종일(李種一, 1858 -1925) 등도 체포되었다. 감옥[21]에는 이미 독립협회에 가담했던 이승만, 신흥우, 박용만, 양의종, 성낙준 등 배제출신 청년들도 복역하고 있었다.[22] 대대적인 검거 탓에 한성감옥은 관료출신의 개화파 지식인과 근대학교 학생들로 가득찼다.

한성감옥은 매우 열악했다. 더구나 1902년 8월부터 시작해 전국적으로 퍼진 콜레라로 인해 수십 명이 죽어 나가고 있었다.[23] 이러한 때, 수감자들에게 위안을 주었던 것이 두 가지가 있었다. 곧 기독교

---

20) 이상재의 죄명(罪名)은 일본에 있던 유길준과 연락하여 역모(逆謀)를 도모(圖謀)했다는 것이다. 이는 무고(誣告)였지만 유길준의 포섭 대상 명단에는 이상재가 들어있었다.

21) 이상재 부자(父子)는 체포된 후 60일간 가혹한 고문을 당했고, 8월에 한성감옥(현재 종로구 서린동 42번지)으로 이감되었다.

22) 윤치호에 의하면, 이승만이 체포된 본래의 이유는 이승만이 최연덕, 정항모 등의 독립협회 회원들과 함께 일본에 있는 박영효와 연락해 고종을 폐위하는 음모에 가담한 혐의 때문이었다.(『윤치호일기』5, 1899년 1월 9일, 30일 참조)

23) 이광린, "舊韓末 獄中에서의 基督教 信仰,"『동방학지』, 1985, 481쪽.

선교사들이 찾아와 적극적인 위로를 하여준 것[24]과 이승만과 신흥우의 노력과 감옥서장인 김영선의 배려로 감옥 안에 개설된 학교와 서적실(書籍室)이었다.

　도서관의 역할을 했던 한성감옥의 서적실(書籍室)은 이상재가 기독교를 받아들이는 데 큰 영향을 끼쳤다. 1903년 2월부터 다음 해 2월, 출감(出監)할 때까지 1년간 대출한 책의 목록은 다음과 같다.

연 도	월	도 　서 　명
1903년	2	米克列夫紀略, 聖經問答, 英興記, 經學不厭精, 九九新編, 敎化階梯衍義
	3	經學不厭精
	4	列國變通興盛記, 聖經要道, 古敎彙參
	5	大同學, 格物探原, 路得改敎紀略, 維廉振興荷蘭記, 正學啓蒙
	6	性學舉隅, 古敎彙參, 安仁車, 經學不厭精, 新約全書
	7	基督實錄
	8	신학월보(神學月報), 天論詩, 格物探原
	9	新約全書, 泰西新史, 中東戰紀
	10	印度史槪要, 新約全書
1904년	1	萬國通鑑
	2	基督實錄

(표1) 이상재의 대여 도서명[25]

---

24) 당시 한성감옥에는 아펜젤러(H. D. Appenzeller)와 벙커(D. A. Bunker)부부를 비롯하여 헐버트(H. B. Hulbert)·애비슨(O. R. Avison)·언더우드(H. G. Underwood)·게일(G. S. Gale)·존스(G. H. Jones) 등이 국사범이었던 이들을 면회하고 전도(傳道)하는 한편, 옥중(獄中)의 처우(處遇) 개선과 이들의 석방을 위해 노력하고 있었다. 특히, 배제학교의 교사로 있었던 벙커는 이승만, 신흥우 등이 만든 감옥학교에 주일이면 찾아와 성경을 가르치기도 했다.

25) 이덕주, 『한국 그리스도인들의 개종이야기』(서울: 전망사, 1990), 174쪽.

당시 서적실(書籍室)에 비치된 책들은 대부분이 기독교 역사와 성서신학, 조직신학 등 기독교에 관계된 책과 서구의 정치·경제·역사·법률·전기·과학에 관한 것이었다. 이상재는 24종의 책을 44회에 걸쳐 대여했다. 그중 기독교 관계 서적은 신약성경을 비롯해 10여 종에 이른다. 이를 통해 국제적 통찰과 기독교 이데올로기에 대한 안목도 키울 수 있었다. 그러나, 이상재가 기독교에 입교(入敎)하는 데는 신비한 체험이 결정적이었다. 한국YMCA 초대 부회장을 지낸 브로크만(Frank M. Brockman, 1878-1929)은 이상재의 회심 사건에 대해 다음과 같이 진술하고 있다.

> 그는 당시 자신의 생애에 아주 낯선 체험을 했다고 기록하고 있다. "위대한 왕이 보낸 사자'가 자신에게 말하기를 '나는 몇 년 전 당신이 워싱턴에 있을 때 성경을 주어 믿을 수 있는 기회를 주었지만 그대는 이를 거절했다. 이것이 첫 번째 죄이다. 또 나는 그대가 독립협회에 있을 때도 기회를 주었지만 당신은 저항했을 뿐만 아니라 다른 사람들이 믿는 것도 방해했다. 이런 식으로 당신은 민족이 앞으로 나갈 길을 막았으니 이것이 더욱 큰 죄이다. 나는 그대의 생명을 보존해 감옥에 그대를 두었는데, 이것은 내가 그대에게 주는 신앙을 갖게 하는 또 다른 기회이다. 만일 지금도 그대가 회개하지 않는다면 그 죄는 이전보다 더욱 큰 것이 될 것이다" 했다고 한다. 그 이후로 그는 주님을 두려워하게 되었고 성경 읽기를 게을리하지 않았다."[26]

회심 체험 이후 이상재에게는 두 가지 현상이 나타났는데, 하나는 정치적 보복을 다짐하며 증오하던 정적(政敵)들 곧 "자신을 부당하

---

26) F. Brockman , "Yi Sang Chai's Services to the Y.M.C.A," *Korea Mission Field*, 1927년 6월, 218쪽.

게 대했던 이들에 대한 강한 증오심을 버리게 되었고", 또 다른 하나는 자신이 그토록 거부하던 기독교의 "하나님에 대한 존재를 인정하게"[27]된 것이다. 입신(入信) 후, 브로크만은 이상재가 아주 엄격하게 새벽마다 성경을 외우고 기도를 했으며, 사람들에게 자신과 같이 기도와 묵상하기를 권했다고 증언한다. 이후 이상재는 기독교를 통해, 한국이 도덕성을 갖춘 민주주의 국가가 되어야 한다고 강조했다.

2) 연동교회와 YMCA 입교와 입회, 그리고 게일(James S. Gale)

1904년 2월에 출감(出監)하자, 이상재는 연동교회에서 시무하고 있던 게일(James S. Gale, 1869-1937)을 찾아갔다. 한성감옥에서 벙커와 게일을 통하여 기독교 복음을 받아들였던 이상재는 연동교회에 입적(入籍)했다.[28] 그리고 게일이 회장으로 있던[29] YMCA의 전신(前身)인 황성기독교청년회에도 입회(入會)했다. 이상재가 연동교회에 입적한 후, 얼마 되지 않아 YMCA에 입회한 동기(動機) 가운데 하나는 당시 YMCA의 회장이 게일이었기 때문이라고 본다. 이상재가 연동교회와 YMCA에 입적과 입회를 할 때, 그는 한성감옥에 같이 투옥되었던 김정식(金貞植), 이승인(李承仁), 이원긍(李源兢), 홍재기(洪在箕) 등과 같이 했다. 그런데, 독립협회 활동에 적극적으로 참여했던 진보적 지식인들인 이들은 게일과 함께 '국민교육회'를 만들어 활동하였지만, 비정치적인 계몽운동임을 분명히 하고 있으며, 정치적 성향이 강했던 신

---

27) 위의 책, 219쪽.
28) 『朝鮮예수교 長老會史記』上, 122쪽.
29) 민경배, 『서울 YMCA 운동사』, 88쪽 참조. L. H. Underwood, Underwood of Korea, 207쪽에도 게일이 회장이라고 명기되어 있으며 「大韓每日申報」1906년 1월 18일자 "雜報"에도 회장이 게일로 되어 있다. 따라서 이상재가 YMCA에 가입하는 1904년에도 게일은 회장이었음에 틀림이 없다.

민회에는 참여하지 않는다.

사실 출감(出監) 후 이들이 제일 먼저 찾아갔던 곳은 감리교였다. 그러나, 이들의 정치적 과격성을 우려한 감리교 선교사들은 이들 진보적 지식인들이 감리교회에 입적하는 것을 허락하지 않았다.[30] 게일은 당시 한국에 나와있던 선교사들과 마찬가지로 기독교의 비정치화를 강력하게 주장하고 있었다. 그리고 이러한 게일의 성향은 일관되게 유지된다. 이러한 점에 비추어볼 때, 게일은 이들이 직접적인 정치활동을 하지 않는다는 조건으로 연동교회 입적(入籍)을 허락하지 않았나 하는 추론을 할 수 있다. 그러나, 또 다른 한편 게일 자신의 신학적 성향이 이들 지식인들 그룹의 개신교 입교에 대한 열렬한 기대감을 갖고 있었다는 점도 간과(看過)할 수 없다.

1904년 6월에 설립된 국민교육회는[31] 규칙 제 10조에 정치적인 일에는 일절 관여하지 않는다[32]는 것을 공표(公表)하였는데, 국민교육회를 비정치화 시키려 했던 태도는 이상재를 비롯한 이들 한성감옥에서 회심했던 양반 관료출신들의 사상적 변화가 한 원인이기도 했겠지만, 게일의 일관(一貫)된 의도(意圖)라 할 수 있다. '기독교의 비정치화'를 주장했던 게일은 YMCA를 처음 설립할 때도 YMCA가 비정치적인 조직이어야 한다고 확신했다. YMCA 설립의 중책을 맡았던 중국 YMCA의 선구자였던 라이언(D. W. Lyon)은 YMCA 설립에 대한

---

30) 스크랜튼(W.B. Scranton)은 엡 청년회가 정치성을 띤다고 해서 이를 해산하고 있다. 또한 일본 고등법원에 다음과 같은 기록이 남아있다. "(이들은) 석방 후 먼저 감리교를 찾아갔지만 당시 감리회의 선교사 중에는 기독교도로서 정치에 관계하는 것을 죄악이라고 하는 자가 많았기 때문에, 씨등(氏等)은 장로회 게일의 허락으로 세례를 받았다."『韓國の基督教運動史』,「思想彙集」16輯(高等法院檢事局思想部, 1938), 109-110쪽; 한규무, "게일의 한국인식과 한국 교회에 끼친 영향,"『한국 기독교와 역사』(한국 기독교 역사연구소, 1995), 168쪽에서 재인용.
31) "故 奇一博士 略歷,"「基督申報」, 1937년 2월 27일자 참조.
32) "국민교육회 규측의 대요,"「大韓每日申報」, 1904년 9월 9일, 雜報 참조.

의견을 청취할 때 'YMCA가 결코 정치적 활동의 중심지가 되어서는 안 되며, 그 안에서 그런 행동은 절대적으로 금지되어야 한다'[33]는 비정치화에 대한 확신에 찬 게일의 인식(認識)에 대해 기록을 남기기도 했다.[34]

이상재와 연동교회에 속해 있던 이들 양반관료 출신들은 1908년 이상재가 황성기독교청년회(YMCA)의 교육위원장 때에 위원과 총무를 맡고 있었다. 이들은 YMCA 내에서 철저히 연동교회의 담임자인 게일과 서로 영향력을 주고받으면서 행동했다. 한편, 이상재가 연동교회에 입교하고 YMCA에 입회하는 등 게일과 행보를 같이 했던 것은 둘 사이의 문명관에 대한 사상적 공유가 많았기 때문이다. 1919년 3월 22일 서울의 조선호텔에서 장로교회 장로이며 서울 YMCA 명예이사였던 대법원 판사 와타나베 노보루(渡邊暢)와 가타야마(Katayama)가 개신교 선교사들을 초청하여 3·1운동에 관한 논의를 하는 자리에서[35] 게일은 한국은 미문명화된 저급한 나라라는 이들의 비판에 대해 다음과 같이 자신의 확신을 피력했다.

"지난 30년 동안 나는 한국인을 이해하려고 했으나 아직까지 방관자에 불과하다. 한국은 고대로부터 내려온 문명세계이다. 그러한 이유에서 나는 한국을 알면 알수록 한국을 존경하게 되었다. … 한국을 통치하려고 하는 어떠한 방법도 먼저 한국의 문명을 존경해야 하며, 어떤 외래

---

33) D. W. Lyon, "Twenty-five Years Ago," *The Korea Mission Field*(1925, 12월호) 275쪽.
34) 이러한 게일의 사고(思考)는 무디(D.L. Moody)에 의해 영향을 받고 선교사를 자원했던 복음주의자들의 전형적인 특징이라고 할 수 있다.
35) 이때 10명의 개신교 선교사들이 참석했는데, 감리교에서는 벙커(D. A. Bunker), 저딘(J. L. Gerdine), 하디(R. A. Hardie), 노블(W. A. Noble), 감도 웰치(Hebert Welch), 장로교에서는 에비슨(O. R. Avison), 게일(James Gale), 마펫(Samuel Moffett), 휘트모어(N. C. Whittemore), YMCA 총무 브로크만(Fletcher Brockman)이 참석했다.

적인 것을 강요해서는 안 된다. 그리고 한국적인 문명을 기초로 해서 정책을 수립해야 한다."[36]

한국을 문명국으로 인식하는 이러한 게일의 태도는 이상재의 문명 관에 대한 인식과 일치한다. 또한, 한국이 쇠퇴하게 되는 원인에 대 해서도 게일과 이상재는 동일한 인식을 하고 있다. 1928년 11월 2일 자 조선일보는 "기일씨(奇一氏) 조선관(朝鮮觀)"이라는 제목의 사설을 싣 는다.

"…그는 우리 조선이 일찍부터 개명하여 문화의 찬란하던 것을 역사적 으로 서술하고, 근대에 와서 한국쇠망의 7가지 원인으로서 첫째는 조 선인이 역사적으로 축적하여온 정신, 다시 말하면 조선혼이란 것을 상 실하였음을 말하였고, 다음에는 도덕의 상실을 말하였고, 그 다음에는 예의의 상실을 말하였으나 이것은 광의로는 도덕에 포함될 것이어니와 예술을 상실하고 문학을 상실한 것과 기타 남녀의 별(別)이며 의복까지 상실한 것을 말하였음은 그의 논평이 보통 외인의 건드리지 못한 바를 능히 건드린 것이다.…"[37]

게일의 이러한 한국관(韓國觀)은 이상재가 주장했던 것과 거의 일치 한다. 이상재는 당시 한국이 전통적으로 갖고 있었던 도덕문명을 소 진했다고 보았다. 원래 한국은 개명(開明)한 나라로 전통적으로 지켜 왔던 도덕문명은 바로 한국의 정신문명이며 조선혼이었다. 그러나,

---

36) Samuel H. Moffett, "The Independence Movement and the Missionaries," Transactions, Royal Asatic Society, Korea Branch, Vol. 54, 1979, 17-20쪽; 마서 헌트리, 「한국 개신교 초기의 선교와 교회성장」(서울: 목양사, 1995), 378쪽에서 재인용.
37) 게일, 「조선일보」, 사설, "기일씨(奇一氏) 조선관(朝鮮觀)" 1928년 11월 2일자.

한국은 이러한 전통적인 도덕문명을 소진하고 있다. 이렇게 도덕문명이 소진하자 양반 관료층에는 가렴주구의 행태들이 나타나고,[38] 상민층에는 가난과 폭력, 질투, 무분별한 모방, 게으름이 중병(重病)처럼 번지고 있었다.[39] 게일은 한국인의 본래의 성품은 미국인보다 더 신뢰할 수 있다고 보았다.[40] 그러나, 동도(東道)가 전통적으로 갖고 있었던 정신적인 문명의 힘은 상실되고 교조적(教條的)으로 변해있었다. 그는 이러한 상황 아래서 나타나는 양반층들의 허례허식[41]과 비독립적인 의존성[42]을 비판하고 있다. 그가 볼 때 그러한 것들이 한국을 쇠망하게 한 원인이었다. 게일은 19세기의 한국이 전통적 정신문명의 힘을 상실한 것은 한국의 전통적 가치에 대한 상실이며 역사의 마지막을 뜻한다며 다음과 같이 말하고 있다.

"19세기 말은 한국의 마지막을 뜻한다. 그때부터 문명 그 자체라고 부를 수 있는 서양이 그 위압적인 힘을 갖고 이 나라에 왔으며 한국은 이제 자기 스스로의 힘으로는 존속할 수 없게 되어버렸다. (그러나) 이 거대한 파괴의 힘이 오기 전에 중국으로부터 전해져 왔던 고전(古典)이 쇠퇴되었고 공인(公人)을 훈련시켰던 중국 고성(古聖)의 교훈도 이미 끝이 났다. 인간의 영혼을 위로하고 인간과 사회를 융합시켰던 옛 종교도 오래 전에 사라지고 잊혀졌다."[43]

여기에서 보듯이, 게일은 이상적 가치로 정신문명을 중요시하고

38) 이상재, "時務書,"『月南李商在研究』, 279쪽 참조.
39) 이상재, "我韓國人民의 當然한 義務,"「황성신문」, 1909년 11월 14일자 참조.
40) Gale,『코리언 스케치』장문평역(서울:현암사, 1977), 285쪽.
41) 위의 책, 216-230쪽.
42) 위의 책, 71쪽.
43) Gale, *History of the Korean People*(Seoul: The Royal Asiatic Society), 319쪽.

있다. 그는 현대에 와서 기독교의 세계라 할 수 있던 서구사회가 정
신적 가치체계를 잃어버렸다고 보고 강한 비판을 하고 있다. 도덕적
계율과 본(本)을 보여야 할 기독교 문명의 서양사회가 복음의 도덕성
과 기독교적 전통성을 잃어버릴 때, 서구 사회는 기존(旣存)의 가치체
계가 파괴되고 공산주의(共産主義)나 무정부주의(無政府主義) 등 사회적·
사상적 혼란이 야기(惹起)될 수밖에 없다고 보았다. 그리고 그러한 현
상은 동양세계에까지 파급되어 이들이 간직하고 있던 전통적인 정
신문명까지 파괴시킨다고 보고 서구로 인한 피탈적(被奪的)인 폐해에
대해 강한 비판을 가하고 있다.

> "우리는 한국을 포함한 동양의 파멸을 의도하지는 않았지만 (파멸을) 가
> 져오게 했다. 서양이 이렇게 마음대로 동양에 이러한 결과를 가져왔다
> 면 동양이라고 그렇게 하지 말라는 법이 있을까? 서양이 그들의 조상
> 을 돌보지 않는데 동양이라고 항상 그렇게 할 필요가 있을까? 서양에는
> 남녀의 구별이 없다. 동양이 그렇지 않을 이유가 있을까? 동양이 서양
> 에서 보는 모든 것, 종교도 무의미해진 서양, 동양이 그렇지 말라는 법
> 이 있을까? 노동조합, 공산주의, 사회주의, 볼쇼비키, 무정부주의가 서
> 구의 진정한 현상이라면 동양이 이러한 아름다운 이름들을 빌려오지
> 않을 이유가 있을까? 우리가 펜을 쓰는데 동양이 서양화를 그리지 않
> 을 이유가 있을까? 트럼펫이나 바이올린은 어떻고? 이혼 젊은이들의
> 향락이 동양에 오지 않으리라는 법이 있는가? 한때 잭 론돈(Jack London)이
> 예측했던 극단의 혼동이 오늘날 서울의 젊은이들의 마음을 잘 표현한
> 다."[44]

---

44) 같은 책, 같은 쪽.

선교사 게일은 비정신적 서구문명의 출현이 한국사회에 부정적 결과를 가져오는 현상을 가장 안타깝게 인식하고 서구문명의 과오를 고백하고 있다. 이러한 인식에서 기독교 복음의 도덕력은 가장 중심적 위치에 속하여 있음을 알 수 있다. 그리고 이러한 이유에서 게일은 한국의 전통 속에 자리잡고 있는 도덕적인 정신문명에 대해 극찬을 하였던 것이었다. 한국의 전통적 정신문명을 도덕적 가치로 높이 평가하고 이러한 전통적 가치를 소중한 것으로 인식하고 있는 게일과 "도덕을 존숭하는 데 지역을 구별하는 것은 편협하다"[45]는 인식 아래 전통적인 한국의 도덕문명을 기독교가 가지고 있는 도덕력과 차별시키지 않는 이상재의 태도는 사상적으로 일치한다. 또한, 조상(祖上)과 남녀유별(男女有別)에 대한 게일의 동양적 사고관(思考觀)의 긍정성과 "늙은 아버지의 과거 사업이 선한 일과 아름다운 일에 힘썼거나 힘쓰지 않았거나 오늘날에 추론할 바도 아니거니와, 설혹 선한 일과 아름다운 일에 힘쓰지 않았다고 할지라도" 후손들이 "선한 일과 아름다운 일에 힘써 아버지와 할아버지에게 영예를 돌려주는 것이"[46] 마땅하다는 이상재의 유가적(儒家的) 사고는 서로 밀접하게 부합되고 있다. 게일은 이상재에 대하여 "귀족이자, 동양의 스승이며, 학자, 겸손한 신앙인, 기독교 설교가, 그리고 성인(Saint)"[47]이라고 극찬한다. 게일은 이상재가 형이상학적(形而上學的)인 정신적 귀족성, 민족에게 교훈(敎訓)을 주는 인물, 하나님의 뜻을 이웃과 겨레에 실현하는 태도, 자신의 신앙적 체험을 사회적 차원으로 확대시키고 역사적 체험으

---

45) 이상재, "警告〈東亞日報〉執筆智愚者,"『月南李商在研究』, 260쪽. "大抵 道德을 尊崇하는데 地域을 區別함은 狹隘한 偏見이니라"

46) 위의 책, 259-260쪽. "父老의 過去 事業에 盡善盡美하거나 不盡善不盡美하거나 今日에 追論할 바도 아니어니와, 설혹 不盡善不盡美하다 할지라도…중략…其祖 寄附의 不盡善不盡美한 事業을 其子 其孫이 盡善盡美케 하여 祖父에게 榮譽를 追顯케 함이 可할까"

47) J. S. Gale, "YI SANG CHAI," The Korea Mission Year Book, 1928, 3쪽.

로 전달하는 적극성 등을 갖고 있다고 본 것이다.

이러한 게일의 평가는 신앙이 단지 개인의 경건과 밀실에서의 기도로만 끝나서는 신앙 훈련(訓練)과 사표적(師表的) 동력으로 발휘되기는 힘들다는 자신의 인식을 드러낸 것이다. 그는 기독교 신앙이 높은 도덕력과 문화적 소양으로 사회적 책임을 담당해야 한다고 주장했다. 따라서 게일은 국권회복(國權回復)이라는 절대명제(絕對命題)를 위해 직접적인 무장저항운동을 하는 것에 소극적인 자세를 보임으로써 일정한 비판을 하고 있을 뿐만이 아니라, 초월적 성향이 강해 역사에 대해 무관심한 기독교인들에 대해서도 일정하게 비판을 한다.

"일종의 열광적인 애국심은 자결, 혈서, 그리고 게릴라전과 재래식 무기에 의한 저항의 형태로 나타났다. 이는 아직도 상당한 정도로 계속되고 있지만, 경쟁 세력들에 의해 사로잡힌 계곡의 불쌍한 백성들은 조선의 실패한 과거로 인한 대가를 치르지 않으면 안 되었다. 조선이 이러한 위기를 어떠한 방법으로 헤쳐 나가야 하는지, 그것의 옳고 그름은 어떤지 그리고 무엇이 행해져야 하고 또 행해져서는 안 되는지에 관한 문제는 우리가 다룰 문제가 아니다."[48]

"개종자들은 나라가 파멸하는 데 무관심한 것 같으며 따라서 애국을 한다는 것과는 동떨어진 것이었다. 교회는 끝까지 일본이나 일본을 적대시하지 않는다. 그것은 옳은 일이 아니었다. 그들에 찬동하지도 반대하지도 않는 미온적인 태도는 한국의 살아있는 영혼들로부터 경멸을 받았다."[49]

---

48) J. S. 게일, *Korea in Transition*(Jenning & Graham, Cincinnati, 1909); 신복룡역, 『轉換期의 朝鮮』(서울: 집문당, 1999), 1쪽.
49) 위의 책, 127쪽.

게일은 기독교가 정치에 대해 불간섭해야 한다는 것은 확신하고 있지만, 그렇다고 하여 역사에 대해 무관심한 태도를 보이는 것을 받아들일 수 없었다. 게일이 볼 때, 사회체제는 도덕적인 계율이 뒷받침되지 않으면 힘을 갖출 수 없게 되고 결국 멸망에 이르게 된다. 게일은 독립협회 출신자들이 정치적 행동에 개입하는 것을 우려하고 이를 단호히 배격하려는 태도를 견지했으나, 한국문명에 대해서는 긍적적인 태도를 보였으며 회심한 이들에게 외연화되어 나타나는 복음의 도덕성에 대해서는 고무적인 반응을 보였다. 이상재도 게일과 사상적 견해를 같이하여 국권회복(國權回復)을 목표로 하는 정치활동에는 일정한 거리를 두었으며, 기독교 복음의 정신적 문명과 그 도덕력에 기초한 민족운동의 차원에서 게일을 선택했다고 추론할 수 있다.

3) YMCA 초기 활동

YMCA는 개화파 양반들의 공간으로 시작되었다. 1899년 당시 한성부윤(漢城府尹)이었던 이채연(李采淵, 1861-1900)을 포함한 150명의 개화파 청년들은 자신들이 서명한 진정서를 언더우드(Horace G. Underwood, 1859-1916)에게 보이며 YMCA의 창설을 강력히 요청했다.[50] 언더우드도 당시의 교회에 대부분 하류계급의 사람들만 모였기 때문에 상류계급, 곧 양반 관료층이나 잘 사는 사람들이 모일 수 있는 기관을 절실히 바라고 있었다. 당시의 풍토에서, 개화파라고 할지라도 상민(常民)들이 대부분인 교회에 출석하기가 어려웠다.[51] 언더우드는 아펜

---

50) Mr. F. S. Brockman's Letter to Mr. J. R. Mott, May 13, 1903.

51) 전택부, 『한국 기독교청년회 운동사』(서울: 정음사, 1978), 22-23쪽. 참조.

젤러(Henry G. Appenzeller, 1858-1902)와 협력해 YMCA 세계 본부에 편지를 보냈고,[52] YMCA 국제위원회는 중국 YMCA의 창설자인 라이언(David W. Lyon, 1870-1949)으로 하여금 설립 가능성 여부를 조사토록 했다. 그 결과로 1903년 10월 28일 '황성기독교청년회(皇城基督教靑年會)'는 창립총회를 개최할 수 있었다.

개화파 관료였던 이상재에게 상류(上流)와 하류(下流)라는 의식은 없었다. 1913년 질레트(Philip. L. Gillett, 1874-1939)에 이어 두 번째 총무가 된 되었을 때, 이상재는 YMCA를 상하의 구분이 없는 장소로 만들었다. 그 방편 중에 하나가 양반 관료층들이 꺼렸던 제화(製靴) 등 실업교육의 강조와 확장이었다. 곧 천역(賤役)으로 여겨졌던 제화(製靴)를 비롯해 목공(木工)과 철공(鐵工) 등 공업교육에 주력했고 1914년 12월에는 공업관을 증축했다. 이는 사회 일반의 통념뿐만 아니라 개화파들이 주도하고 있던 YMCA로서도 파격적인 조치였다. 당시 YMCA 간사였던 남감리교회 선교사 스나이더(Lloyd H. Snyder, 1886-1957)는 국제 YMCA에 다음과 같이 보고하고 있다.

여러분들도 아시다시피 1913년은 참으로 살벌한 분위기 속에서 지내야만 했던 해였습니다. 이러한 분위기는 6월의 정기총회에 절정에 달했습니다. 그렇지만 한국 YMCA는 드디어 돌파구를 찾았습니다. 그것은 YMCA가 수천 원에 달하는 전년도 잉여금으로 공업부 사업을 강화하게 되었다는 사실입니다. YMCA 선생들과 학생들은 자신의 개인사업을 하는 것처럼 열심을 다했습니다. YMCA가 직접 주문을 받았고 학교, 병원, 회사, 가정 등에 가구를 만들어 팔았으며 풍금이나 기계를 수선하고 구두를 배달하였으며 인쇄 출판, 사진 촬영과 현상, 환등과 슬

---

52) L. H. Underwood, *Underwood of Korea*, 206쪽. 참조.

라이드를 제작했습니다. 이러한 일들은 청소년들로 하여금 유능한 기독교적 시민이 되게 하는 방법 중 하나입니다.[53]

당시 하류계급의 영역이던, 실업(實業)에 대한 적극적 지원은 이상재의 계보적 성격이 잘 드러나는 것이기도 하지만, 그의 사회관이 기독교에 입교한 후에도 단절(斷絶)되지 않았다는 것을 보여준다. 한국 YMCA(중앙청년회) 회장이었던 윤치호(尹致昊, 1865-1945)도 상공업이 한국의 빈곤을 해결할 것이라며 다음과 같이 피력했다.

> 무엇보다도 상공업(商工業)을 발던식히어야 하겟습니다. 세상만사가 돈업시 되는 일이 업고, 먼저 육체의 싱활을 유지하지 못하면 도덕도 법률도 직힐수업스니 상공업을 진흥식히어 실력을 길너야 하겟습니다. 무엇이니 무엇이니 경륜과 배포가 잇스되 결국 되지못하는 것은 돈이업서 안되는 것이니 우리는 하다못해 어린 아해 작란감이라도 만드러 돈을 버러야하겟소. 녯날 성인중 공자나 예수나 석가가튼 어른들이 물질을 그리 중대시하지 아니하얏지마는 그것은 초월한 개인에 대한 일이요 사회나 국가로는 경제력이 아니고는 될수업습니다. 조선인은 종래 실업을 천시하기 때문에 이 모양이 되엿스니 어서 적은것이라도 상관말고 상공업을 진흥식혀야 하겟습니다.[54]

YMCA를 이끌던 두 사람의 주장에 따라 YMCA는 계급 의식이 없는 근대적 공간으로 자리 잡을 수 있었다.[55]

---

53) YMCA에 보관된, Mr. Snyder's Report on December 3. 1913.

54) 윤치호, "物質重視,「동아일보」1922년 4월 1일자 5면, "新生을 追求하는 朝鮮人, 現下 急務는 果然何인가"

55) 1914년 4월 2일부터 3일 동안 '조선기독교청년회연합회(朝鮮基督敎靑年會聯合會)'를 조직하기 위한 '3년 대회(Triennial Convention)'가 열렸을 때, 이때 채택된 '한국 기독교청년회

4) YMCA학관과 청년교육의 목적

1905년 이상재는 한국 YMCA 초대 이사 가운데 한 명이고, 영국 성서공회 대표였던 켄뮤어(Alexander Kenmure, 1856-1910)의 뒤를 이어 2대 교육부 위원장이 되었다.[56] 그리고 다음 해인 1906년 학관 설립의 주역이 되었다.[57] YMCA학관은 주간(畫間)에 중학교 4년 과정, 영어과 3년 과정, 국어과 1년 속성과정, 공업과 목공, 철공, 사진, 제화, 인쇄 등으로 개설되었고 야학(夜學)에서는 영어과 3년 과정, 국어과 1년 속성과정, 노동, 영어 일어 등을 가르쳤다.[58]이때 352명의 학생이 등록했다.[59]

총무 질레트(Philip L. Gillette, 1874-1934)와 공동 총무 브로크만(Frank M. Brockman, 1878-1929) 등 선교사들이 영어를 가르쳤고 실업교육을 위해 국제 YMCA로부터 그레그(George A. Gregg)를 초청했다. 물론 이상재도 교사로 참여했다. 일본 교토제국대학 이공학부를 졸업한 저명한 공학자 미야가와 소사부로(宮川總三郎)와 '한국 고아의 아버지'라는 별칭으로 일본인으로 유일하게 양화진 외국인선교사 묘역에 안장된 소다 가이치(曾田嘉伊智, 1867-1962)가 일본어를 가르쳤다. 김규식(金奎植, 1881-1950)이 공동 학감과 교사, 대한민국 제2대 국회의원을 지낸 이교승(李敎承, 1889-1957)이 수학을 가르쳤다. 백정의 아들로 세브란스 의전 제1회 졸업생이었던 박서양(朴瑞陽, 1887-1940)이 화학을 가르쳤다.[60]

연합회' 헌장 제1장 제2조의 2항과 제2조의 3항에 '한국 YMCA는 도시인이나 지식인뿐만 이 아니라, 한국 민족 전체 계급을 그 범위'로 명시했다.

56) 위원장 이상재를 비롯해 윤치호, 유성준, 이원긍, 이익채, 여병현, 홍재기, 이상필, 김규식 등이 위원이었다.

57) 윤치영, 『윤치영의 20세기』(서울:삼성출판사, 1991), 54쪽, P. L. Gillett's Report for 1907.

58) 「중앙청년회보」, 1914년 9월, 6-7쪽 참조.

59) F. M. Brockman's Annual Report for the year Ending September 30, 1907

60) 월남시민문화연구소에 보관되어 있는 『大韓皇城鐘路 基督敎靑年會』, 1908년 참조, 『皇城

1910년에 이승만(李承晚, 1875-1965)이 학감에 임명되었을 때 육영수(陸英修, 1925-1974) 여사의 사촌오빠가 되는 근대 소설가 육정수((陸定修, 1885-1949)가 영어를 가르쳤고 YMCA운동가 김창제(金昶濟, 1880-1957)도 교사로 가르쳤다. 학관 출신 이원철(李源喆, 1896-1963)은 영어영문학을 가르쳤다. 김항익이 태권도, 이건수가 유도와 검도 등을 가르쳤다.[61]

편집인협회 초대 회장과 한국신문연구소 제3대 소장 등을 역임한 언론인 이관구(李寬九, 1898-1991), 2.8독립선언서를 숨기고 들어와 3.1 운동을 촉발시켰던 송계백(宋繼白, 1896- 1922), 2.8독립운동과 3.1운동 당시 준비과정에서 주도적 역할을 했던 정노식(鄭魯湜, 1891-1965), 도쿄 YMCA 총무를 지낸 최승만(崔承萬, 1897-1984), 화가 이상범(李象範, 1897-1972), 대한민국 초대 국무총리 이윤영(李允榮, 1890-1975) 목사, 독립운동가 김상옥(金相玉, 1889-1923), 독립운동가로 연세대학교 제3대 총장을 지낸 윤인구(尹仁駒, 1903-1986), 성결교회의 사부(師父)로 불리는 이명직(李明稙, 1890-1973) 목사, 장로교 신학자 김재준(金在俊, 1901-1987)과 감리교 신학자 정경옥(鄭景玉, 1903-1945), '맨발의 성자'로 불리던 이현필((李鉉弼, 1913-1964), 한국 근대음악의 선구자 홍난파(洪蘭坡, 1898- 1941)가 1911년에 입학하고 1914년에 졸업했다. 초대 내무부장관 윤치영(尹致暎, 1898-1996), 신간회의 주역으로 조선일보 사장을 역임했던 안재홍(安在鴻, 1891-1965), 일제강점기 시대의 경성지법의 검사였고 민주공화당 총재와 당의장을 지낸 정구영(鄭求暎, 1894-1978), 시인이며 성균관대학교 영문과 교수 등을 역임한 영문학자 변영로(卞榮魯, 1898-1961), 한국인 최초의 이학박사로 초대 기상청장을 역임한 이원철(李源喆, 1896-1963)도 학관 출신이다. 가톨릭 교인이면서 제2공화국 총리를 지낸 장면(張勉,

---

基督敎靑年會 開館式要覽』, 隆熙2年 12月 1日 참조.
61) 윤치영, 『윤치영의 20세기』, 54쪽.

1899-1966)이 1920년에 영어과를 졸업했고 3.1운동 기획자로 동아일보 사장을 역임한 송진우(宋鎭禹, 1890년-1945)도 일본 유학을 가기 전 학관에서 잠깐 영어를 공부했다.[62] 한국 남로당을 이끌었던 박헌영(朴憲永, 1900-1950)도 1915년부터 영어과에 등록해 공부를 했다.

학관 이외에도 이상재는 일반인들의 교육 강연에 역점을 두었다. 학관이 장래의 지도자를 키우는 것을 목적으로 했다면 일반인 교육은 한국 국민들을 교화시키는 작업이었다. 그레그(George A. Gregg)는 "토론회 37회, 강연회 83회에 매번 300명 내지 400명의 시민들이 강당을 채웠다"고 보고했다.[63] 이 강연의 내용은 한국인들의 정신적 계몽을 위한 것들이었다. 이상재는 기독교의 윤리의식을 기초로 한 근대 시민의식을 높이려 했다. 그가 일반인을 대상으로 하는 근대 의식화교육에 열의를 다했던 것은 한국도 미국과 같은 사회를 이룩해야 한다는 생각에서였다. 그는 기독교를 통한 의식화 교육만이 한국인을 교화시킬 수 있다고 믿었다.[64]

1908년 이상재는 종교부 총무에 취임했고 열정을 쏟았다. 그 노력으로 1908년에만 성경 공부에 628명의 학생이 등록했고, 46회에 이르는 전도 집회에 연인원 18,443명이 참석했다.[65] 1909년에만 기독교 신자가 되고자 작정한 사람이 306명이었고 성경반에 새롭게 가입한 사람이 337명이었다.[66] 1910년에는 소년 사경반을 설립해 주일 낮 소년 사경반에는 300명 내지 400명의 학생이 성경을 공부할

62) 월남시민문화연구소에 보관되어 있는 각종 자료철.
63) G. A. Gregg's Annual Report, year Ending September 30, 1907.
64) 이상재, "勸告靑年," 『月南李商在研究』, 253쪽 참조.
65) F. M. Brockman's Annual Report for year Ending September 30, 1909.
66) 민경배, 『서울 YMCA 運動史, 1903-1993』, 166쪽.

수 있었다.[67] 1911년에는 회관 밖에 설립되어 운영된 장년 사경반이 통산 1,144회 개최에 연 27,092명이 등록해 공부를 했다. 1911년 9월에서 1912년 9월까지 97,724명이 사경반 활동을 했는데, 전도집회를 통해 54명이 입신(入信)을 결심하는 날도 있었다[68]

전술한 대로, YMCA는 1913년에 이상재를 2대 총무로 선임했다. 한국인으로서는 최초의 총무였다. 이상재는 제일 처음 독립성을 확보하는데 진력했다.[69] 그런 이유에서 총독부로부터 매년 받던 재정지원을 거절했다. 보조금 1만 원은 전체 예산에 약 30%에 해당하는 금액이었다. 재정의 독립을 위해 인건비를 60% 이상 줄였고 기타 용품비나 잡비를 40% 이상 줄였다. 체육활동도 70%나 줄여야 했다. 그렇지만 종교부 예산은 70%나 늘렸다.[70] 그가 근대교육, 특히 성서교육에 집중한 것은 기독교 윤리의식을 갖춘 새로운 시민계급으로 육성하기 위해서였다. 또한 한국을 일본 천황이 지배하는 나라가 아닌 하나님이 다스리는 나라로 만들기 위해서였다.[71]

이상재는 한국이 기독교적 정의와 인도, 윤리와 도덕을 실행하면 장차 이 땅이 변혁된 근대국가가 될 것이라 확신했다. 그런 이유로 민족에게 가장 우선할 일은 기독교적 근대시민의식의 함양이요 기독교적 윤리의 실천이라 믿었다. 그렇게 되면 자동적으로 힘을 갖게 되고 독립이 된다는 주장이었다. 이상재 아래 행해졌던 YMCA

67) G. A. Gregg's Annual Report for year Ending September 30, 1909.

68) 민경배, 앞의 책, 166쪽.

69) "敎勢, 朝鮮に於ける敎會と基督靑年會,"「福音新報」, 1913. 8. 28일자.; 민경배, 앞의 책, 163쪽 참조.

70) Association Notes,「中央靑年會報」, 1915년 8월호 참조.

71) 일본의 지배 이념은 천황이 일본 민족의 가부장(家父長)인 동시에 군주(君主)로 천황에 대한 무조건의 충효심(忠孝心)을 기반으로 한다. 일본이 말하는 애국은 천황(天皇)에 대한 충성을 의미하고 변치 않는 충성이 '최고의 선(善)'이 된다.

의 교육의 원리였고 그의 민족운동의 구조였다. 이와 같은 이유에서
YMCA의 교육과 활동은 황도정신(皇道精神)을 목적으로 하는 일본의
이념과 대립했다. 3.1운동이 일어나기 전까지 이상재는 YMCA를 통
해 한국인들의 의식을 깨우는 일에 전력을 다했다.

III. 이상재의 민족주의 운동

1. 3.1운동의 정신적 배후

1918년 제1차 세계대전이 끝나고 미국 대통령 윌슨(Thomas W. Wilson,
1856-1924)이 제기한 민족자결주의가 대두되었다. 69세가 된 이상재에
게 손병희(孫秉熙, 1861-1922)를 비롯한 천도교 지도자들, 이승훈(李昇薰,
1864-1930)·함태영(咸台永, 1873-1962)·박승봉(朴勝鳳, 1871-1933)·현순(玄楯, 1880-
1968) 등 기독교 지도자들, 한용운(韓龍雲, 1879-1944) 등 불교계 지도자들,
송진우·김성수(金性洙, 1891-1955)·현상윤(玄相允, 1893-1950) 등 교육계 지
도자들이 찾아와 독립과 민족의 진로에 대해 논의하기 시작했다.[72]
1918년 여름에는 상해에서 활동하던 여운형(呂運亨, 1886-1947)이 이상
재를 찾았고, 그해 9월에는 상해에서 활동하던 선우혁(鮮于赫, 1887-
1967?)이 찾아와 독립운동의 방향을 논의했다.[73] 영향력을 가지고 있
던 인물들 모두 이상재의 의견을 구한 것이다.

1919년 1월 초 이상재는 이승만의 지시 아래 미국에서 잠시 귀국
한 여운홍(呂運弘, 1891-1973)을 만났다.[74] 여운홍은 파리강화회의에 제

---

72) 김권정, 『월남 이상재 평전』(서울: 도서출판 이조, 2021), 193쪽 참조.
73) 이기형, 『몽양 여운형』(서울:실천문학사, 1984), 27-28쪽.
74) 여운홍, "파리강화회의에 갔다가", 『三千里』제10호, 1930. 11월, 2-6쪽 참조.

출할 '독립청원서'에 한국인 백만 명의 서명을 기대했다. 그러나 이상재는 독립청원서 백만 명 서명을 받기에 물리적 시간이 부족해 현실적으로 불가능하다는 것을 지적했다.[75]

이 무렵 3·1운동을 준비하던 송진우, 함태영, 이승훈 등이 이상재를 찾아와 3·1운동의 지도자가 되어 줄 것을 요청했다. 당시 병상에 있었던 이상재는 "조선의 독립을 하루도 잊은 적이 없다. 그 운동에는 찬성하나 지금은 병중이라 체포당하면 곤란하다. 뒷날 운동에는 책임을 질 것이니, 제1회 운동에는 이름을 내지 않고 뒤에 남아서 독립운동을 계속 추진하겠다"는 뜻을 내비치며 공식적 위치를 사양했다.[76]

이상재의 진술처럼 3·1운동의 기획자들, 곧 송진우를 비롯해 함태영, 최남선(崔南善, 1890-1957), 정광조(鄭廣朝, 1883-1951), 현상윤 등은 3·1운동과 같은 거족적 민족운동을 두 번에 걸쳐서 하기로 했다. 그리고 "33인이 체포된 후에 운동에 대한 계속 지도와 기타 제반 선후 조치를 담당할 것"을 결정했다.[77] 감옥에 갇힐 서명자들과 그 가족들의 뒷바라지를 위해, 그리고 일회성으로 끝날 것이 아니라 지속적으로 전개해야 할 운동이라 판단했기 때문이다.[78] 이상재는 그 역할의 선도를 자처했던 것이다. 일제는 처음부터 3·1운동의 배후 인물로 그

---

75) 여운홍, "헐버트박사와 나", 『民聲』 10월호, 1949. 161-167쪽 참조.

76) "이상재심문조서", 『한민족독립운동사자료집 16』, 13-16쪽; 현상윤, "三一運動 勃發의 槪略", 『新天地』, 1950. 5월, 49-50쪽; 김권정, 앞의 책, 195에서 재인용.

77) 현상윤, "3.1운동의 회상", 『기당 현상윤 전집4』(서울:나남, 2008), 276쪽. 현상윤은 회고에서 "나는 처음부터 관계는 하였으나 송진우, 함태영, 김도태, 안세환, 임규, 김지환, 정노식, 김세환 씨 등과 같이 제2진으로 남아 있다가 제2차 운동을 한 후에 잡혀가기로 되었으므로 1일에는 선포식에 참예하지 않고 뒷산에 올라가 구경을 하였습니다."고 술회했다. "사모친 독립의 비원, 죽엄으로 정의의 항거-기억도 생생 31년 전 장거", 『기당 현상윤 전집4』, 218쪽.

78) 함태영, "기미년의 기독교도", 『신천지』 1946년 3월(통권 2호, 제1권 제2호), 57쪽 참조.

를 지목했고 3.1운동 직후 체포해 3개월간 구금시켰다. 민족대표 33인이나 48인에 들지 않았으나, 일제는 이상재가 여러 민족지도자와 접촉한 사실을 파악하고 있었고 그 영향력이 적지 않았음을 확인하고 있었다.

2. 민립대학(民立大學)설립운동

3·1운동으로 인해 일본은 무단정치(武斷政治)에서 일명 문화정치로 전환했다. 1919년 8월에 부임한 사이토 마코토(齋藤實, 1858-1936)는 '일시동인(一視同仁)'이라는 슬로건과 함께 문화정치를 표방하는 요지를 발표했다.[79] 그것은 강권적인 문화 운동을 말하는 것으로,[80] 일본의 문명과 정신으로 한국인들을 의식화하여 일본의 체제를 받아들이게 한다는 주장이었다. 이러한 입장에 따라 일본 총독부는 1920년 초부터 구체적으로 실행에 옮겨 실력 양성, 참정권 획득 청원(자치 청원), 민족성 개조라는 세 가지 슬로건을 내걸고 선전 공작에 들어갔다.

일본은 한국인의 민족성을 개조하겠다는 취지 아래 1922년 2월 6일 '제2차 조선교육령 개정'을 실시했다. 그리고 "한국의 교육제도를 일시동인(一視同仁)의 성지(聖旨)에 의거하여 그간의 차별을 철폐하고 일본의 내지(內地) 학제에 맞춰 제정하겠다"고 공포했다.[81] 교육차별을 없애겠다는 것이었지만, 한국의 일본화를 위한 구체적 방안이었다.

일본이 통치의 변화를 약속하던 1920년 6월 23일, 윤치호의 사촌

---

79) 朝鮮總督府, 『官報』, 1919년 9월 14일자 참조.
80) 『齋藤實 關係文書』742호, 참조.
81) 朝鮮總督府, 『施政 年譜』(1921), p. 7. 참조.

동생 윤치소(尹致昭, 1871-1944)의 안국동 집에서 이상재를 비롯해 100여 명의 인사(人士)들이 "재단법인 조선교육협회 설립 발기회"를 개최했다.[82] 그리고 '조선 민립종합대학'의 설립을 결의했다.[83] 독립이 될 수 있다는 희망에 들떴던 이들은 그 준비를 위해 지적(知的)인 힘을 키우려 했다.

조선교육협회의 이러한 제안에 가장 크게 나섰던 그룹은 김성수(金性洙, 1891-1955)와 송진우를 중심으로 한 동아일보계였다. 3·1운동이 실패했다고 인식한 이들은 인도주의가 지배하는 세계가 아니라 여전히 약육강식의 법칙이 지배하는 세계라고 판단했다. 따라서 스스로 실력을 길러 독립 준비를 해야 한다고 주장했다.[84] 이들은 1922년 2월에 발표된 총독부의 제2차 교육령에 따라, 동아일보는 한국에서도 대학 설립이 가능하게 되었다면서 민립대학 설립에 소리를 높였다.[85] 그리고 총독부가 은밀히 추진 중인 관립대학(官立大學)을 경계하며 한국인들에 의해 세워지는 민립대학이 정신적인 자유와 정신적 독립을 실현시키기 위한 것이라고 호소했다.

시간이 지나면서 민립대학 설립은 민족적 염원이 되었다. 청년단체와 사회주의 세력까지도 적극적으로 나섰다. 조선청년연합회는

---

82) 조지훈, 『한국민족운동사』, 『서울문화사대계』I(서울: 고대민족문화연구소, 1964), pp. 558-560. 참조.

83) 민립대학에 대한 구상은 국채보상운동이 활발하게 진행되던 중 1910년 한일 강제 병합으로 일본의 국채를 갚을 필요가 없게되자 이 때에 모금된 약 600만원의 기금을 바탕으로 윤치호, 박은식, 노백린, 유원균, 양기탁 등이 민립대학을 설립할 것을 제안하고 민립대학기성회를 조직하였었다. 그러나, 데라우찌(寺內)총독이 이를 허락치 않아 결국 무산(霧散)되었다. 약 600만원에 이르는 거금(巨金)의 일부는 윤치호가와 한국 YMCA에서 맡고 있다가 일본에 압수당하였고, 나머지는 행방이 묘연하여 후일 이상재의 민립대학 운동시 적지 않은 부담이 되었다.

84) 박찬승, "1920-1930년대초 민족주위 좌파의 신간회 운동론," 『한국사 연구』(한국사 연구회, 1993), 59쪽.

85) 『동아일보』, "民立大學의 必要를 提唱하노라", 1922년 2월 3일자.

1922년 4월의 3회 정기총회에서 전국 청년단체에 보낼 건의안(建議案)을 발표하면서 민립대학설립을 촉구했다.[86] 이와 같은 분위기에서 1922년 11월 23일에 경성부 남대문통 식도원에서[87] 이상재를 비롯해 현상윤, 최규동(崔奎東, 1882-1950?), 이종훈(李鍾勳, 1856-1931), 정대현(鄭大鉉, 1888-1938), 고원훈(高元勳, 1881-1950), 한용운, 이승훈, 허헌(許憲, 1885-1951), 김성수, 송진우, 유억겸(兪億兼, 1896-1947), 최린, 유진태(柳鎭泰), 김병로(金炳魯, 1887-1964), 박승봉(朴勝鳳, 1871-1933), 이갑성(李甲成, 1889-1981), 권동진(權東鎭, 1861-1947), 오세창(吳世昌, 1864-1953) 등 47명이 참석한 가운데, '조선민립대학 기성준비회'가 결성되었다. 그때 이들은 "조선사람의 대학"이라는 명제를 내걸었다.[88]

1923년 3월 29일, 서울YMCA(조선중앙기독교청년회)회관에서 발기인 1,170명 중 462명이 참가한 가운데 발기 총회가 3일간 계속되었다.[89] 이상재가 임시의장이 되었고 총회는 1년 내에 총 자금을 1천만 원을 모금하기로 했다.[90] 1차로 400만 원을 거둬 대지 5만 평을 구입해 건물을 신축하고 법(法)·경(經)·문리(文理)의 문과와 상과(商科)를 설치하기로 했다. 2차로 300만 원을 들여 공과(工科)와 이과(理科)를, 3차는 나머지 300만 원을 들여 의과(醫科)와 농과(農科)를 설치하기로 의

---

86) 「동아일보」, 1922년 4월 8일자. 참조. 건의안(建議案) 중 교육에 관한건: 1. 일반원칙- ① 교육은 사회발달의 근본 동력이요 기초조건임을 선언함. ②교육의 권리는 만인에게 평등하여 신성한 권리임을 선언함. ③교육은 인생의 자유발전을 목적할 것이요 외부적 제약은 강요할 것이 아님을 선언함. 2. 실제문제- ①보통교육은 의무교육의 실현을 기할 것. ②이에 적용하는 중등·실업교육의 발전을 기할 것. ③민립대학을 속히 실현할 것. ④서당개선을 기할 것. ⑤각 청년단체는 각지방교육의 진흥에 노력할 것.

87) 「高等警察關係年譜」, 1922년 11월 23일.

88) 「동아일보」,사설, "民立大學期成委員派遣에 대하여," 11월 30일자, 1922년 12월 16일자 참조.

89) 「동아일보」, 1923년 3월 30일자.

90) 윤치호, 『윤치호일기』, 1923년 4월 7일자.

결(議決)했다.[91] 여기에서 기성회의 조직을 구체화했는데, 이때의 조직을 보면 다음과 같다.

위 원 별	성 명
중앙 집행위원 (30 명)	이상재(李商在), 이승훈(李昇薰), 조병한(曺炳漢), 김 탁(金 鐸), 강인택(姜仁澤), 최 린(崔 麟), 한인봉(韓仁鳳), 김한승(金漢昇), 오달세(吳達世), 유인식(柳寅植), 조만식(曺晩植), 이춘세(李春世), 유성준(兪星濬), 고용환(高龍煥), 송진우(宋鎭禹), 정노식(鄭魯湜), 김우현(金佑鉉), 백남진(白南震), 유진태(兪鎭泰), 이갑성(李甲成), 남궁훈(南宮薰), 남홍윤(南洪尹), 강백순(姜栢淳), 주 익(朱 翼), 홍성설(洪性偰), 현상윤(玄相允), 김정식(金貞植), 허 헌(許 憲)
감 사 위 원 (7 명)	이달원(李達元), 임치정(林蚩正), 염인혁(廉寅赫), 김윤환(金潤煥), 김완진(金完鎭), 이봉하(李鳳夏), 김교영(金敎英)
회금보관 (會金保管) 위원	장두현(張斗鉉), 이하용(李河用), 김일선(金一善), 김병로(金炳魯), 유양호(柳養浩), 김성수(金性洙), 김윤수(金潤秀)

(표2) 민립대학 기성회 중앙부 조직

실제 기성회사업을 운영할 상무위원 5인으로 하여 사무(事務)를 맡게 했는데 한용운(韓龍雲)과 강인택(姜仁澤)이 서무부(庶務部)를, 유성준(兪星濬)과 한인봉(韓仁鳳)이 회계부(會計部)를, 이승훈(李昇薰)이 사교부(社交部)를 맡았다.[92] 지방부를 속히 조직하기 위해 선임한 지방 순회 선전(宣傳)위원으로 평안도에는 조만식(曺晩植, 1883-1950), 황해도에는 홍성설(洪性偰), 전라도에는 김형옥(金衡玉, 1868-미상), 충청도에는 유성준(兪星濬, 1860-1934), 경상도에는 유인식(柳寅植, 1865-1928), 함경북도에는 주익(朱

91) 「동아일보」, 1923년 3월 30일자. 참조.
92) 위의 신문.

翼), 황해도에는 김탁(金鐸, 1881-1965)을 파견했다.93)

그러나, '민립대학 설립운동'은 1년이 채 안 되어 실패를 자인(自認)할 수밖에 없었다. 동아일보는 한국인들이 능동적으로 참여하지 않았다며 다음과 같이 비판했다.

> "…예정액의 십분의 일이 되는 단 백만 원이나마 우리의 힘으로 모았는가 …(중략)… 우리는 寸分의 責任轉嫁를 不許할 것이다. 조선 二千萬 민중아 이 사업의 장래를 如何히 하려는가."94)

동아일보는 민중들을 탓했지만 1924년의 한발(旱魃)에 이어 연이은 홍수(洪水), 그리고 한국 역사에 '을축년 홍수'(乙丑年 洪水)로 기록되어 있는, 사상 최고의 홍수가 한국을 덮쳤다. 네 번에 걸친 호우로 인해 전국에서 사망자 647명, 가옥 유실 6363호, 붕괴 1만 7045호, 침수 4만 6813호의 피해가 발생했다. 논 3만 2183단보(段步), 밭 6만 7554단보 등이 유실되어 피해액은 무려 1억 300만 원에 달했다. 조선총독부 1년 예산의 약 58%에 해당하는 엄청난 것이었다.95) 이런 상황에서 모금이 잘 될 수 없었다.

여기에 내부의 갈등이 있었다. 곧 동아일보계가 제안한 정치적 자치론이 한 원인이었다. "현재로서는 독립이 불가능하므로 독립의 기회에 대비한 준비가 필요하다"는 준비론으로 "독립에 도달하는 한 단계로서 자치권을 획득하는 것이 필요하다"는 단계적 운동론 제안이

---

93) 「동아일보」, 1923년 5월 9일, 5월 17일자. 동아일보기사를 살펴볼 때, 조만식을 제외한 인사들의 활동은 별로 눈에 띄지 않는다.

94) 「동아일보」, 사설, "去年 今日을 回顧하고 -民大 期成會 發起 1週年-", 1924년 3월 29일자.

95) 한국민족문화대백과사전 https://encykorea.aks.ac.kr/Article/E0042977

었다.[96] 동아일보의 주장이 일본의 현실적 지배 체제를 인정하는 것이라는 비난이 거셌다. 강인택(姜仁澤, 1892-1962), 김탁(金鐸), 정노식(鄭魯湜, 1891-1965) 등은 기성회를 탈퇴하고 일부는 공산사회주의로 전화(轉化)하며 반발했다. 탈퇴한 공산사회주의자들은 민립대학의 설립을 비판하며 노골적으로 방해했다. 그러나 실패의 가장 큰 이유는 일본의 방해였다.

민립대학 설립이 점차 가시화(可視化)되어 가자 일본은 일본 내(內)에 있는 분교(分校)로 민립대학을 설치하자며 제안했다. 그러나 일본 대학에 분교에 관한 법령이 없었다.[97] 일본은 조선교육협회(朝鮮敎育協會) 임원들을 초치(招致)해 한국인들만을 위한 학교가 아니라 "일선(日鮮) 공학제(共學制)"를 만들자고 제안했다.[98] 이상재 등이 이를 거절하자 일본은 관립(官立) 경성제국대학의 설립을 서두르는 한편,[99] 민립대학 설립을 위한 기금을 헌납하지 못하도록 압력을 넣었다. 민립대학 기성회 인사들을 감시하고, 모금을 위한 위원들의 강연을 방해하는 한편,[100] 설립 운동에 참여하고 있는 군수나 면장, 도위원에게도 협조하지 못하게 했다.[101] 이런 이유에서 기성회의 상무위원이

---

96) "世界大勢와 朝鮮의 將來",「동아일보」, 1925년 8월 26일 - 9월 6일자 참조.

97) 문정창, 『軍國日本朝鮮强點 36年史』上 (서울: 백문당, 1965), 327쪽 참조. 조선교육회는 1920년 8월 4일 임원회를 열어 일본의 이와같은 수정제안을 받아들였으나, 일본은 일본 내에 분교설치에 관한 조문이 없다는 것을 알지 못하고 수정제안한 것이라며 결정을 취소했다.

98) 김호일, "일제하 민립대학설립운동에 대한 연구," 『中央史論』1, 1972, 중앙대, 52쪽.

99) 松村松盛, "變い行く朝鮮の姿", 『朝鮮統治の回顧と批判』(京城:朝鮮新聞社, 1936), 200쪽 참조.

100) 동아일보는 1923년 9월 28일자에서 충남 공주군에서 민립대학 지방부에서 각 면(面)에 순회강연을 할 때 경찰의 면민(面民)들의 퇴거를 지시했다고 고발했다. 또한 중앙집행위원인 이갑성(李甲成)이 "吾等의 要求"라는 제목으로 1924년 4월 12일에 평양에서 모금을 위한 강연을 할 때 배일사상을 고취시킨다고 해 중지시켰다. (朝鮮總督府警察局 編, 『朝鮮高等警察關係年表』, 1930, 143쪽.)

101) 李仁, "植民敎育에 맞선 民立大學運動," 『新東亞』, 1969년 10월호, 303쪽. 조선일보 1923

었던 강인택(姜仁澤)은 일본의 압력이 실패의 큰 요인이었다고 진술했다.[102]

1925년 6월 경성제국대학이 개교하는 날 이상재는 초청에 응했다. 그때 의아해 하는 사람들에게 "오늘이 우리 민립대학 개교식 날이니 제군들도 같이 가지"라고 권유했다. 그리고 "저 놈들의 관립 경성 제국대학은 곧 우리 민립대학의 발족물이요, 우리 대학의 후신인 줄을 모르는가? 그리고 경성제국대학은 장차 우리의 대학이 될 것이다."[103]라 말했다. 일본은 망하고 경성제국대학은 당연히 한국의 것이 될 것이라는 확신이었다.

3. 흥업구락부 부장 이상재

1921년 11월 11일부터 워싱턴에서 개최된 세계군축회의(일명, 태평양회의)에 참석한 이승만은 한국 문제를 의제에 포함시켜줄 것을 간청했다. 그리고 이상재가 대표로 작성한 '대한인민대표단 건의서(大韓人民代表團建議書)[104]'와 임시정부의 '독립요구서'를 미국 정부에 제출했다. 그러나 기대와는 달리 한국 문제는 전혀 논의되지 않았다. 이에

년 9월 1일자 기사에는 경기도 광주 군수가 "면장들에게 이 운동에 간여하는 일이 절대 없도록 하라는 지시"를 내리고 있다고 폭로하고 있다.

102) 「동아일보」, 1925년 9월 1일자. 강인택의 진술 "우리에게 터럭 끝만치라도 권리가 있다면 벌써 실현되었을 것입니다. 그간 각지에서의 활동도 천가지 만가지 저해(沮害)받은 일도 실(實)로 한 두 번이 아니었습니다. … 앞으로 더욱 힘을 써 일하렵니다"

103) 김을한, "일화로 살펴본 월남 선생 면모", 『나라사랑 9집』, 월남(月南)이상재 선생 특집호 (서울: 외솔회, 1972), 112쪽.

104) '대한인민대표단 건의서'는 상해임시정부 구미위원부에서 1921년 8월에 한국 대표단을 조직하고 국내와 연락하여 만들었다. 이 문서의 작성은 월남 이상재가 만들고 국내에서 13도(道)와 260군(郡), 기타 각 사회단체 대표자 37명이 서명했다. 상해임시정부는 이를 이승만에게 보내었고 이승만은 이것을 영역(英譯)하여 미국 정부에 제출했다.

실망한 이승만은 민족의 모든 동력을 동원해 실력양성(實力養成)에 주력한다는 결론을 내리고, 동지회(同志會)를 조직했다.[105]

이승만과 국내외 동향을 주고받던 이상재는 1924년 4월 이승만으로부터 국내에 동지회를 조직해 달라는 편지를 받았다.[106] 국내 민족운동의 거점을 통해 미국에서의 독립운동을 활성화시키려 했던 것이다. 1924년 10월 YMCA 총무 신흥우(申興雨, 1883-1953)는 미국 메사츄세츠(State of Massachusetts) 스프링필드(Springfield)에서 개최된 북감리회 총회와 뉴욕에서 개최된 YMCA 간부협의회에 참석했다. 돌아오는 길에 하와이에 들러 이승만을 만났다. 이 자리에서 이승만은 이상재에게 미리 알렸던 동지회(同志會)를 한국 내에 조직해야 한다고 역설했다.[107] 그리고 그 중심에 이상재를 비롯해 조선일보계와 서울 YMCA의 기독교인들, 기호(畿湖) 지역 민족지도자들을 거론했다.[108]

귀국 후, 신흥우는 이상재에게 이를 알렸다. 그리고 동년 11월에 YMCA의 구자옥(具滋玉, 1887-1950), 유억겸(兪億兼, 1896-1947), 이갑성(李甲成, 1889-1981), 박동완(朴東完, 1885-1941), 안재홍(安在鴻, 1891년-1965), 박용희(朴容羲, 1884-1953) 등에게 동의를 얻었다. 그해 12월 15일 중앙기독교청년회에서는 이상재를 비롯하여 유억겸, 윤치호, 신흥우, 장두현(張斗鉉, 1875-1938), 구자옥, 오화영(吳華英, 1879-1960), 홍종숙(洪鍾肅, 1877-미상), 이

---

105) 朝鮮總督府檢査局, "同志會及興業俱樂部の眞相," 『思想彙報』16(1938. 9), 76쪽 참조.

106) 연세대학교 이승만연구원, "李承晚→李商在(1925년 4월 7일자), 『우남문서』 제16권, 200쪽.

107) 朝鮮總督府 警務局, "興業俱樂部の檢擧狀況", 『最近に於ける朝鮮治安狀況』, 1938, 381쪽. 1913년 5월 도산 안창호에 의해 상하이에서 발기되었던 흥사단은 1914년 5월 로스앤젤레스에서 창단되었다. 국내 조직으로는 1926년 1월, 1922년 2월에 춘원 이광수(李光洙)가 조직한 서울 수양동맹회(修養同盟會)와 같은 해 김동원(金東元) 등이 조직한 평양 동우구락부를 통합해 '수양동우회'의 이름으로 다시 결성되었다. 흥사단과 수양동우회는 통합하여 1929년 11월에 동우회(同友會)로 하여 범민족적 세력을 규합하려 했다. 그런데 이들 중 75%가 서북 출신이었다.

108) 윤치호, 『윤치호 일기』, 1925년 3월 22일자 참조.

갑성, 박동완, 안재홍, 유성준 등이 참석한 가운데 '단체조직준비회'가 개최되었다. 여기에서 흥업구락부의 목적과 방법, 3대 정강과 4대 진행방침이 정해지고 결의되었다.[109] 초안 준비를 끝낸 1925년 3월 22일 신흥우의 집에서 흥업구락부(興業俱樂部)가 조직되었다.[110] 이상재가 부장에 취임했고, 회계에 윤치호와 장두현, 간사는 이갑성과 구자옥 등이 임명되었다.[111] 이상재가 대표적인 전체 방향성을 설정했고 신흥우는 이승만과 국내 연락 책임자를 맡았다. 그때 결의한 흥업구락부의 운동방침은 다음과 같다.

  1) 민족 관념을 보급하고 조선독립을 도모할 것.
  2) 단체행동을 실행할 경우에는 단체의 지도자에 복종토록 할 것.
  3) 산업발전과 자급자족에 노력하도록 할 것.
  4) 계급과 종교 및 지방적 파벌을 타파하여 민족적 대동단결을 기할 것.
  5) 조직의 목적을 설명, 상대방을 선도, 혹은 설복시켜 동지를 확보할 것.
  6) 교양사업-학교 또는 문화단체의 민족계몽 강연회 등 개최-에 진력할 것.[112]

이상재는 당시 한국인 일반이 갖고 있던, 게으름과 시기와 나태 등이 한국 사회를 망치고 있다고 인식했다. 그 이유가 본래 갖고 있던 도덕력이 쇠잔해 있기 때문이라고 진단했다.[113] 따라서 흥업구락부

---

109) 朝鮮總督府警務局, 『最近における朝鮮の治安狀況』, 1938, 321쪽.
110) 윤치호, 『尹致昊 日記』, 1925년 3월 22일자.
111) 정병준, 『우남 이승만 연구』(서울:역사비평사, 2005년), 348쪽.
112) 위의 책, 321쪽.
113) 이상재, "警告〈東亞日報〉執筆智愚者," 『月南李商在硏究』, 260-261쪽 참조.

운동을 통해 한국인들을 기독교 문명국과 같이 교화(敎化)시키겠다는 의지를 표명했다. 주요 활동으로는 회원의 획득과 재정의 확보, 그리고 이를 위해 동지회와의 국제적 연락 및 국제정세의 파악 등을 주요 목적으로 정했다.[114] 농사 개량에 대한 강연, 한글 보급 등에 나섰고 동아일보계가 주장하던 자치운동에 제동을 걸었다. 사회주의 계열과 함께 민족연합전선인 신간회(新幹會)를 결성하는 데도 적극 참여했다.

한편, 흥업구락부의 실무를 이끌던 신흥우는 1925년 7월 미국 하와이에서 개최된 태평양회의에 한국 대표로 참석한 후 그 성과를 알리면서 다음과 같이 주장하고 있다.

> 대전이후(大戰以後)에 과학 문명의 실패를 지적하야 온 세계는 새로운 생(生)의 원리로 정의인도(正義人道)를 크게 제창(提唱)하여 선전(宣傳)하여 왔다. 자기(自己)도 그중에 한 사람이다. 그러나 정의인도는 실제 세력(實際勢力)을 산출(產出)키 하여야 할 정의 인도이다. 그리하여 정의인도가 실현되랴면 실제 세력으로 더부러 나가야만 할 것이다. 정의인도는 예컨대 혼(魂)이요, 실제 세력은 예(體)이다. 그리고 지금은 세월이 지남을 싸라 정의와 인도만 운운함은 연차(連次)로 무기력한 것 갓다."[115]

신흥우는 많은 사람이 삶의 원리로 정의와 인도를 주장해 왔지만, 힘이 뒷받침되지 않으면 현실적으로 무기력할 수밖에 없다고 진단

---

114) 高等法院檢查局思想部, "興業俱樂部事件關聯 申興雨 訊問調書」", 1938년 9월, 129-130쪽.
115) 신흥우, "우리의 활로,"『靑年』7-8, 1927년 10월호, 6쪽.

했다. 이승만을 좇았던 그는 민족이 근대적 능력을 키워야 한다는 입장이었다. 거기에는 이상재 등이 주장해 왔던 것이 이상에 불과하다는 비판이 들어있었다. 이에 대해 이상재는 다음과 같이 주장했다.

"어떤 사람은 말하기를, 나날이 변하고 때마다 바뀌는 새로운 시대에 진부한 구학문의 부패한 도덕 윤리라는, 낙오한 군더더기 같은 이론은 새로이 나아가는 청년의 영리하고 날카로운 활기를 시들게(꺾어지게)한다고 하여 기롱(欺弄)하며 평가하는 일도 있다. 또 다른 사람은 말하기를 도덕 윤리는 우리 조선민족의 반만 년 역사에 있어서 고유한 양지양능(良知良能, 타고난 지식과 타고난 능력)이기 때문에 오늘날 새삼스럽게 중언부언(重言復言)할 필요가 없다고 하여 조소하는 일도 있다. 만일, 현대의 과학이나 물질, 무슨 주의(主義)든지 모두 다 거절하고 도덕과 윤리만을 온전히 힘쓰라 한다면, 전자의 기롱하는 평가는 당연하거니와, 현대를 살아가는 우리 인간이 어찌 현대의 풍조를 따르지 아니하며 현대의 대(大) 운동에 따르지 않을 수 있겠는가?…(중략)…대개 나침은 키(타, 舵)도 아니요 닻(정, 碇)도 아니기 때문에, 함정의 기구(함구, 艦具)와는 관련이 없어 보이지만, 나침을 한 번 잘못하면 나아갈 길을 잃게 되어 이리 저리 밀려 다니는 어려움에 다다르게 될 것이다. 우리 인류가 이와 같은 고해(苦海)가운데 생활하는 것이, 함정이 바람과 파도 속을 나아감과 흡사하게 때문에 도덕과 윤리는 다시 말해서 우리의 나아갈 방향을 가리켜 주는 나침이라 할 수 있을 것인데, 여기에 어찌 주의를 기울이지 않을 수 있겠는가?"[116]

116) 이상재, "청년이여,"『靑年』6권 4호(1926. 3), 3쪽. 원문은 다음과 같다: 或者는 말하되 日變時更되는 新時代에 陳陳한 舊學問의 腐敗할 道德倫理라는 落伍한 贅論은 新進靑年의 英銳한 活氣를 沮喪케 한다 하여 譏評함도 有하고 或者는 말하되 道德倫理는 우리 朝鮮民族의 半萬年 歷史的으로 固有한 良知良能인즉 今日에 새삼스럽게 重言復言할 필요가 없다하여 嘲笑함도 有하니 兩說의 譏評과 嘲笑를 無理라 하여 反駁하자는 것이 아니라, 만일 現代의 科學이나 物質이나 무슨 主義든지 一切 拒絶하고 道德과 倫理만 專務하라

이상재는 물질문명이 가져다주는 현실적인 힘을 무시하지 않는다고 피력한다. 정의와 인도를 보다 강조한 것은 현 세태가 현재의 상황 즉, 과학적이고 물질적인 힘만을 추구하고 유행처럼 번지는 새로운 사조(思潮)에 빠진 나머지 정의와 도덕을 등한히 하지는 않을까 하는 걱정에서였다고 고백했다.[117] 그에게 있어 근대 독립국가는 기독교적 도덕성이 기초가 되고 목표가 되어야 했다. 그때 그는 그것을 강조했다.[118] 이상재가 기독교의 도덕력에 보다 큰 비중을 두었다면 신흥우는, 워싱턴 군축회의 이후 냉혹한 국제현실 속에서, 현실적인 힘으로 보완해야 한다는 데 집중하고 있었다.

1938년 5월 19일, 일본은 YMCA연합회 총무 구자옥을 비롯해 유억겸 등 부원 54명을 체포하고 구금했다. 흥업구락부가 "조선 독립을 목적으로 하는 비밀결사"라는 이유로 109일 동안 혹독하게 고문했다. 그리고 '치안유지법 위반'으로 경성지방법원 검사국에 송치했

하면 前者의 譏評이 當然하거니와 現代의 生活하는 우리 人과 어찌 現代의 風潮를 應치 아니하며 現代의 大運動을 順치 아니하리오. …(중략)… 대개 羅針은 舵碇도 아니오 檣楫도 아니라, 艦具에 無關한 듯하나 羅針을 一誤한즉 前路를 迷失하여 漂蕩顚覆의 患이 立至하리니, 우리 人類가 如比한 苦海중에 生活함이 風濤에 艦行함과 恰似한즉 道德과 倫理는 즉 우리의 前路方向을 指示하는 羅針인즉 比를 어찌 注意치 아니하리오."

117) 위의 글, "현세계(現世界)는 물질적(物質的)이오 과학적(科學的)이라 하겠으며 또는 무슨 주의(主義)니 무슨 주의(主義)니 하여 신풍신조(新風新潮)가 사위(四圍)로 습래(襲來)하는 금일(今日)에 처하여 청년(靑年)의 사상계(思想界)가 풍(風)을 수(隨)하며 랑(浪)을 추(趨)하여 저현(著顯)한 현상(現狀)에만 니취(泥醉)하고 인류(人類) 생존상(生存上)의 근본적(根本的)인 도덕(道德)과 윤리(倫理)를 등한시(等閒視)할까 하는 기우(杞憂)가 불무(不無)하여 본지(本誌) 전호(前號)에 대강 말하였거니와…" (요즘의 세계는 물질적이요 과학적이라 할 수 있으며, 또는 무슨 주의니 무슨 주의니 하여 새로운 바람과 새로운 사조가 사방으로 밀려드는 오늘의 처하여, 청년의 사상계가 유행을 따르며 분위기를 추구하여 현저한 현실의 상황에만 추하게 빠져들어 인류생존에 있어서 근본적인 도덕과 윤리를 등한시하지 않을까 하는 걱정이 없지 않아 본지 전호에 대강 말하였는데…

118) 이러한 인식하에서 이상재는 도덕이 기초와 목표가 된다면 어떠한 종교나 사상까지도 포용할 수 있다는 생각까지 발전하게 된다.

다. 결국 부원들은 전향 성명서를 발표해야 했고 12월에는 홍업구락
부를 해산해야 했다. 구자옥은 단체 기금 2,400원을 국방헌금으로
내놓아야 했다. 그만큼 일제는 한국 민족주의 운동의 상징적 조직인
홍업구락부의 존재를 내버려 두지 못했다.

IV. 신간회 운동

1920년대부터 공산사회주의자들이 소리를 높이기 시작했다. 대부
분 모스크바에서 공부했거나 다이쇼 민주주의(Taishō Democracy) 아래
에서 사회주의에 대해 심취한 일본 유학생 출신들이었다. 언론계에
도 적지 않게 이 출신들이 포진하고 있었다.[119)]

1924년 1월 2일부터 동아일보에 연재되었던, 이광수(李光洙, 1892-
1950)의 "민족적 경륜"이 자치론으로 가시화(可視化)되고 있었다. "민족
적 경륜"이 발표된 직후인 1월 중순에 천도교의 최린(崔麟, 1878-1958)·
이종린(李鍾麟, 1883-1950), 동아일보의 김성수(金性洙)·송진우(宋鎭禹)·최원
순(崔元淳, 1891-1936), 후일 조선일보계의 중심이 되는 신석우(申錫雨, 1895-
1953), 안재홍(安在鴻), 변호사 박승빈(朴勝彬, 1880-1943)과 이승훈(李昇薰),
서상일(徐相日, 1886-1962), 조만식(曺晩植, 1883-1950) 등이 자치운동을 구체

---

119) 박헌영(朴憲永), 김단야(金丹冶), 임원근(林元根), 북풍회(北風會)의 서범석(徐範錫), 손
영극(孫永極), 화요회(火曜會)의 홍명희(洪命熹), 홍진유(洪眞裕), 조규수(趙奎洙), 조봉
암(曺奉岩), 신인동맹회(新人同盟會)의 신일용(辛日鎔), 꼬르뷰로(高麗局) 국내부의 김
재봉(金在鳳), 홍남표(洪南杓), 강달영(姜達永), 푸락치 조직의 배성룡(裵成龍), 조선노동
공제회의 서승효(徐承孝), 서울 콩그룹의 양명(梁明), 조선청년총동맹의 이길용(李吉用),
조선공산당 일본연락부의 이석(李奭), 북성회(北星會)의 이여성(李如星), 동우회(同友
會)의 이익상(李益相), ML당 사건의 김준연(金俊淵) 등 공산사회주의자들이 「조선일보」
와 「동아일보」 『개벽』 등에서 활동하고 있었다. 유재천, "일제하 한국신문의 공산주의 수
용에 관한 연구," 『동아연구』제9집, 서강대학교 동아연구소, 1986년 10월, 232쪽.

화하기 위해 '연정회(研政會)'를 결성하기로 협의했다. 그러나, 신석우나 안재홍, 이종린 등은 민족의 협동을 위한 단체의 결성에 관심은 가졌지만 자치운동에는 반대를 하고 있었기 때문에 마찰을 빚었고, 결국 연정회(研政會)의 결성은 실패로 끝났다.[120]

동아일보계의 자치론에 반대하던 조선일보계와 YMCA 출신의 민족주의계는 공산사회주의자들과 연합해 민족협동을 주장하고 나섰다. 대부분 흥업구락부계였던 이들은, 사회주의계열에 대해 이질감은 있었지만 혐오감을 갖고 있지는 않았다. 내부에 김창제(金昶濟, 1880-1957) 등 기독교사회주의를 표방하던 인물들도 포진하고 있었고 안재홍의 강력한 제안도 이유가 되었다. 여기에 기독 언론에서도 "진정한 사회주의는 기독교인이 아니더라도 그를 기독인과 동일히 간주하겠다"며 공산사회주의와의 연대를 적극 권하고 있었다.[121] 이때만 하더라도 공산주의와 사회주의에 대한 정확한 이해가 없었고 무엇이 다른지도 정확히 알지 못했다. 다만 민족을 최우선가치로 보았기 때문에 민족주의와 공산사회주의가 단합할 수 있을 것이라 보았다.[122] 이들은 민족의 절대 명제, 곧 '독립'을 위해 하나로 연합할 수 있기를 기대했다. 상해임시정부의 예를 따른 것이다.[123] 더욱이 공산사회주의의 비타협운동이 청년층을 중심으로 확대되어가고 있었다.[124] 양 진영은 서로의 입장 차이를 인정하는 가운데 견고한 공동전선을 펼 것을 약속했다.

120) 윤종일, 「1920년대 민족협동전선연구」(박사학위 논문, 경희대학교 대학원, 1991), 35쪽.
121) "기독교회와 사회", 「기독신보」, 1924년 10월 15일자.
122) 이상재, "청년이여,"『月南李商在研究』(서울:로출판, 1986), 246-247쪽. 이상재는 "민족주의는 사회주의의 근원이오 사회주의는 민족주의의 지류"라고 하며 민족주의와 사회주의의 합류를 지지했다.
123) 조병옥, 『나의 회고록』(서울: 민교사, 1959), 96-97쪽 참조.
124) 일본은 사회주의 운동으로 말미암아 민족운동 그룹의 세력이 약화되고 있다고 기록하고 있다. (경기도 경찰부, 『治安槪況』1925. 5, 240쪽.)

1917년 러시아 볼셰비키혁명(Великая Октябрьская социалистическ
ая революция, Russian communist revolutionary) 이후, 한국의 공산사회주의
는 약소민족의 자결권과 식민지 피압박민족의 민족해방운동을 중요
한 목표라고 강조했다. 이들은 민족의 결함이 열악한 민족성에 있는
것이 아니라 일본의 가혹한 착취와 억압에 있다고 주장했다. 그리고
한국의 민중을 구원하는 길은 일본을 물리치고 현 사회제도를 혁명
적으로 개조하는 데 있다고 소리를 높였다.[125] 계급 평등을 목표로
하는 한편 일본과의 비타협을 주장했다. 정의와 계급 평등, 세계 피
압박 민족의 해방을 부르짖던 사회주의자의 주장은 각 나라마다, 나
라를 보존할 수 있는 하나님이 부여하신 권리를 가지고 있고 그 권리
침범할 수 없다는 이상재의 주장과 일정하게 부합되었다.

이상재는 공산 사회주의가 보편적 가치를 지닌다고 믿었다. 그리
고 도덕이 중심인 사회를 지향하면 "어떠한 주의(主義)나 어떠한 사상
으로 나아가든지 적(敵)이 있을 수 없다"[126]고 확신했다. 이상재가 보
기에 공산사회주의도 "전속력으로 용맹스럽고 급하게 달리다가 과
격한 주의로 변질"되었지만, 극단으로 굽은 것을 바로잡으려고 시작
된 사상이라고 판단했다.

"현대에 새롭게 유행하는 인류 평등과 계급 타파라는 정의의 기치를 세
워 전속력으로 용맹스럽게 가고 급하게 달리다가 과격한 주의로 변질
되어 나아가, 옛날부터 전해 내려오는 의식과 습관은 모두 부패한 것이
라 하여 심지어 하늘이 부여해주신 양심상의 고유한 도덕 윤리까지 가

---

125) 김제관(金霽觀), "사회문제와 중심사상," 『신생활』, 1922년 7호, 38-49쪽.
126) 이상재, "청년이여," 『靑年』 6권 2호, 1926년 2월, 4쪽 "道德의 基礎를 確立하고 倫理의 軌
道를 進行하야 新風潮를 順應하고 新精神을 發揮한즉 何許主義이던지 何樣思想이던지
所向에 敵이 無하리니…"

벼이 여기고 극단에 빠져들어 굽은 것을 바로잡다가 곧음까지 헤치는 폐단이 없지 않다고 할 수 있을 것이다."127)

이상재는 "민족주의든 사회주의든 인류의 삶에 없어서는 안될 것"이라고 주장하면서, 하나님은 민족주의가 주장하는 한국 민족이나 사회주의가 말하는 세계 민족과 모든 계층을 동일한 사랑으로 대하신다고 강조했다. 그리고 "민족주의와 사회주의가 서로 연락(連絡)하여 사랑이라는 한 말로 시작하고 마치게 되면, 세계의 평화"를 가져오게 될 것이라고 피력했다.

"민족주의는 곧 사회주의의 근원이오, 사회주의는 곧 민족주의의 지류이다. 민족사회가 상호연락해서 사랑이라는 단 한마디의 말로 시종일관하면 멀지 않은 날에 세계 평화의 서광을 바라볼 수 있을 것이다."128)

개화운동 이래로 이상재는 민권의식(民權意識)을 일관되게 주장했다. 사민평등(四民平等)을 주장했고, 양반관료의 상류층이 중심이 되었던 YMCA를 계층적 특성에서 완전히 벗어나게 하는 데 주도적 역할을 한 바 있다. 그의 인식에서 모든 계급이 평등해야 했다. 개인이나 각 민족과 국가는 동일한 권리를 갖고 있으며, 그 권리는 하나님께서 주신 것이라고 확신했다. 일정부분 공산사회주의를 긍정적으로 평

---

127) 이상재, "청년이여,"『靑年』6권 2호, 3쪽. 원문은 다음과 같다: 現代新行하는 人類平等과 階級撤廢라는 正義하에 旗幟를 登立하고 全速力으로 勇往急走하다가 過激한 主義로 轉進하야 從前傳來하던 舊儀式舊習慣은 一切 腐敗物이라하여 甚至於 上天이 賦畀하신 良心上 固有한 道德倫理까지 等閒視하고 極端에 侵入하야 枉을 矯하다가 直에 過하난 弊가 不無하도다.

128)『청년』5호, 1926년 5월, 2쪽. 원문은 다음과 같다: 民族主義는 곳 社會主義의 根源이오 社會主義는 곳 民族主義의 支流라 民族社會가 相互連絡하야 愛의 一字로 始始終終하면 世界의 平和曙光을 指日可覩할지니…

가했고 신간회에 대한 기대도 높았다.

1927년 2월 신간회(新幹會)의 창립대회가 종로 중앙YMCA 강당에서 개최되었다. 이 자리에서는 회장에 이상재, 부회장에 신석우를 비롯해 간사진이 선출되었다.[129] 신간회 초기, 조선일보와 시대일보 계열, 홍업구락부, 기호계 민족주의자들이 중심이었고 간부진들도 대부분 조선일보계로 YMCA 홍업구락부계 출신들이었다. 이러한 이유로 일본 경찰은 "신간회는 오히려 민족혁명단체인 홍업구락부에 의해서 조직된 민족단체라고 보는 것이 적당하다"는 기록을 남겼다.[130]

이상재는 노환(老患)으로 거동할 수 없어 창립총회에 참석할 수 없었다. 그럼에도 불구하고 만장일치로 회장에 추대받았다. 그때 그는 자신이 나서지 않으면 청년들이 나서지 않을 것이라는 말을 듣고, 회장 자리를 흔쾌히 승낙했다.[131] 그만큼, 좌우를 넘어, 가장 존경받고 최고로 신뢰받았다. 신간회는 다음과 같은 3개의 강령을 채택했다.

1. 우리는 정치적·경제적 각성을 촉진함.
2. 우리는 단결을 공고히 함.
3. 우리는 기회주의를 일체 부인함.[132]

---

129) 「조선일보」 1927년 2월 16일자, 「동아일보」 1927년 2월 17일자.
130) 京地檢秘第1253號, 地檢秘第1253號,「民族革命ヲ目的トスル同志會(秘密結社興業俱樂部)事件檢擧ニ關スル件」, 1938년 8월 9일, 『延禧專門學校同志會興業樂部關係報告』 1938년 8월 9일. 이상재는 1924년 9월, 75살의 나이로 『朝鮮日報』 사장에 취임했다. 신석우가 부사장이었고 발행인 겸 편집인에 김동성, 주필에 안재홍, 고문에 이상협, 편집국장에 민태원 등이 주요 간부였다. 이사진으로는 신석우, 안재홍, 김동성, 이상협 이외에 조계현, 백관수, 신구범 등이 활동했다. 대개 이들은 홍업구락부에 발기인으로 참여했다.
131) 전택부,『월남 이상재의 생애와 사상』, 190쪽.
132) 1927년 1월 2일자 동아일보에 발표된 이 강령은 총독부의 압력으로 인해서 수정된 것이

민족 통합의 단일당(單一黨)으로서 신간회는 43개 지회에 2만 명 이상의 회원이 활동했고 전국 규모의 조직으로 확대되었다. [133] 그러나 이상재를 비롯한 민족주의자들의 판단은 오판으로 드러났고 좌우합작 정당 운동 실험은 실패로 끝났다. 민족주의계는 공산주의와의 협력과 합작이 불가능하다는 것을 확인했다. 공산주의자들에게 사상적 목표와 전략적 접근만 있었을 뿐, 이상재가 지적했던 민족이라는 개념이 없었기 때문이다. [134]

V. 사상 - 신부적(神賦的) 국가관 - 인권관과 경제민주주의 원점

1. 신부적(神賦的) 국가관 - 인권관

이상재는 서구 근대체제가 말하는 인권이 야웨 하나님으로부터 비롯되었다고 믿었다. 이같은 권리는 국가도 해당된다고 판단했다. 애초부터 하나님으로부터 각 나라가 자율적 권리를 부여받았으며, 각 시대나 지역마다 독자적인 사명과 책임이 있다고 믿었다. "만일 자기 민족만 주장하고 남의 민족은 돌아보지 않거나 힘을 믿고 억압하거나 침략·약탈한다면 하나님이 주신 진리를 거스른 죄를 짓는 것"[135]

였다. 1월 14일자 조선일보에는 다음과 같이 기록되어 있다. 1. 조선민족으로서 정치·경제의 구경적(究境的) 해결을 도모한다. 2. 우리는 단결을 공고히 하는 것을 목적으로 한다. 3. 우리는 기회주의를 일체 부인(否認)한다. 여기에서 '기회주의'란 타협적 민족주의 우파의 민족개량주의를 의미하는 것으로 신간회는 일본의 체제를 인정하지 않음을 분명히 했다.

133) 京畿道警察部, 『治安槪況』(1928. 5.), 24쪽 참조.

134) 이상재, 『青年』 6권 2호, 1926년 2월, 3쪽.

135) 이상재, "청년이여," 『月南李商在研究』, 247쪽.

이라고 확신했다. 따라서 남의 나라를 강제로 빼앗는 침탈행위는 역사의 주재(主宰)이신 하나님에게 도전하는 것이 되는 것이다.[136]

1911년 8월 일본의 경성YMCA는 이상재를 비롯한 29명의 한국 기독교 지도자들을 도쿄(東京)에 초청했다. 이상재는 감상을 묻는 경성 YMCA 임원들에게 다음과 같이 일본을 비판했다.

> "(과거에) 나는 내지(內地, 일본)에 가서 물질문명(物質文明)이 진보(進步)한
> 데 대해 감탄했다. 이것은 내가 외국(外國, 미국)에 있을 때에도 느낀 것
> 이지만, 외국에서는 이에 더하여 정신문명도 병행하고 있었으나 내지
> (內地)에서는 정신문명이 물질문명에 수반되지 않음을 느꼈다. 이것은
> 내가 깊은 사랑을 가지고 말하는 것인데, 일본인은 물질문명을 신(神)으
> 로 생각하고 있다."[137]

이상재는 일본의 근대 의식과 체제 속에 야웨 하나님이 없다고 판단했다. 따라서 일본의 근대문명은 물질문명만을 취했기 때문에 침략의 문명으로 나타났다고 보았다.[138] 정신과 물질이 함께 있는 근대문명이라면 타인(他人)과 타국(他國)을 침탈하고 피폐시킬 수 없기 때문이다.[139] 이것은 일본이 하나님께 도전했다는 것을 의미했다. 이런 논리 아래 이상재는 일본이 하나님으로부터 징계를 받아 멸망하게 될 것이라고 보았다.

이상재는 식민지 확장의 논리에서 만들어진 약육강식의 사회론적 세계관을 강하게 비판했다. 하나님의 뜻을 거역하는 것이었고 이러

---

136) 이상재, '연설 조선청년에게,' 월남 이상재의 유성기 녹음, 제비표 조선레코드 B143-A B143-B. 참조.

137) "조선목사의 日本觀,"『福音新報』, 1911년 8월 24일자, 843호.

138) 이상재 방송원고

139) Albert Craig, Chosuh in the Meiji Restoration (Cambridge, Mass:1961), 360쪽.

한 세계관을 오히려 비문명적이라 보았다.

"하나님께서 오히려 인류를 차마 멸망하지 못하셔서 일천구백이십이년 전에 예수께서 탄강(誕降)하사 인류로 하여금 구원의 길을 열어 놓으셨습니다. 그러나 이후 근 이천년간 인류는 오히려 하나님의 뜻을 어기고 강함을 가지고 약한 것을 빼앗으며 부(富)함을 빙자하여 빈(貧)함을 업수이 여기니 … 이른바 문명이니 부강함을 자랑하는 자는 남을 살육하는 일을 잘하는 자입니다. 이것을 바꾸어야 진정한 문명이요 진정한 부강을 드러내는 것이며 이런 것이 하나님의 뜻입니다."[140]

특별히 이상재는 사회진화론의 인식 아래에 있던 일본 기독교를 강하게 비판했다. 당시 일본 YMCA의 대표자이기도 하였던 이부카(井探梶之助)는 러일전쟁이 '의전(義戰)'이었다고 주장했다.[141] 일본 조합교회도 1910년의 한일 강제병합에 대해 일본 근대문명의 승리라며 자축했다. 그때 이들은 한국을 문화적 열등국으로 보았고 강제병합이 한국을 돕는 것이라고 소리를 높였다.[142] 이상재가 볼 때, 전쟁을 정당화하고 남의 나라를 침탈(侵奪)하고서도 자랑스러워하는 일본의 기독교는 진정한 기독교라 할 수 없었다. 그는 세상을 떠나게 되는 1927년을 맞이하며 다음과 같이 자신의 심경을 토로한다.

"우리 인간들의 사상도 새롭고 정신도 새롭고 사업도 새로워져 죄악으로 더럽혀진 전쟁의 옛 세계는 물러가고, 사랑과 긍휼로 이루어진 화평

---

140) 이상재, "하나님의 뜻이 과연 무엇이냐," 『百牧講演』2집 (경성: 박문서관, 1921), 169-170쪽.
141) 민경배, 『日帝下의 韓國基督敎 民族·信仰運動史』(서울:대한기독교서회, 1991), 47쪽. 참조.
142) 海老名彈正, "일한합병을 축하한다," 『新人』, 新人社, 제11권 9호, 1910년 9월호, 204쪽.

의 새로운 세계가 ○하겠다. 그러나 시대가 나의 축원을 듣지 않는 것인지, 나의 축원이 시대에 합당하지 않은 것인지, 축원과 시대는 서로 배치되어, 사상과 정신과 지식과 사업이 개선되고 새로워지기는 고사하고, 갈수록 더욱 악화되어 죄악에 죄악을 더하고 옛날의 더러움을 더하고 있구나. 이 세계를 전쟁 굴로 만들어 이와 같이 앞으로 나아가기만 하면 틀림없이 전 지구상의 17조(모든) 인류의 생명은 각종 살상무기로 인하여 멸망당하고 말 것이다.…(중략)…하늘과 땅 사이에 한 줄기 광명이 영원히 사라질 듯하나, 홀연히 벽시계가 1시를 알리니 어언 23시 24시를 지나고 나면 서광이 어두운 창문을 깨뜨려 맑고 밝은 아침 빛과 새로운 공기를 토해내니 천하만국이 일시에 살길을 얻게 되는도다. 그런즉, 우리가 과거 몇 차례 새해 축하하는 것은 깊은 밤에 바라는 것(祝)이요, 차가운 겨울(嚴冬)에 바라는 것이라. 바라는 대로 성취하지 못했다 할지라도, 단계적이고 질서적으로 오늘에까지 이르렀으니 오늘 세계는 얼어붙은 극단적인 어둠이요, 긴 밤의 마지막 어둠이라. 봄볕도 곧 임하고 서광도 이미 비추이니 올해 첫 달에는 이로써 새해를 축하하노라."[143]

죽음이 얼마 남지 않은 상태에서 이상재는 하나님이 주재하시는 역사의 진행을 목도하고 싶어 했다. 하나님의 정의(正義)가 중심이 되

---

143) 이상재, "祝新年,"「月南李商在研究」, pp. 266-267. 원문은 다음과 같다. "우리 人類界에 思想도 新하고 精神도 新하고 智識도 新하고 事業도 新하여 罪惡으로 汚染한 戰爭의 舊世界는 脫去하고 仁恤로 構造된 和平의 新世界를 ○하겠다 하였으나 時代가 나의 祝願을 不聽하는지 나의 祝願이 時代에 不合함인지 祝願과 時代는 互相背馳되어 思想과 精神과 智識과 事業이 改善就新하기는 姑捨하고 去益惡化하여 罪惡에 罪惡을 加하고 舊染에 舊染을 添하매 比世界는 戰爭窩를 作하여 이와같이 前進不己하면 畢竟 全地球 十七兆 人類의 生命은 毒彈慘하 下에 提供할 뿐이로다.… (중략) … 天地間에 一路光明이 永阻할 듯하나 壁鍾一點이 忍報하매 於焉 二三鍾 四五鍾을 候過하면 扶桑曙光이 暗窓을 打破하여 鮮明한 朝暉와 新空氣를 吐出하매 天下萬國이 一時 活路를 得하는도다. 然則 우리의 過去 幾個 新年을 祝함은 深夜의 祝이요 嚴冬의 祝이라 祝하는대로 成就치 못했다 할지나, 階級的으로 秩序的으로 今日까지 至하였으니, 今日 世界는 臘冱의 窮陰이요, 長夜의 極暗이라 陽春도 在卽하고 曙光도 已照하니 금년 是月에는 是로써 新年祝을 하노라."

는, 자신이 대망한 진정한 근대 문명국가를 보고 싶어했다. 그것은 하나님의 역사 통치에 대한 그의 희망이기도 했다. 암울한 당시의 상황이 다가올 역사의 변혁을 의미하는 것이었다. '밤이 오면 곧 아침이 되는' 성서의 말씀이고 역사의 원리였다.[144] 그는 그렇게 한국의 독립을 고대했고 확신했다.

2. 경제민주주의의 원점

1923년 이상재는 한국에 왔던 미국 선교사 후보생들에게 자신의 견해를 피력한다.

> 우리 주의(主義)는 사람의 목숨을 구원하고자 하는 것이며, 또 저 공산주의자는 다른 사람의 금전(金錢)을 탈취하여 나눠 먹고자 하는 것이지만, 우리 주의(主義)는 가난한 사람들에게 금전을 공급하여 주는 것입니다. 세상 사람은 모든 것을 다 자기의 소유로 알며, 또 이렇게 된 것이 자기 수단으로 된 것이라고 생각하기 때문에, 임의로 자아(自我)의 이익을 위주로 하지만, 우리들은 모든 것이 다 하나님의 섭리 하에 있으며, 또 하나님의 구원과 도움으로 보전하여 가며, 또 모든 일을 하나님의 뜻을 좇아 수행하는 것입니다. …(중략)… 하나님 나라 실현이 아직 이루어지지 아니한 조선 사람들로 하여금 하나님 나라 실현에 철저한 성공을 하게 인도하려면 주(主)와 또는 그를 위하여 충성을 다한 여러분 선배들의 발자취를 밟아 나아가시기 바랍니다.[145]

---

144) 창 1:5, "빛을 낮이라 칭하시고 어두움을 밤이라 칭하시니라 저녁이 되며 아침이 되니 이는 첫째 날이니라"
145) 이상재, "余의 經驗과 見地로브터 新任宣教師諸君의게 告홈," 『신학세계』 제8권 6호, 29-

이상재는 공산주의가 억지로 남의 것을 강탈해 또 다른 이웃에게
주어야 한다고 주장하지만, 기독교는 스스로 가난한 사람들에게 물
질을 나누어야 한다고 강조했다. 그리고 사람의 소유는 자기의 것이
아니며 어려운 이웃을 위해 하나님께서 주신 것이라고 피력했다. 그
렇게 하는 것이 하나님의 뜻을 이루는 것이라는 주장도 했다.

이상재는 1920년대의 빈곤이 한국 사회를 뒤덮고 있던 상황에서,
이 틈을 헤집고 들어와 메시아로 군림하려는 공산주의를 극복하기
위해, 기독교가 적극적인 사랑을 실천해야 한다고 소리를 높였다.
부(富)와 물질을 상호부조의 정신으로 나누어야 한다고 주장한 것이
다. 기독교는 당연히 땅에서 이루어지는 하나님 나라를 꿈꾸어야 하
며, 그 나라는 자신의 이익을 목적으로 사는 나라가 아니라 사랑을
실천하는 나라였다. 소유를 나누는 것이 사랑의 실천이라고 주장했
다.[146] 인간의 소유는 자기의 것이 아니며 어려운 이웃을 위해 하나
님께서 주신 것으로 보았고, 나눔을 실천하는 것이 하나님의 뜻을 이
루는 것이라고 주장했다. 이상재의 이러한 생각은 1926년의 글에서
도 계속 확대되어 나타난다.

… 하늘이 인류에게 풍성하게 주신 이용후생의 물질을 자기의 사유로
잘못 인식하여 탐학과 사기가 나날이 더해가고 시시때때로 증가하여,
결국 이 세계의 장래가 어떠한 비참한 지경에 그치게 될 것인가?…(중

30쪽. "우리 主義는 人名을 救援코져흠이며 또 彼共産主義者는 他人의 金錢을 奪取ㅎ야
分食ㅎ고져ㅎ되 우리 主義는 貧者에게 金錢을 供給ㅎ여 주는것이외다. 세상사롬은 모든
것을 다 자기의 所有로 知ㅎ며 또 이러케된 것이 자기의 手段으로 된 것이라고 생각흠으
로 任意로 自我의 利益을 爲主ㅎ나 吾人은 모든 것이 다 上帝의 攝理하에 잇스며 또 上帝
의 援助로 保全ㅎ여가며 또 우리의게 在흔 것은 다 上帝씌서 委任ㅎ신줄 知ㅎ는고로 萬
事를 上帝의 意志를 從ㅎ야 遂行ㅎ는것이외다. …(중략)… 神國實現이 아직 未成흔 조선
인으로 ㅎ여곰 神國實現에 微底흔 成功을 ㅎ게 引導ㅎ려면 主와 또는 其를 爲ㅎ야 忠誠
을 다흔 諸君의 先輩들의 足跡을 밟아나아가기를 ㅂ롬니다.
146) 위의 책, 29쪽.

략)…하늘과 땅에 충만한 물질은 하늘이 인류에게 이용·후생하도록, 보편적이고 균등하게 부여해 주신 것임을 확인하여, 서로간에 자비와 사랑으로 시시때때로 나아간다면, 결국 이 세계는 장래에 어떠한 낙원이 될것인가?"[147]

이상재는 물질을 적극적으로 분배하는 것이 하나님에게 속한 사람이 해야 할 도덕적 사명이며 하나님의 뜻대로 사는 것이라고 보았다. 공산주의자들이 일방적인 경제 분배와 계급적 평등만을 주장했지만 이상재는 그러한 것들을 극복한 통전적(統全的) 기독교 윤리를 주장했다.

콜롬비아 대학에서 경제학을 전공했던 조병옥(趙炳玉, 1894-1960)은 1925년 자신이 박사학위 논문으로 제출했다는 논문의 주제, 곧 "한국의 토지제도(Land Tenure in Korea)"의 결론에서 다음과 같이 주장했다고 술회했다.

"인류사회는 절대로 평등사회는 이룰 수 없으나, 상대적 평등사회는 지향될 수 있다"

"경제는 정치의 기본적 중심문제로서 사유재산의 근거는 그 소유자가 공익을 위하여 신탁할 수 있는 것이며, 그러므로 경제적 경쟁으로써,

---

147) 이상재, "청년이여", 『청년』 1926년 11월호, 1쪽. 원문은 다음과 같다. "…私智假智는 上天의 造化와 權能을 忘却하고 自己의 情慾과 私利만 是尚하여 人與人에도 如是하고 國與國에도 如是하여 上天이 人類界에 豊賜하신 利用厚生의 物質을 自己의 私有로 誤認하여 貪貪과 詐欺가 日加時增한즉 此世界의 結局은 將來 如何한 慘景에 止할까…(중략)…天地 간 充充滿滿한 物質은 上天이 人類界에 利用厚生하도록 普施均界하심을 確認하여 互相間 慈悲仁愛가 日進時就한즉 此世界의 結局은 將來에 如何한 樂園에 昇할까"

토지, 자본, 금융을 독점을 막아야 비로소 경제적 민주주의를 지향 발
달시킬 수 있다"148)

귀국 이후, 조병옥은 연희전문학교 교수를 거쳐 YMCA 이사가 되
었다.149) 그 시절을 회상하며 다음과 같이 진술하고 있다.

우리 신자들이 모범이 되어 앞장을 서서 우리 조선 사회를 지상낙원으
로 건설하지 않으면 안되는 것이다 하고 부르짖었던 것이다. 즉 하나
님의 땅에도 지상천국을 만들어 보자는 것이 나의 설교 요점이요, 나의
주장이었던 것이다. 그러기 위하여서는 우리 신자들은 하나님께 인간
의 원죄 의식을 매일같이 되풀이 하여 기도로써 속죄나 용서를 빌고 호
소하기보다 앞서 우리 인간 사회의 죄악인 질병, 무식, 궁핍 등의 삼대
죄악의 근원을 해결하는 방법을 강구하지 않고서는 하나님의 뜻을 이
땅에 이룰 수 없다고 나는 주장하였던 것이다.150)

YMCA 이사 시절, 조병옥은 한국 땅을 하나님의 나라로 만들자는
내용의 설교와 강연을 했다고 피력했다. 그리고 "경제적 민주주의"
를 부르짖으며 "속죄 구령의 개인복음주의"를 극복하고 "인간 천국"
을 건설해서 "생령의 구활(救活)"을 이룩하자고 주장했다.151) 이것을
보면, "경제적 민주주의"라는152) 표현은 YMCA 흥업구락부계의 일

---

148) 조병옥, 『나의 회고록』(서울:해동,1986), 57쪽.
149) 조병옥은 연희전문 상과 전임교수로 경제학과 재정 금융학을 가르치다가 상과 과장 이순
    탁을 배척하는 학생들의 동맹휴학 사건에 휘말리게 되어 학교를 그만두어야 했다. 당시
    독실한 기독교인이었던 그는 YMCA 이사로 활동했고 교회를 순방하며 설교를 했다.
150) 조병옥, 『나의 회고록』(서울:해동, 1986), 95-96쪽.
151) 조병옥, 『나의 회고록』(서울:민애사, 1959), 93-95쪽.
152) 동아일보는 1931년 1월 19일자 컬럼에서, 일본의 다이쇼시대의 대표적인 비평가 무로후
    세 코신(室伏高信)이 민주주의와 사회주의, 공산주의를 비판한 저서 『光明は　東方で』를

반적 어휘였고 경제사상이었다고 볼 수 있다.

1945년 9월 8일에 열린 한민당 발기인 대회에서 채택된 5대 강령 중 세 번째 강령은 "근로계급의 복리를 증진할 사회정책의 실시"였다. 이 강령이 채택되는 데에 중요한 역할을 했던 인물이 YMCA계인 장덕수(張德秀, 1894-1947)와 조병옥이었다. 이것을 받아들인 수석총무 송진우는 "경제민주주의"를 외치면서 "민주주의는 경제에도 적용되지 않으면 안 된다"[153]고 주장을 했다. 그때 송진우가 이끌던 한민당은 경제민주주의가 미국식 자본주의제도의 허점, 곧 빈익빈(貧益貧) 부익부(富益富)의 폐단을 막을 수 있을 것이라 보았다.

한편, YMCA 총무였던 신흥우는 1926년, 기독교란 "근본적으로 각 개인 각 계급을 합한 전(全)사회 전(全)인류의 행복을 도모하는 것"이라고 전제하고, "무산계급이 사회의 불공정을 가장 많이 당하고 있는 이상 그들에게 가장 많은 동정과 원조를 주는 것이 기독교의 원리원칙"이라고 주장했다. 이에 따라 그는 '경제적 민주주의'의 원리 아래, "인간 생활 전체의 평등"이 반드시 실현되어야 한다고 피력한 바 있다.[154] 이와 같은 주장은 흥업구락부계의 내부에 마련된 경제사상, 곧 경제민주주의를 근거로 했고 이를 바탕으로 모든 국민이 공평하게 경제적 자유를 누리는 민주주의 국가를 만들고자 했다. YMCA 출신들이 이상재의 신념, 곧 이 땅에 기독교적 유토피아를 이룰 수 있다는 데에 동의한 것이다. 따라서 한민당의 정강, 곧 "대자본, 대지주에 통제정책을 써서 근로계급의 생활을 보장"[155]의 출발점은 이상

소개했는데, 여기에서 무로후세 코신이 "정치적 민주주의"가 실패하고 "경제적 민주주의"의 시대가 왔다고 표현했음을 확인했다. 따라서 경제민주주의라는 용어는 다이쇼 시대를 경험한 한국 지식사회의 일반적 용어였다고도 볼 수 있다.

153) 송진우, "전민족의 균등한 발전"『革進』 創刊號 1946년 1월, 15쪽.
154) 신흥우, "조선일보 사설을 읽고", 『청년』1926. 2쪽.
155) 함상훈, "我黨의 主義政策",『開闢』73號, 1946년 1월, 53쪽.

재로부터 비롯되어 한민당의 경제정책으로 연결되었다고 볼 수 있다. [156)]

VI. 나가는 말

이상재는 공평하고 공정한 한국 사회를 원했다. 그의 의식 속에는 계서적 계급 의식이 없었다. 개화 시절의 삶은 여기에 초점이 모여 있다. 그가 친미개화파가 된 것도 미국이 사민평등(四民平等)을 이루고, 미국 사회가 엄격한 법률로 운용된다고 믿었기 때문이다. 그가 한성감옥에 구금되기 전의 활동은 여기에 맞추어져 있다. 이러한 의식은 기독교에 입교한 이후에도 변하지 않았다. 특별히 유학(儒學)의 본래성을 소중히 여겼고 그런 이유로 연동교회의 게일을 찾아갔다. 개화파 유학 지식인의 관점에서 YMCA를 해석했고, 그 사상에 근거해 한국 YMCA를 모든 계층과 계급이 평등하고 자유롭게 활동할 수 있는 장(場)으로 변화시켰다. 공업교육, 야학 등 실업교육을 활성화해 사농공상(士農工商)의 전통적인 신분관을 극복했고 한국 YMCA를 계급 의식이 없는 근대적 공간이 되게 했다.

독립협회의 주도자로 국권 회복과 민권 운동에 앞장섰던 이상재는 일제 강점기에도 민족주의계의 자주와 독립의 방향을 제시했고 향도로서 역할을 했다. YMCA를 거점으로 하는 기독교 청년운동에 투신했고 3.1운동의 배후가 되었다. 민립대학 설립운동, 흥업구락부운동, 신간회운동 등의 중심에 있었다. 특별히 그가 주도했던, 1906년

---

156) 한민당 수석 총무 송진우가 사용했던 '경제적 민주주의'라는 표현은 이미 한민당계의 역사적 뿌리인 기호계 민주주의 그룹에서 이미 사용되고 있었다.

에 창립된 YMCA학관은 대한민국 제1공화국과 제2공화국의 주도자들을 길러냈고 학관 출신들은 그의 사상 아래, 대한민국을 세우는 역할을 했다. 그런 이유로 그는 '민족의 스승'으로 불렸다.

　　1925년 3월 22일 흥업구락부(興業俱樂部)가 조직되어 이상재가 부장이되고 신흥우가 실질적으로 이끌어 갔을 때, 신흥우는 흥업구락부가 외적인 힘을 키우는 도구가 되어야 한다는 입장이었다. 반면 이상재는 한국인의 게으름과 시기와 나태 등이 한국 사회를 망치고 있다고 보았고, 한국인들의 교화(敎化)가 먼저라는 입장이었다.

　조선일보계와 YMCA 출신의 민족주의계는 공산사회주의자들과 연합해 민족협동을 주장하고 나섰다. 이 주장에 따라 1927년 2월 신간회(新幹會)의 창립대회가 종로 중앙YMCA 강당에서 개최되었다. 이상재는 노환(老患)으로 거동할 수 없어 창립총회에 참석할 수 없었지만 만장일치로 회장에 추대받았다. 이상재가 공산사회주의자들과의 협동 운동에 적극적이었던 것은 사상적 공유점이 없지 않았기 때문이다.

　1917년 '볼셰비키 혁명' 이후, 한국의 공산사회주의자들은 약소민족의 자결권과 식민지 피압박민족의 민족해방운동을 중요한 목표라고 강조했다. 이들은 민족의 결함이 열악한 민족성에 있는 것이 아니라 일본의 가혹한 착취와 억압에 있다고 주장했다. 계급 평등을 외쳤고 일본과의 비타협을 주장했다. 일관되게 이상재는 민권의식(民權意識)과 사민평등(四民平等)을 주장했다. 그리고 각 민족과 나라는 하나님이 부여하신 권리를 가지고 있다고 주장하고 있었다. 공산사회주의와의 공유점을 발견한 것이다. 일정 부분 공산사회주의를 긍정적으로 평가했고 신간회에 대한 기대도 높았다. 그러나 공산주의자들에게 이상재가 기대했던 '민족'이라는 개념이 없었다.

이상재는 부(富)와 물질(物質)이 인류에게 상호부조의 도덕적인 도구가 되어야 한다고 믿었다. 물질을 적극적으로 분배하는 것이 하나님에게 속한 사람이 해야 할 실천이며 하나님의 뜻대로 사는 것이라고 보았다. 공산사회주의자들이 경제적 분배와 계급적 평등의 강제성을 주장하였지만, 이상재는 자발적이고 통전적(統全的) 공정성을 주장했다. 오히려 공산주의자들보다 더 적극적인 공정의 실현을 제시했다고 볼 수 있다. 그의 주장은 "경제적 민주주의"로 표현되어 YMCA계의 경제사상이 되었다. 그의 계보 아래 있던 인물들에 의해 한민당의 경제 정강이 되었다.

이상재는 민권이 야웨 하나님으로부터 비롯되었다고 믿었다. 이같은 의식은 신부적(神賦的) 국가론으로 확장된다. 애초에 하나님으로부터 각 나라가 자율적 권리를 부여받았으며, 각 시대와 지역마다 독자적인 사명과 책임이 있다고 믿었다. 그 논리에 따르면, 남의 나라를 강제로 빼앗는 침탈행위는 역사의 주재(主宰)이신 하나님에게 도전하는 것이 되는 것이다. 따라서 한국을 침탈한 일본은 하나님으로부터 징계를 받아 멸망하게 될 것이라고 확신했다.

이러한 시각에 따라, 이상재는 식민지 확장의 논리에서 만들어진 약육강식의 사회론적 세계관을 강하게 비판했다. 그리고 1910년의 한일 강제병합이 일본 근대문명의 승리라며 자축했던 일본 기독교가 진정한 기독교가 아니라고 판단했다.

이상재의 사상적 영향을 받았던 기호계 민족주의자들은 해방 이후 자연스럽게 한국 정치의 주역이 되었다. 이들은 모든 인간과 국가가 동일한 권리를 갖고 있다고 믿었고 이러한 사상과 세계관을 자신들의 정치 목표로 삼았다. 곧 자유와 민권이 중시되는 자유민주주의 정체를 가장 중요한 정치 과제로 삼았던 것이다.

연보(年譜)

1850년 10월 26일 충청남도 서천군 한산면 종지리에서 아버지 희택과 어머니 밀양박씨의 맏아들로 출생. 목은 이색의 16대손

1864년 15세 때 강릉 유씨와 결혼.

1867년 과거에 응시하나 낙방. 죽천 박정양 문하에 들어가 13년간 지냄

1881년 박정양을 따라 신사유람단의 수행원으로 일본 방문

1884년 우정총국(현 우체국)이 개설되자 그 책임자가 된 홍영식의 추천으로 주사가 되어 인천 우정국에서 근무함. 개화파의 갑신정변 실패로 낙향.

1887년 박정양이 미국에 전권대사로 파견 되었을시 1등 서기관으로 수행

1888년 청의 압력에 의해 정부로부터 소환령을 받고 귀국

1892년 전환국(현 조폐공사) 위원

1894년 갑오개혁 후 우부승지겸 경연참찬이 됨, 학무아문참의로 학무국장을 겸임하면서 외국어학교가 설립되자 그 교장직도 겸함

1895년 학부참사관, 법부참사관을 지냄

1896년 학무참서관 겸 외국어학교장. 내각총서와 중추원 일등의관. 의정부 총무국장

　　　 7월 2일 서재필, 윤치호등과 독립협회 창립, 독립신문과 독립관, 독립공원 건립 참여

1898년 3월 10일 만민공동회 의장으로 활동

1902년 개혁당 사건으로 인해 그의 아들(승인)과 함께 구금 후 감옥에 갇힘

1903년 옥고를 치르는 동안 기독교 서적과 성경을 읽게 되었으며 기독교 신자가 됨

1904년 러일전쟁이 일어나자 국사범들과 함께 석방
연동교회에 입교함과 동시에 황성기독교청년회(지금의 서울 YMCA)에 가입

1905년 YMCA교육부 위원장

1906년 고종의 헤이그 밀사 파견을 돕다가 일제 통감부에 의해 구속

1908년 황성YMCA의 종교부 총무로 취임

1910년 제1회 전국 기독교학생회 하령회를 조직하여 새로운 학생운동을 일으킴.
기독교회의 백만인 구령운동에 적극 참여하여 이를 구국운동으로 발전시킴

1913년 YMCA 총무로 취임,

1914년 10개 YMCA를 규합하여 조선기독교청년회 연합회 조직

1919년 3·1 운동의 배후인물로 검거되어 옥고를 치름

1920년 조선기독교청년연합회 회장, 조선중앙기독교청년회 고문으로 추대 조선교육협회를 창립하고 회장이 됨

1922년 중국 북경에서 열린 만국기독교청년연합대회에 조선 대표로 참석

1923년 3월 조선민립대학 설립위원장. 조선기독교 청년회 고문.

1924년 연합 소년척후단(지금의 한국스카우트연맹)의 초대총재로 추대, 물산장려운동, 절제운동, 지방전도운동, 창문사운동 등을 진두지휘

9월 조선일보사 사장으로 취임

1927년 2월 15일 민족적 단결을 목표로 하는 민족단일전선 신간회

의 회장으로 추대

3월 29일 78세를 일기로 재동 자택에서 별세

4월 7일 최초의 사회장으로 한산 선영에 모심

김 정 식*

한성감옥서에 수감 중 기독교인이 된 동지들이 1910년 11월 24일에 함께 찍은 사진.
왼쪽부터 김정식, 안국선, 이상재, 이원긍, 김린, 이승만.
출처: 독립기념관 한국독립운동정보시스템

내가 바라는 것은 우리 부패한 조선이 일신되는 것인데, 그 책임은 실로 유학생 제군들에게 있는 것이다. 소수의 애국자가 외친다고 해도 조선인 일반의 사회가 개량되지 않는다면 무익할 것이다. 우리의 급무는 조선인 사회를 개량하는 것에 있다. 그러므로 제군들은 이 청년회를 근거로 하고 선량한 단체를 만들며 이로써 밝은 장래를 기대하기를 바라는 바이다.

-1916년 도쿄 조선기독교청년회 총무 사임 송별 답사 중에서-

---

*이 글의 주요 내용은 필자의 논문과 책, "김정식의 기독교 청년운동 연구-도쿄 조선기독교청년회와 연합예수교회 활동을 중심으로," 「장신논단」 55-3(2023.9), 9-34; "김정식(金貞植)의 옥중 기독교 입교와 출옥 후 활동," 「한국기독교와 역사」 제57호(2022.9), 259-300; 『1899-1904년 한성감옥서(漢城監獄署) 수감자들의 기독교 입교에 관한 연구』(서울: 북랩, 2023), 210-254에 포함되어 있다.

3장
김 정 식

Ⅰ. 들어가는 말

삼성(三醒) 김정식(金貞植, 1862-1937)은 기독교계에 많이 알려진 인물이 아니다. 하지만 이능화(李能和)가[1] 1928년에 저술한 『조선기독교급외교사(朝鮮基督教及外交史)』에서 "시위관신사회신교지시(是爲官紳社會信教之始)"라고 언급한 옥중 양반들의 기독교 입교(入教) 사건,[2] 즉 1899년부터 1904년까지 국사범으로 한성감옥서에 수감 되어 있던 양반 관료 중에 유성준, 이상재, 이승만, 이승인, 이원긍, 홍재기 등이 기독교에 입교했을 때, 김정식도 그들 중 한 명이었다. 그 후로 김정식은 연동

---

1) 이능화(1869-1943)는 한성감옥서에서 기독교에 입교한 이원긍(李源兢)의 아들로, 1887년에 영어학교, 1892년에 한어(漢語)학교, 1895년에 관립 한성 법어(法語, 프랑스어)학교를 차례로 입학하여 졸업했다. 1895년 11월 농상공부 주사(主事)가 되었고, 1897년 11월 한성 법어학교 교관으로 프랑스어를 가르치기 시작하여 1906년 10월에 교장이 되었다. 일제강점기에는 능인보통학교 교장, 조선불교회 상무이사, 조선사편수회 위원 등으로 활동했으며, 저서로 『조선불교통사(朝鮮佛教通史)』, 『조선여속고(朝鮮女俗考)』, 『조선해어화사(朝鮮解語花史)』, 『조선무속고(朝鮮巫俗考)』, 『조선기독교급외교사(朝鮮基督教及外交史)』 등이 있다.

2) 이능화, 『朝鮮基督教及外交史 下編』(경성, 조선기독교창문사, 1928), 204.

교회, 국민교육회, 황성기독교청년회(YMCA), 도쿄 조선기독교청년회 등을 중심으로 활발하게 활동한 초기 한국기독교의 평신도 지도자 중 한 명이었다.

김정식이 1937년 1월 13일에 세상을 떠났을 때, 「조선일보」 등의 일간지는 "기독교계의 원로"이며 "동경 조선기독교청년회 창설자", "기독교 청년운동의 장로(長老)"의 별세 소식을 전하면서, 그의 생애를 기독교 청년운동에 헌신한 일생으로 평가했다.[3] 이처럼 김정식의 생애 중심에는 기독교 청년운동이 자리하고 있다. 특히 1906년부터 1916년까지 도쿄 조선기독교청년회의 초대 총무로 재임하면서 재일(在日) 한국YMCA의 기틀을 다진 일은 그의 생애를 평가하는 데 있어서나, 초기 한국YMCA 역사를 고찰하는 데 있어서 중요한 의미를 지니고 있다. 그러므로 도쿄 조선기독교청년회의 초기 역사를 중심으로 김정식의 기독교 청년운동을 살펴볼 필요가 있다.[4]

김정식은 1894년 갑오개혁 이후부터 한성부의 경찰업무를 총괄하던 경무청의 총순(總巡) 출신으로 1895년 4월부터 1899년 2월까지 경무관으로 재직했으며, 1898년 11월에 일어난 독립협회의 경무청 앞 시위를 막지 못했다는 이유로 1899년 3월에 목포 무안항 경무관으로 좌천되어 그해 5월까지 재직했다. 1902년 6월에는 이상재, 이원긍, 유성준, 홍재기, 이승인 등과 함께 유길준 정변 모의 사건(개혁당 사건)에 연루되어 국사범으로 체포되었는데, 한성감옥서에서 수감 생활을 하는 중에 기독교인이 되었다.[5] 1904년 3월에 석방된 후에는

---

3) "基督教界元老 金貞植氏 逝去,"「조선일보」1937년 1월 15일; "金貞植永眠, 基督靑年運動의 長老,"「매일신보」1937년 1월 15일.

4) 일반적으로 YMCA가 익숙한 명칭이지만 이 글에서는 역사적 용어인 '황성기독교청년회', '도쿄 조선기독교청년회', '조선중앙기독교청년회' 등을 주로 사용하며, 필요에 따라서 'YMCA'를 병행하여 사용한다.

5) 1899-1904년 사이에 국사범으로 한성감옥서에 수감 되어 있던 유성준, 이상재, 이승만, 이

연동교회에 출석하면서, 교회 활동과 국민교육회 활동에 참여했으며, 1904년 10월부터는 황성기독교청년회의 수석 간사로 재직하면서 초기 황성기독교청년회의 기틀을 다지는 일에 일조(一助)했다. 또한 1906년 8월에는 도쿄 조선기독교청년회를 설립하기 위하여 일본으로 건너가서 1916년 8월에 귀국하기 전까지 초대 총무로 활동하면서 도쿄 조선기독교청년회가 유학생들의 구심점 역할을 할 수 있도록 만들었다.

지금까지 김정식의 생애와 활동에 관한 연구는 많이 진행되지 않았다. 이덕주는 『새로 쓴 한국 그리스도인들의 개종 이야기』와 『YMCA 인물 콘서트-Y를 일군 사람들』에 수록된 글에서 김정식에 대하여 서술하고 있다.[6] 연동교회가 출간한 『연동교회 애국지사 16인 열전』에도 김정식에 관한 글이 수록되어 있다.[7] 필자는 "김정식(金貞植)의 옥중 기독교 입교와 출옥 후 활동"에서 김정식의 수감 전 이력과 수감 중 신앙 체험을 통한 기독교 입교, 출옥 후의 활동 등을 연구했는데, 특히 1916년 일본에서 귀국한 이후에 일본 조합교회, 우리친목회, 만주실업주식회사 등을 중심으로 하여 만년(晚年)의 활동을 연구하기도 했다.[8]

이 글에서는 이와 같은 선행 연구를 토대로 해서 기존에 소개되지

승인, 이원긍, 홍재기 등의 옥중 신앙 체험과 기독교 입교에 관해서는 다음의 연구를 참고하라. 김일환, 『1899-1904년 한성감옥서(漢城監獄署) 수감자들의 기독교 입교에 관한 연구』(서울: 북랩, 2023), 48-127.

6) 이덕주, "김정식: 경무관 출신 평신도 전도자," 『새로 쓴 한국 그리스도인들의 개종 이야기』(서울: 한국기독교역사연구소, 2007), 147-60; 이덕주, "경무관 출신 평신도 전도자 김정식," 서울YMCA 편, 『YMCA 인물 콘서트-Y를 일군 사람들』(서울: 한국기독교역사연구소, 2014), 37-59. 두 책에 수록된 글은 동일한 내용이다.

7) 고춘섭 편, "제3편 김정식 황성기독교청년회(YMCA) 한인 총무," 『연동교회 애국지사 16인 열전』(서울: 대한예수교장로회 연동교회, 2009), 87-108.

8) 김일환, "김정식(金貞植)의 옥중 기독교 입교와 출옥 후 활동," 259-300.

않은 자료들을 보충하여 다음과 같은 내용을 중점적으로 살펴보고자 한다. 첫째로 김정식이 한성감옥서에 수감 되기 전 생애 및 가족 관계와 관직 이력 등을 살펴볼 것이다. 둘째로 수감 중 신앙 체험과 기독교에 입교하는 과정에 대해서는 기존에 알려진 김정식의 글 "신앙(信仰)의 동기(動機)" 외에 김정식이 옥중에서 대영성서공회에 보낸 서신과 1907년 「태극학보」에 연재된 장응진의 소설 속에 나타나는 옥중 기록 등을 중심으로 살펴보고자 한다. 셋째로 1904년 10월부터 1906년 7월까지 황성기독교청년회 수석 간사로 활동한 것과 1906년 8월부터 1916년 8월까지 도쿄 조선기독교청년회 초대 총무로 재직하면서 활동한 내용을 살펴보고자 한다. 넷째로 일본 내 첫 번째 한인교회인 도쿄 연합예수교회의 설립 과정을 살펴보고, 도쿄에서의 10년 동안의 활동을 통해서 김정식이 청년들에게 끼친 영향에 대해서 평가해 보고자 한다. 이 글을 통하여 초기 한국기독교의 평신도 지도자이며, 도쿄 조선기독교청년회 초대 총무로서 한국인 유학생들에게 많은 영향을 끼친 김정식의 기독교 청년운동을 재조명하는 계기가 되기를 기대한다.

II. 관직 활동과 옥중 기독교 입교

1. 초기 생애와 관직 이력

김정식은 1862년 8월 6일 황해도 해주에서 태어났는데, 1902년에 체포되어 한성감옥서에 수감 되기 전 생애와 이력에 대해서는 알려진 내용이 많지 않다. 그의 가문과 출신에 대해서는 자세히 알 수 없고, 다만 무반(武班) 출신으로 추정할 뿐이다. 그가 10대 나이에 동갑인 강(姜)씨 성의 여성과 결혼한 것과 20세 이전에 금강산에 입산하여 생활한 것에 관해서도 유영모(柳永模, 1890-1981)의 기록을 통하여 알 수 있을 뿐이다.

> 육십여(六十餘) 년(年) 해로(偕老)하신 동년갑(同年甲)이신 부인(夫人) 강씨(姜氏)와는 조혼(早婚) 하섯던 듯한데 해주(海州) 본댁(本宅)에 젊은 부인(夫人)을 두시고(지금(至今) 세월(歲月)과도 다른데) 이십(二十) 미만(未滿)에 금강산(金剛山)에 들어 게신 일이 있엇다 하니 가정상(家庭上)으로도(그 시(其時) 불빈(不貧)하섯던 듯한데) 불평(不平)하심이 없지 않으섯나 한다.[9]

김정식이 결혼한 후에 금강산에 들어가서 지낸 기간과 이유에 대해서는 분명하게 알 수 없다. 유영모의 짐작처럼, 가정적인 이유일 수도 있고, 다른 면에서는 종교적인 이유로 볼 수도 있다. 장응진(張膺震)이 백악춘사(白岳春史)라는 필명으로 1907년에 김정식의 생애를 "다정다한(多情多恨)"이라는 소설로 만들어서 「태극학보」 제6호(1907년 1월 24일)와 제7호(2월 24일)에 게재한 적이 있다. 이 소설에는 김정식이 젊은 시절에 법술(法術)을 배우기 위해서 명산대천(名山大川)을 찾아다니면서 도승(道僧)과 이인(異人), 술객(術客)과 기사(奇士) 등을 만났다는 내용이 있다.[10] 따라서 그가 종교적인 이유로 금강산에서 지냈을 가능성도 있다.

김정식에게는 10명의 자녀가 있었지만 대부분 일찍 세상을 떠났

---

9) 유영모, "故三醒金貞植先生,"「聖書朝鮮」100호(1937.5), 3. 원문은 국한문 혼용으로 되어 있지만 이해를 돕기 위하여 필자가 한자에 대한 한글 표기를 첨부했다.

10) 백악춘사(白岳春史), "多情多恨(寫實小說),"「태극학보」제6호(1907.1), 신지연, 이남면, 이태희, 최진호 역, 『완역 태극학보 2』(파주: 보고사, 2020), 80-81.

다. 자녀 중에, 첫째 아들 유봉(裕鳳)과 둘째 아들 유홍(裕鴻), 셋째 아들 유구(裕鳩)와 딸 앵사(鶯似)의 이름만 알 수 있다. 유봉은 일본 아오야마(青山)학원에서 4년 동안 공부한 후에 1911년 11월에 미국으로 유학을 떠나 무디(Dwight L. Moody)가 설립한 메사추세츠주 길(Gill)에 있는 마운트 허몬 남자학교(Mount Hermon School for Boys)에 입학했지만,[11] 병에 걸려 귀국한 후에 세상을 떠났고, 유구는 중학교 2학년에 다니던 중 급성 신장염에 걸려서 세상을 떠났다.[12] 딸 앵사는 열 살이 되기 전에 시력을 잃었는데, 김정식은 장애인이 된 딸을 천주교에서 운영하는 고아원에 맡겼다.[13]

유홍에 대해서만 어느 정도 신상 파악이 가능한데, 그는 1905년에 태어나서 부친 김정식이 도쿄 조선기독교청년회 총무로 재직하는 동안(1906-16년)에 도쿄에서 성장하여 소학교를 다니다가 귀국한 후에는 종로 일본인 소학교를 졸업했다. 한국에서 중학교를 마친 후 도일하여 도쿄 아오야마(青山)학원에서 공부했다. 1922년에는 마츠야마(松山)고등학교에 입학하여 공부한 후 1925년에 졸업하고 그해 3월에 도쿄제국대학 농과(農科)에 입학했다. 그러나 1학년 1학기를 마치고 귀국하여 여름방학을 보내고 8월 말에 일본으로 돌아가던 중 시모노세키(下關)에서 장질부사에 걸려 도쿄로 돌아온 후 9월 22일에 세상을 떠났다.[14] 이렇게 자녀들을 모두 일찍 잃은 김정식 부부는 다른 사람들에게는 "하나님이 불러가셨다"고 담담히 말했지만, 부부가 "산속(山中) 아무도 없는 곳(無人處)에 가서 실컷 울"때가 많았다. 자신들과

---

11) "김씨의 유일 도미," 「신한민보」 1911년 11월 20일.

12) 유영모, "故三醒金貞植先生," 3.

13) 김정식, "信仰의 動機," 「聖書朝鮮」 100호(1937. 5), 6.

14) "醇化되는 兒童의 教育-일본학교에 공부ᄒᆞᆫ 됴션ᄋᆞ히," 「매일신보」 1916년 10월 21일; "柳永模, "故 金裕鴻, 白樂巘 兩君을 울음(上)," 「동아일보」 1926년 5월 26일; 柳永模, "故 金裕鴻, 白樂巘 兩君을 울음(下)," 「동아일보」 1926년 5월 29일.

같이 참혹한 일을 당하여 힘들어하는 사람에게는 "나를 보라 내가 산다"고 하면서 위로하기도 했다.[15]

김정식이 어떻게 관리가 되었는지는 정확히 알 수 없다. 김교신과 유영모는 김정식이 무과(武科) 출신이라고 말했지만,[16] 고종 재위 기간의 무과 급제자 중에 김정식의 이름은 없다.[17] 다만 1892년 음력 8월 15일 자 『승정원일기』에 김정식(金貞植)을 의금부 도사(都事)에 임명한 내용이 있다.[18] 1746(영조 22)년에 편찬한 『속대전(續大典)』에 따르면 의금부 도사는 종6품 5명과 종9품 5명을 임명했는데,[19] 1892년에 의금부 도사로 임명된 김정식과 2년 후에 경무청의 총순(摠巡)으로 근무하는 김정식을 같은 사람으로 가정하면,[20] 『승정원일기』에 나오는 김정식이 종9품 의금부 도사로 임명되어 2년 동안 근무하다가, 1894년에 경무청이 설립되자 그곳으로 옮겨서 8품 통사랑(通仕郎)인 총순으로 근무했을 가능성도 있다.

1895년 음력 3월 29일과 4월 1일 『승정원일기』에도 김정식에 대한 기록이 있는데, 그 내용은 다음과 같다.

---

15) 유영모, "故三醒金貞植先生," 3-4.

16) 유영모, "故三醒金貞植先生," 3; 김교신, "故金貞植先生," 「聖書朝鮮」 100호 (1937. 5), 2.

17) 한국학 자료 통합플랫폼, 한국의 과거 급제자 홈페이지, https://kdp.aks.ac.kr/inde/search?itemId=8 [2024년 4월 10일 접속].

18) 『승정원일기』 1892(고종 29)년 8월 15일(음).

19) 『續大典』 卷之一 吏典 京官職 從一品衙門 義禁府, 五.

20) 1875년부터 1895년까지 『승정원일기』에 기록되어 있는 한자가 동일한 김정식(金貞植)은 정읍의 유학(幼學) 김용호의 양자 김정식(1875년 4월 30일), 김중식에서 이름을 바꾼 전 오위장 김정식(1883년 3월 6일), 고(故) 동지중추부사 김정식(1887년 4월 21일), 의금부 도사 김정식(1892년 8월 15일), 교자차비별감 김정식(1893년 10월 13일, 1894년 4월 2일), 동지돈녕부사 김정식(1894년 1월 2일), 권임 총순 및 6등 경무관 김정식(1895년 3월 29일, 4월 1일) 등이다. 그중 고향이 다르거나 세상을 떠났거나 1895년 이전에 총순보다 더 높은 직위에 있던 사람을 제외하면 경무관 김정식과 동일인으로 추정이 가능한 사람은 의금부 도사 김정식과 교자차비별감(轎子差備別監) 김정식이다. 그중 교자차비별감보다는 의금부 도사 김정식과 총순 및 경무관 김정식이 동일인일 가능성이 더 높다.

총리대신과 내무아문 대신이 아뢰기를, "내무아문 참의 이전, 이일찬은 외임을 맡게 되었고, 민치완은 체직을 청하였으니, 그 대신에 내무아문 주사 박승봉(朴勝鳳), 경무관 유세남(劉世南), 전 부사 남궁억(南宮檍)을 모두 3품으로 올려 차하하고, 경무관이 이차되었으니, 그 대신에 권임 총순(權任摠巡) 김정식(金貞植)을 차하하는 것이 어떻겠습니까?"하였는데, 그대로 윤허한다는 칙지를 받들었다.[21]

경무관(警務官) 2등에 이규완(李圭完), 5등에 안환(安桓), 6등에 백명기(白命基), 이용한(李龍漢), 이명건(李命健), 김정식(金貞植), 우낙선(禹洛善), 허매(許梅), 소흥문(蘇興文), 이규횡(李奎鐄), 이철순(李徹純), 구범서(具範書), 농상공부 기수(農商工部技手) 4등에 김남식(金南軾), 5등에 홍종억(洪鍾檍), 한종익(韓宗翊), 이정래(李鼎來), 6등에 서상석(徐相晳), 상역(尙渙), 서상욱(徐相旭), 이종형(李鍾瀅), 강찬희(姜燦熙), 윤자용(尹滋容), 백윤덕(白潤德), 권보인(權輔仁)을 임용하였다.[22]

이 기록에 따르면 김정식은 3품으로 승진한 경무청 경무관 유세남 대신에 1895년 4월 1일에 6등 경무관으로 승진했으며,[23] 이전의 직책은 총순이었음을 알 수 있다. 경무청은 1894년 7월 갑오개혁 당시 기존의 좌우 포도청을 합쳐 설립한 것으로, 내무아문에 소속되어 한성부 내의 경찰업무를 관장했다.[24] 경무관은 칙임관인 경무사(警務使)의 지휘, 감독 아래 경무청의 실무를 담당하는 주임관급 관리였다. 1894년 경무청 설립 당시 경무관의 관등은 판임관으로 주사, 서기관,

---

21) 『승정원일기』 1895(고종 32)년 3월 29일(음력).
22) 『승정원일기』 1895(고종 32)년 4월 1일(음력).
23) 고춘섭과 이덕주는 1898년에 김정식이 경무관이 되었다고 했지만, 『승정원일기』에 따르면 이것은 사실과 다르다. 고춘섭 편, 『연동교회 애국지사 16인 열전』, 90; 이덕주, 『새로 쓴 한국 그리스도인들의 개종이야기』, 148; 이덕주, "경무관 출신 평신도 전도자 김정식," 41.
24) "警務廳官制職掌," 『고종실록』 1894(고종 31)년 7월 14일(음력).

총순 등과 동일한 품계인 8품 통사랑(通仕郎)이었지만,[25] 같은 해 8월에 서기관, 주사, 총순 등과 차별화하여 주임관으로 승격되었다.[26] 경무관의 정원은 처음에는 5명이었지만 1894년 12월에는 10명으로 증원하였고, 업무가 복잡한 부서에는 3품인 경무관을 임명하도록 했다.[27] 1895년 4월 칙령 제85호에 의해 반포된 경무청관제(警務廳官制)에서는 경무관 정원이 12명으로 늘어났다.[28]

김정식은 6등 경무관이 된 후 한성부의 오부(五部) 관내 경찰지서(警察支署) 중 서서(西署)에 소속되었는데, 당시 지서의 관제가 6등 경무관인 서장 1명과 서기 2명, 그 외에 순검(巡檢)이 있는 구조였으므로,[29] 김정식은 서서의 서장이었을 것이다. 김정식이 서서에 근무하던 1896년에 러시아 군인이 민가의 물건을 파손하고 행패를 부린 사건이 발생하여 이를 상관인 경무사 허진(許璡)에게 보고하고 허진은 외부대신 김윤식에게 보고하여 처리한 일도 있었는데, 당시 허진의 보고 내용은 다음과 같다.

---

25) "警務廳官制職掌,"『고종실록』1894(고종 31)년 7월 14일(음력) ;『고종실록』1894(고종 31)년 7월 16일(음력).

26) 군국기무처(軍國機務處)에서 올린 의안(議案)은 다음과 같다. "품계를 올려 경무부관(警務副管)은 경무부사(警務副使)로 고치고 3품으로 올리며, 경무관(警務官)은 주임경무(奏任警務)로 올리고, 서기관(書記官)은 판임주사(判任主事)로 고치겠습니다."『고종실록』1894(고종 31)년 8월 6일(음력).

27)『고종실록』1894(고종 31)년 12월 10일(음력).

28) 1895년 경무청관제(警務廳官制)에 의하면, 경무청 직원은 다음과 같았다. "경무사(警務使)는 1인인데 칙임관(勅任官)이고, 경무관(警務官)은 12인 이하인데 주임관(奏任官)이며, 주사(主事)는 8인 이하인데 판임관(判任官)이고, 감옥서장(監獄署長)은 1인인데 판임관이고, 총순(總巡)은 30인 이하인데 판임관이고, 감옥 서기(監獄書記)는 2인 이하인데 판임관이며, 간수장(看守長)은 2인 이하인데 판임관이다."『고종실록』1895(고종 32)년 4월 29일(음력).

29) "警務廳官制職掌,"『고종실록』1894(고종 31)년 7월 14일(음력) ;『고종실록』1895(고종 32)년 4월 29일(음력).

방금 서서(西署)의 경무관(警務官) 김정식(金貞植)의 보고를 받아보니, "이번 달 26일 태평동(太平洞)에서 러시아 병정에 괴이한 일로 치욕을 당한 집주인 문영식(文永植), 주석규(朱錫奎) 등이 와서 고하였고, 해당 병정이 트집을 잡고 떠들어대던 때에 집안 물품이 파손되어 상한 숫자가 매우 많을 뿐더러 여염의 힘없는 백성이 보전하기 어려운 상황을 해당 공사관에 소고(訴告)하기 위해 갔더니, 파수하는 병정과 사환기수(使喚旗手)가 총으로 물리쳐 버리고 돌아보지 않으면서 조금도 발붙이지 못하게 하니 억울함을 호소할 수가 없었고, 해당 병정이 남기고 간 모자 2개와 장갑 1개를 보낼 곳이 없고, 그것을 사가(私家)에 두기가 온당하지 못할 것 같으므로 해당 모자 등의 물건을 이에 보냅니다."라는 내용이었으며, 이에 따라 보고하며, 해당 모자 2개와 장갑 1개를 보내니 이러한 내용을 살펴서 해당 공사관에 전달하여 돌려보내 주시기 바랍니다.[30]

보고의 내용은 러시아 군인이 문영식과 주석규의 집 물건을 부수고 행패를 부려서 집주인들이 러시아 공사관에 호소하기 위해 갔지만 거절당했다는 것과 러시아 군인이 남기고 간 모자 2개와 장갑 1개를 공사관에 전달하여 달라는 것이다. 이 사건의 결말을 알 수는 없지만 경무사가 외부대신에게 보고한 내용은 집주인들의 억울함을 외교적으로 해결해 달라는 것이 아니라 러시아 군인의 모자와 장갑을 공사관에 전달하여 달라는 것이니, 아관파천 시기의 러시아의 위세와 당시 조선의 궁색한 형편을 짐작해 볼 수 있다.

그리고 1897년 4월 3일자 「독립신문」 기사 중에는 김정식의 관직을 경무청 총무국장 서리로 기록한 내용이 있다.[31] 그러나 경무청

---

30) "보고(報告) 제1호," 「警務廳來去文」 1/1, 1896(건양 1)년 1월 29일.
31) "각부신문," 「독립신문」 1897년 4월 3일.

총무국장은 주임관 3등 이상의 경무관이 임명될 수 있었으므로[32] 1897년 4월 이전에 3등 경무관으로 승진한 후 총무국장 서리로 임명되어야 하는데, 김정식의 승진 기록이나 총무국장 서리 임명에 대한 기록은 「官報」, 『승정원일기』 등에서 찾을 수 없다.

　김정식은 1897년 고종의 황제 즉위와 관련하여 음력 9월에 원구단의 신위판을 만들어 봉안하는 과정에서 유공자(有功者)들에게 상을 내리고 승진시킬 때 육품(六品)으로 승품했다.[33] 그 후 명성황후의 장례와 관련하여 공을 인정받아서 1898년 6월에 경무관 홍응조(洪應祖), 김병준(金炳駿), 장윤환(張允煥), 윤귀영(尹龜榮) 등과 함께 가자(加資) 되었는데,[34] 이에 따라 이들은 정3품의 경무관으로 승진했다.[35] 그러나 김정식은 1898년 11월 독립협회의 시위와 관련하여 징계를 받게 되는데, 그해 11월 5일에 김정식을 비롯한 안환, 홍응조, 장윤환, 구범서, 이종하, 위홍석, 유한익 등 경무관 8명은 독립협회 회원들이 경무청 앞에서 시위하는 것을 저지하지 못했다는 이유로 견책을 받았다.[36] 결국 김정식은 1899년 2월 22일 경무청 경무관에서 면직되고, 개항장이 개설된 목포 무안항의 경무관에 임명되었다.[37] 하지만 그는 무안항 경무관으로 오래 근무하지는 못했다. 1899년 3월 10일에 부임하여[38] 5월 18일에 의원면직 되었으니 약 2개월 정도 근무한 것이

---

32) "警務廳官制,"『고종실록』1895(고종 32)년 4월 29일(음력).

33) 『승정원일기』1897(고종 34)년 9월 15일(음력); 9월 16일(음력).

34) "宮廷錄事,"「官報」호외(1898. 6. 28), 12.

35) "敍任及辭令,"「官報」호외(1898. 6. 30), 15.

36) "敍任及辭令,"「官報」제1100호(1898. 11. 8), 15; "通牒,"「內部來文」7, 1898년 11월 6일.

37) 『승정원일기』1899(고종 36)년 1월 13일(음력). 당시 관보의 임면(任免) 내용은 다음과 같다. "依願免本官 警務官 金貞植 … 任務安港 警務官 敍奏任官 五等 正三品 金貞植 以上 二月 二十二日," "敍任及辭令,"「官報」제1194호(1899. 2. 25), 50.

38) "第四百六十四號 通牒,"「內部來文」9, 1899년 3월 28일.

전부였다.[39] 이로써 김정식은 주임관 정3품 5등 경무관으로 관직 생활을 마감했다.

2. 수감 중 신앙 체험

경무관을 사임하고 지내던 김정식이 유길준 정변 모의 사건에 연루되어 국사범으로 체포된 것은 1902년이다. 그는 자신이 3월 22일에 유성준, 이상재, 이승인, 이원긍, 홍재기 등과 함께 체포되었다고 기록하고 있다.[40] 그러나 1902년 음력 5월 11일(양력 6월 16일) 『일성록』에 경위원(警衛院)의 총관이 김정식을 비롯한 6명을 체포하는 것에 대하여 재가를 받은 내용이 있고,[41] 「황성신문」 1902년 6월 28일자 기사에서 경위원에 체포되어 있던 6명을 평리원(平理院)으로 이송하여 감옥서에 수감한 것을 보도하고 있다.[42] 따라서 김정식은 6월 16일에 경위원에 체포되어 있다가 6월 28일에 감옥서에 수감된 것으로 보인다.

김정식은 한성감옥서에 수감되어 있는 동안 1903년 1월에 개설된 감옥 서적실에서 여러 가지 책들을 대출해서 읽었다.[43] 서적실을 운영하면서 도서 대출 장부를 작성했는데,[44] 이 도서 대출 장부에 의

---

39) 『승정원일기』 1899(고종 36)년 4월 9일(음력). 관보의 내용은 다음과 같다. "依願免本官 務安港 警務官 金貞植 以上 五月十八日," "敍任及辭令," 「官報」 제1267호(1899. 5. 22), 46.

40) 김정식, "信仰의 動機," 5.

41) 『日省錄』 1902(광무 6)년 5월 11일(음력).

42) "雜報, 移送平院," 「皇城新聞」 1902년 6월 28일.

43) 서적실은 감옥서 자체 경비 및 국내외 선교사들의 협조와 성서공회의 도움 등을 통해 개설되었는데, 개설 당시 보유 장서는 265권이었고, 1904년 8월 말에는 한문책 223종 338권, 한글책 52종 165권, 영문책 20종 20권 등, 전체 294종 523권을 소장하고 있었다. 유영익, 『젊은 날의 이승만: 한성감옥생활(1899-1904)과 옥중잡기 연구』(서울: 연세대학교 출판부, 2002), 85-86.

44) 현존하는 도서대출부는 1903년 1월 17일부터 1904년 8월 31일까지 작성한 것으로 전체

하면 김정식은 1903년 1월에『유몽천자(牖蒙千字)』를 처음 대출한 것을 시작으로 1904년 3월까지 전체 60회 39권을 대출해서 읽었다.[45] 그 중 1903년 12월과 1904년 1월에는 30권의 책을 집중적으로 읽었는데, 주로 기독교 서적을 많이 읽었으며 특히 한문『新約全書』, 한글『신약전서』, 한글『텬로력뎡』을 여러 번 대출해서 읽었다.

이런 과정 가운데 김정식은 신앙적인 체험을 하게 되고 기독교에 입교하게 되었다.[46] 김정식과 함께 수감되어 있던 이상재가 수감 기간에 지은 논설문 및 함께 투옥된 사람들과 주고받은 시 등을 묶은『월남 이상재 선생 집필책 옥사기록 공소산음 전(月南 李商在先生 執筆冊 獄舍記錄 共嘯散吟 全)』에 이상재, 이원긍, 김정식, 홍재기 등이 수감 중에 성서공회에 보낸 편지가 수록되어 있는데,[47] 이 편지에서 신앙 체험에 대한 언급을 찾아볼 수 있다.

김정식은 이 편지에서 존 번연(John Bunyan, 1628-1688)의『천로역정(The Pilgrim's Progress)』을 읽으면서 감동한 후에 신약성서를 두세 번 읽는 중에 기독교 신앙을 받아들인 것에 대해서 증언하고 있는데, 그는 예수 그리스도의 십자가의 죽음에 따른 속량과 중보를 인정하고 자신이 예전과 전혀 다르게 변했음을 말하고 있다.

　　나 역시 갖추어 읽으며 소일하다가『천로역정』한 권의 책을 읽게 되었

74장의 필사본으로 되어 있으며, 처음 작성자는 이승만으로 추정 되지만 후에는 서적실 운영자들이 함께 작성한 것으로 보인다. 유춘동, "한성감옥서(漢城監獄署)의〈옥중도서 대출부(獄中圖書貸出簿)〉연구,"「서지학보」제40호(2012. 12), 108.

45) 고춘섭 편,『연동교회 애국지사 16인 열전』, 92-93; 이덕주, "경무관 출신 평신도 전도자 김정식," 46-50.

46) 김정식이 기독교 신앙을 갖게 된 시기에 대하여 정확히 알 수 있는 자료는 찾을 수 없지만 기독교 서적을 집중적으로 읽었던 1903년 12월부터 1904년 1월 사이로 추정할 수는 있다.

47) 4명의 편지는 숭실대학교 한국기독교박물관 학예팀 편,『共嘯散吟 월남 이상재 선생 옥사기록(獄舍記錄)』(서울: 숭실대학교 한국기독교박물관, 2012), 32-42에 수록되어 있다.

는데, ... 요한 번연이 진리를 알고 믿으며 실천하고 지켰다는 것과 그가 상제의 참 좋이요, 예수의 신도임을 알 수 있다. 요한 번연이 고통을 달게 여기고 화를 즐거워 한다는 것의 의도가 어떤 것인지 알고자 하여 나는『신약성서』를 두세 번 읽었는데, 비록 그 오묘한 뜻은 상세히 알지 못했지만 마음에 남몰래 느낀바가 있었으니 이를 간략하게 말한다. ... 또한 예수는 세상 사람들이 죄를 짓고 어떻게 해도 속량 받을 수 없음을 긍휼히 여겨 자신이 뭇사람을 대신하여 한 번 십자가에 죽음으로써 죽음의 권세를 없애고, 하늘과 사람 사이에서 중보자가 되었다. 세상 사람들이 만약 예수의 중보가 아니면 어찌 상제의 은총을 받기를 바라며, 받을 수 있겠는가? ... 출옥하는 날 이 마음이 어떻게 바뀔지 모르지만 현재의 생각은 옛날과 전혀 다르다는 것을 나는 스스로 인증한다. [48]

김정식이 대영성서공회에 보낸 편지 외에 옥중 신앙 체험을 스스로 증언한 기록은 그가 도쿄 조선기독교청년회 총무로 있던 1912년 10월 12일에 작성한 것으로, 1937년 5월에「성서조선(聖書朝鮮)」에 게재된 글이 있다. [49] 그는 이 글에서 억울하게 수감된 것에 대한 분노, 회환과 좌절, 과거의 방탕한 생활과 가족에 대한 죄책감, 특히 고아원에 보낸 딸에 대한 죄책감과 고통 등을 '예수 형님께' 토로하며 울부짖을 때에 그로부터 용서와 위로를 받은 일종의 회심(悔心) 경험을 다음과 같이 기록하고 있다.

그 후(後) 한밤 고요하고 잠들지 아니할 때에 스사로 이 육신(肉身)의 불

---

48) "上同 三醒 金貞植," 숭실대학교 한국기독교박물관 학예팀 편,『共嘯散吟 월남 이상재 선생 옥사기록(獄舍記錄)』, 38-40.
49) 김정식의 "信仰의 動機"는 그가 세상을 떠난 후에 발견되어 1937년 5월「성서조선」100호에 김교신, 유영모의 추모 글과 함께 게재되었다. 노평구 편,『김교신전집 6 일기 II』(서울: 부키, 2002), 215, 219.

상한 지경(地境)을 생각하며 전전반측(轉轉反側)할 때에 예수께서 내 누은 요에 함께 앉으신지라. 그 무릎을 붓잡고 하는 말이, 「나는 육신(肉身)의 부모(父母)도 없고 형제(兄弟)도 없으니 내 불상한 사정(事情)을 고(告)할 곳이 없으니 나를 지극(至極)히 사랑하시고 지극(至極)히 친절(親切)하시고 지극(至極)히 불상히 녁이 시는 예수 형(兄)님께 고(告)하옵내다. 내가 전일(前日)에 주색(酒色)에 침약(沈弱)하야 선조(先朝)에게 불효(不孝)함과 처자(妻子)에게 박정(薄情)함과 친구(親舊)에게 교만(驕慢)한 죄(罪)가 많고 더욱 나의 사랑하는 딸 앵사(鶯似)의 나이 10세(十歲)에 미만(未滿)하고 두 눈이 멀어 앞을 보지 못하는 것을 라마교당(羅馬教堂) 양육원(養育院)에 보내엿스니 때때로 부모(父母)를 부르짖을 생각을 하면 뼈가 저리고 오장(五臟)이 녹는 듯하도다. 허다(許多)한 죄상(罪狀)과 허다(許多)한 회포(懷抱)를 다고(告)할 때에 두 눈에 눈물이 비오듯 벼개를 적시더니 예수께서 손으로 내 등을 어루만지며 위로(慰勞)하시되 네 회개(悔改)함을 내 아나니 너무 서러마라. 그 말삼이 귀에 들릴 때에 그 불상이 녁이시는 음성(音聲)에 감동(感動)하여 자연(自然) 마음이 주락(酒落)하여저서 무슨 큰 짐을 벗은 모양도 같고 물에 빠졌다가 나온 것도 같으매 혼자 생각하기를 이 세상(世上)에는 나와 같은 악(惡)한 죄인(罪人)도 없엇고 지금(只今) 이같이 깨끗한 맘을 얻은 사람은 나 혼자뿐이로다. 차후(此後)로는 엇던 지경(地境)에 처(處)할지라도 이 은혜(恩惠)를 잊지 아니하기로 작정(作定)하고 세세히(細細)히 생각함애 전일(前日)에 지은 죄(罪)로 오늘 이같은 긍휼(矜恤)을 받기는 진실(眞實)로 뜻밖이로다. [50]

김정식의 옥중 신앙 체험 내용은 그를 주인공으로 한 소설을 통해서도 널리 알려졌다. 재일 조선 유학생 단체인 태극학회가[51] 1906

---

50) 김정식, "信仰의 動機," 6. 원문은 국한문 혼용으로 되어 있지만 이해를 돕기 위하여 필자가 한자에 대한 한글 및 아라비아 숫자 표기를 첨부했다.
51) 평안도와 황해도 출신 유학생들이 주축을 이룬 태극학회는 '대조선 일본 유학생 친목회'에

년 8월에 창간한 기관지 「태극학보(太極學報)」[52]에 실린 "다정다한(多情多恨)"이라는 소설이 그것이다. "다정다한"은 백악춘사(白岳春史)라는 필명을 쓴 장응진이 1907년 「태극학보」제6호(1월 24일)와 제7호(2월 24일)에 연재한 소설로 '사실소설(寫實小說)'이라고 소개하고 있다.[53] 김정식이 도쿄 조선기독교청년회 총무로 재직 중인 시기에 그의 옥중 체험과 기독교 입교를 다룬 소설이 「태극학보」에 소개된 것은 당시 조선 유학생들을 포함하여 젊은 사람들에게 기독교 신앙을 소개하는 데 일조하기도 했을 것이다.[54] 이 소설에서는 김정식의 호인 삼성(三醒)을 가져와 주인공을 삼성 선생이라고 부르면서 그의 행적을 소개하고 있다. 소설 속에서는 삼성 선생이 존 번연의 『천로역정』과 신구약 성경을 읽으면서 신앙을 갖게 된 내용을 이렇게 묘사하고 있다.

하루는 같은 시기 옥중에서 징역하는 모 지사의 인연으로 예수교 책 수백부를 들여왔단 말을 듣고 무료한 나머지 소설 보는 셈으로 혹 세상

이은 두 번째 유학생 단체로 이런 종류의 단체 중 가장 활발한 활동을 펼친 단체로 평가받는다. 안남일, "1910년 이전의 재일본 한국유학생 잡지 연구," 「한국학연구」 58(2016. 9), 264-265.

52) 태극학보는 1906년 8월에 창간되어 1908년 12월에 26호로 종간되었다. 비록 2년 남짓한 기간 동안 발간되었지만 내용이나 발간 부수, 유학생들에게 끼친 영향력 면에서 중요한 잡지 중 하나였다.

53) 장응진과 "다정다한(多情多恨)"을 비롯한 그의 기독교 소설에 대한 자세한 내용은 다음 연구를 참고하라. 김경완, "開化期小說「多情多恨」에 나타난 基督敎精神," 「숭실대학교 논문집」 제28집(1998), 1-19; 최호석, "장응진 소설의 성경 모티프 연구-일본 유학 시절 작품을 대상으로," 「동북아문화연구」 제22집(2010), 21-36; 표언복, "한국 근대소설 속의 기독교 조명 05: 계몽기 소설 속 교회사 풍경 두 장면," 「기독교사상」 통권738호(2020. 6), 142-154.

54) 「태극학보」 제5호에는 김정식의 "거교설(去驕說),"이라는 연설문을 게재했는데, 이 연설문에서는 "신도(信徒)가 도화(道化)에 일경(一經)ᄒ면 비록 교만(驕傲)ᄒ 자(者)라도 경손(謙遜)으로 중생(重生)ᄒ 인(人)이 되느니 연즉(然則) 사도야(斯道也) 하도야(何道也)오. 시내(是乃) 천부(天父)가 구세(救世)의 법(法)를 특사(特賜)ᄒ사 독생자(獨生子) 야소(耶蘇)로 ᄒ야금 천인지간(天人之間)에 중보(中保)된 유오구주(惟吾救主)의 도(道)라"는 기독교의 복음을 제시하기도 했다. 김정식, "去驕說," 「태극학보」 제5호(1906. 12), 15-17.

근심을 잊을까 하여 친근한 부탁으로 『천로역정』 한 권을 구해오니, 이는 영국인 존 버니언이 눈먼 여식을 데리고 12년간 옥중에서 고생하며 저작한 것이었다. 선생은 같은 처지에 대해 동정의 눈물을 금치 못하여 밤낮 쉬지 않고 꾸준히 읽으니 은연중에 일종의 쾌미를 차차 느끼고, ... 이에 동지 몇 사람이 마음을 결단하고 신구약 몇 부를 구해와 이 때부터 밤낮 여념 없이 점차로 읽어나가니, 그중에 천고의 난해한 진리가 감추어져 있고 말로 표현하기 어려운 일종의 쾌미를 감득하겠더라, 몇 달을 열심히 파고들어 겨우 다 읽으니 심안(心眼)이 활짝 열려 일종의 활로를 새로 얻은듯하여 상의 후에 모두 예수 믿기를 확정하고 한편으로는 각기 본가에 통지하여 예수 믿기를 간권(懇勸)하며 한편으로는 성경 연구 외에는 여념이 없더라. 55)

이 소설 속에서는, 김정식이 성서공회에 보낸 편지에서 『천로역정』을 읽으면서 감동을 받은 후에 신약성서를 두세 번 읽는 중에 기독교 신앙을 받아들인 것에 대해서 언급하고 있는 내용과 유사하게 서술하고 있다. 김정식은 특히 『천로역정』과 저자 존 번연의 생애에서 많은 감동을 받았다는 것을 공통적으로 언급하고 있다. 56) 김정식이 감옥에서 읽은 한글 『천로역정』은 게일이 번역하고 김준근(金俊根)이 그린 42개의 삽화를 첨부하여 1895년에 출간한 『텬로력뎡』을 말한다. 57) 김정식은 『텬로력뎡』 외에도 한문으로 번역된 무디(D. L. Moody)의 설교집을 읽으면서 감동적인 체험을 한 것에 대하여 게일에게 진

---

55) 백악춘사(白岳春史), "多情多恨(寫實小說) (前號續)," 「태극학보」 제7호(1907. 2), 신지연, 이남면, 이태희, 최진호 역, 『완역 태극학보 2』, 154-155.

56) 김정식은 "信仰의 動機"에서도 이 내용을 언급하고 있다. 김정식, "信仰의 動機," 5.

57) John Bunyan, 긔일 역, 『텬로력뎡』(경성: 삼문출판사, 1895), 2冊, 199장. 한글본, 중국어본, 일본어본, 영어본 『천로역정』의 삽화에 대해서는, 유영식, 『착훈목쟈 게일의 삶과 선교 1』(서울: 진흥, 2013), 482-543을 참고하라.

술했다는 기록도 있다.[58]

이렇게 옥중 신앙 체험을 통하여 기독교 신앙을 갖게 되는 과정에
서 김정식은 신약성서를 일곱 번 통독하였고, 여덟 번째 읽다가 석방
되었다.[59]

III. 황성기독교청년회와 도쿄 조선기독교청년회 활동

1. 황성기독교청년회 수석 간사

유길준 정변 모의 사건에 연루되어 미결수로 한성감옥서에 수감되
어 있던 김정식은 평리원의 무죄판결을 받은 후 1904년 3월 20일에
석방되었다.[60] 이후 김정식은 연동교회, 국민교육회, 황성기독교청
년회, 도쿄 조선기독교청년회 등을 중심으로 활발하게 활동했다.[61]
김정식은 1904년 10월부터 황성기독교청년회의 한국인 수석 간사로
일하기 시작하여 1906년 8월에 도쿄 조선기독교청년회의 설립을 위
해서 일본으로 가기 전까지 재직했다.[62]

김정식은 총무 질레트(P. L. Gillett)의 성실한 협조자로서 특히 재정 조
달과 체육 프로그램 실행을 도왔다. 그는 1905년 5월 22일에 있었던

---

58) 전택부,『토박이 신앙산맥 1』(서울: 홍성사, 2015), 98.

59) 김정식, "信仰의 動機," 7.

60) "司法,"「官報」제2785호(1904. 3. 28), 71.

61) 김정식의 연동교회와 국민교육회 활동에 관해서는 다음 연구를 참고하라. 김일환, "김정
    식(金貞植)의 옥중 기독교 입교와 출옥 후 활동," 273-76.

62) 김정식 외에 최재학은 서무간사 겸 통역, 김규식, 이교승, 육정수는 교육부 간사, 김종상은
    운동부 간사에 임명되었다. 전택부,『한국 기독교청년회 운동사』(서울: 홍성사, 2017), 90-
    91. 당시 신문에서는 김정식을 부총무로 호칭한 경우도 보인다. "靑會運動,"「황성신문」
    1905년 5월 5일; "視察歸來,"「황성신문」1905년 5월 15일.

대운동회를 주관하였고, 그 자리에서 체육활동이 청년회의 목적 사업의 하나임을 역설하기도 했다.[63] 1905년 5월 24일자 『皇城新聞』 기사에서는 운동회 상황을 다음과 같이 전하고 있다.

재작일(再昨日) 기독청년회(基督靑年會)에서 신흥사(新興寺)에 운동회(運動會)를 개(開)흠은 기보(已報)ㅎ얏거니와 동일(同日) 상오(上午) 10시(十時)에 개회(開會)ㅎ고 회장(會長) 기일씨(奇一氏)가 대지(大旨)를 공포(公佈)흔 후(後) 찬미가(讚美歌)ᄂᆞᆫ 연동중학교(連洞中學校) 생도(生徒), 연설(演說)은 김정식씨(金貞植氏), 답사(答辭)ᄂᆞᆫ 최병헌씨(崔炳憲氏), 내빈(來賓) 연설(演說)은 흘법씨(訖法氏)오 하오(下午) 1시(一時)에 진다과(進茶果)오 3시(三時)에 유희(遊戲) 운동(運動), 5시(五時)에 애국가(愛國歌)인디 기시(其時)에 종로약국(鍾路藥局)ᄒᆞᄂᆞᆫ 일인(日人) 오노 가이세씨(小野回生氏) 부처(夫妻)ᄂᆞᆫ 치료(治療) 제기(諸其)를 특래(持來)ㅎ야 운동(運動)에 혹(或) 수상자(受傷者)를 일병(一倂) 치료(治療)ㅎ여 주ᄂᆞᆫ디 미우 성심(誠心)을 표(表)ㅎ얏고 또 각자(刻字)ㅎᄂᆞᆫ 일인(日人) 다카하시 킨고씨(高橋金 吾氏)ᄂᆞᆫ 도서(圖書) 2개(二個)를 정묘(精妙) 제조(製造)ㅎ야 운동자(運動者)에 우승자(優等者)에게 시상(施賞)흠을 청(請)ㅎ얏ᄂᆞᆫ디 해회(該會)에 원(原)시상(施賞) 외(外)에 특별(特別)히 1등(一等) 곽한승씨(郭漢升氏)와 2등(二等) 김종덕씨(金鍾悳氏)에게ᄂᆞᆫ 그 도서(圖署)를 가상(加賞)ㅎ얏다더라.[64]

황성기독교청년회의 대운동회는 당시 사회단체가 주최한 최초의 운동회로 평가되며,[65] 1906년 6월 9일에는 하기(夏期) 방학식을 겸한

---

63) "運動退行," 「황성신문」 1905년 5월 22일; 김천배, 『기독교청년회의 체육 사업』(서울: 서울 YMCA, 1984), 178.

64) "雜報-日人表情," 「황성신문」 1905년 5월 24일. 원문은 국한문 혼용으로 되어 있지만 이해를 돕기 위하여 필자가 한자에 대한 한글 및 아라비아 숫자 표기를 첨부했다.

65) 이학래, 『韓國體育百年史』(서울: 한국체육학회, 2000), 68.

제2회 대운동회를 흥천사(興天寺)에서 개최했다.[66]

김정식이 수석 간사로 있으면서 펼친 일부 활동에 대하여 동료들의 부정적인 시각도 있었던 것으로 보인다. 당시 황성기독교청년회의 이사였던 윤치호는 김정식이 1906년 3월 5일 회의에서 일본의 기근(飢饉) 지역에 보낼 구호기금을 모금하자고 제안한 것에 대하여, "조선인의 삶을 앗아간 민족의 어느 지역을 먹여 살리기 위해 기금을 모으겠다니"라고 자신의 일기에서 비판했다.[67] 또한 같은 해 7월 3일에 열린 엡워스 야간학교(Epworth Night School) 종료식에서 김정식이 당시 평리원 재판장인 이윤용(李允用)이 공공 사업체에 기부금을 많이 낸 것을 칭찬한 일에 대하여, 김정식이 이윤용에게 아첨하고 있다고 비판했다.[68]

2. 도쿄 조선기독교청년회 초대 총무

도쿄 조선기독교청년회의 시작은 1906년 4월 25일에 질레트가 도쿄를 방문하여 재일 유학생 244명과 만남을 가지면서 구체화 되었

66) "雜報-皇城基督敎靑年會夏期放學禮式與大運動會盛況,"「황성신문」1906년 6월 13일. 황성기독교청년회의 운동회 및 체육활동에 관한 연구는 다음의 연구를 참고하라. 신의연, 김연수, 정호택, "한국 근대 말 운동회의 다양성에 대한 고찰," The Journal of the Convergence on Culture Technology 8/5(2022), 437-444; 변성호, "구한말 운동회의 정치적 성격에 대한 고찰: 운동회와 민족주의의 관계,"「한국학」36/1(2013), 185-215; 김재우, "구한말기 한국YMCA 체육에 관한 연구,"「스포츠정보테크놀로지연구」1/1(2006), 75-86.
67) 박미경 역,『국역 윤치호 영문 일기 5』(과천: 국사편찬위원회, 2015), 1906년 3월 30일, 220. 구호 기금 모금 안건은 황성기독교청년회 이사회에서 표결에 부쳐졌으나 부결되었다. 김정식은 이 일로 인해서 친일적인 인물로 몰리기도 했다.
68) 박미경 역,『국역 윤치호 영문 일기 5』, 1906년 7월 3일, 230. 이완용(李完用, 1858-1926)의 형인 이윤용(1854-1938)은 대원군의 사위이기도 했으며, 대원군이 실각한 후에는 명성황후의 총애를 받았다. 한성부판윤, 형조판서, 좌우 포도대장, 경무사 등을 지냈고, 아관파천을 주도한 공으로 군부대신이 되었다. 그 뒤 경상도 관찰사, 중추원 의관, 군제 의정관, 군부대신 등을 거쳐 1906년 당시에는 평리원 재판장에 재임 중이었다.

다. 당시 질레트는 한국인 유학생의 실태를 조사하여 구체적으로 YMCA의 설립 가능성을 브로크만(F. M. Brockman)에게 보고하면서 유학생 YMCA의 설립에 대한 약속을 받았다.[69] 그리고 황성기독교청년회는 1906년 8월에 김정식을 도쿄로 파송하여 구체적인 설립 준비를 하도록 했다. 김정식은 도쿄에 도착하여 고지마치구(麴町區)에 있는 옛 한국공사관 건물에서 3개월간 머무르면서 학생들을 접촉하고 청년회의 조직과 활동을 준비했다. 그리고 본국의 황성기독교청년회에서는 최상호(崔相浩)를 파견하여 김정식을 돕게 했다. 이런 준비 과정을 거쳐 1906년 11월 5일에 간다구(神田區) 미토시로초(美土代町)에 있는 일본 도쿄 YMCA 회관 2층 사무실에서 도쿄 조선기독교청년회가 정식으로 출범했다.[70] 초대 총무는 김정식, 부총무는 최상호, 서기는 장혜순(張惠淳)이 선임되었다.[71]

도쿄 조선기독교청년회의 조직은 1907년 8월 이후에 완료했는데, 사사부(司事部), 의사부(議事部),[72] 종교부, 교육부, 체육부, 친접부(親接部), 사천부(司薦部) 등 7개 부서를 두었고, 회원제도는 정회원, 준회원, 찬조회원, 특별회원, 소년 회원 등으로 정했다.[73]

김정식의 활동은 유학생들 사이에서 빠르게 호응을 얻은 것으로 보인다. 김정식이 처음 도쿄에 도착했을 때는 6명의 기독교인 유학

69) 소금 유동식전집편집위원회 편,『소금 유동식 전집 제6권 교회사: 재일본 한국기독교청년회사, 韓國のキリスト敎』(서울: 한들출판사, 2009), 62-63. 전집 제6권 교회사에 수록된『한국기독교청년회사』는 유동식,『在日本韓國基督敎靑年會史: 1906-1990』(東京: 在日本韓國基督敎靑年會, 1990)으로 출간된 것이다. 이후에는 전집 제6권을 사용하며 편의상 이후 표기는 소금 유동식전집편집위원회 편,『재일본 한국기독교청년회사』로 한다.
70) 소금 유동식전집편집위원회 편,『재일본 한국기독교청년회사』, 63-64.
71) 위의 책, 68.
72) 얼마 후에 사사부와 의사부를 통합하여 이사회를 구성했는데, 이사장에는 조만식(曺晩植)이 선출되었고 다른 이사들의 명단은 현재 파악할 수 없다. 위의 책, 66-67.
73) 위의 책, 66-67.

생이 있었는데, 그의 열성적인 노력으로 1907년 1월에는 성서연구반이 활성화되어 50여 명이 참석하게 되었고, 모일 때마다 입교를 원하는 사람이 5-8명에 달하기도 했다.[74] 질레트는 김정식의 활동에 대하여 1909년에 다음과 같이 보고하고 있다.

> 그의 활동 상대는 기독교인 뿐 아니라 모든 유학생이었다. 유학생들이 도쿄에 오면 우선 조선기독교청년회에 와서, 80% 이상의 학생들이 처음 1년 동안 일본어를 배우고 나가게 했다. 예배와 성경 공부는 주일 밤마다 열렸는데, 평균 81명의 유학생이 참석했고 … 당시 509명의 유학생 가운데 213명이 기독교인이었으며, 대한흥학회(大韓興學會)의 회장, 부회장, 「대한흥학보(大韓興學報)」의 주필 등이 모두 기독교인이었다.[75]

그리고 설립 초기부터 진행된 조선기독교청년회, 유일(留日) 중화기독교청년회, 일본 도쿄기독교청년회가 함께 하는 합동 기도회도 많은 호응을 받았다. 매주 화요일에 열린 이 합동 기도회는 피셔(G. M. Fisher), 왕정팅(王正廷), 클린턴(J. M. Clinton), 김정식 등의 지도하에 지속되었다.[76] 또한 주일예배와 성경연구반 운영도 중요한 활동 중 하나였는데, 김정식이 심혈을 기울인 성경연구반에 대하여 유일(留日) 중화기독교청년회의 간사인 클린턴은 1909년에 이렇게 증언하기도 했다.

---

74) 新堀邦司, "在日韓國YMCAの生みの親 金貞植," 星野達雄 編,『ゆたけき人再發見: YMCAをはぐくんだ人々』(東京: 東京キリスト教青年會, 1983), 99; "青年會: 韓人青年會,"「開拓者」2/1(1907.1), 59.

75) P. L. Gillett, *Some Facts Regarding Christian Works among Korean Students in Tokyo*, 1909.

76) 소금 유동식전집편집위원회 편,『재일본 한국기독교청년회사』, 107-108.

조선기독교청년회 총무 김씨는 내가 알고 있는 가장 뛰어난 개인 지도자 중의 한 사람이다. 거의 그의 단독적인 노력으로 인해서 약 100명의 학생들이 그리스도를 따르기로 결심했다. 그의 성경연구반에는 100여 명의 수강생들이 있으며, 정규적인 예배와 설교도 거행되고 있다.[77]

도쿄 조선기독교청년회는 처음에는 간다구 미토시로초에 있는 일본 도쿄YMCA 회관 2층 사무실 한 칸을 빌려 쓰다가 1907년 8월에 간다구 니시오가와초(西小川町) 2정목 7번지에 있는 집을 임대해서 사용했다. 그 후 1914년 9월에 간다구 니시오가와초 2정목 5번지에 2층 규모의 회관을 신축했다.[78] 이 회관의 건축비는 3만 원이 넘게 들었는데, 유학생들의 기부금 2,065원, 스코틀랜드 YMCA의 기부금 1,000원, 뉴욕의 YMCA 국제위원회의 후원금 등으로 건축했다.[79] 김정식은 1912년 3월 30일부터 4월 5일까지 도쿄 조선기독교청년회 춘령회(春令會)를 개최했는데, 이를 위해 한국에서 질레트와 이상재가 와서 협력했다. 이 춘령회는 가나가와현(神奈川縣) 가마쿠라(鎌倉)에서 열렸다.[80] 김정식은 미국으로 가는 중에 일본에 들른 이승만을 이 대회에 초청했으며, 이승만은 4월 5일 저녁에 니시오가와초 조선기

---

77) J. M. Clinton, "Korean Students in Tokyo," *The Pioneer* 4/1(1909), 3.

78) 백남훈, 『나의 一生』(서울: 解慍白南薫先生記念事業會, 1968), 78. 윤소영의 연구에 의하면 회관의 정확한 주소는 니시오가와초 2정목 5번지 2호였다. 윤소영, "일본 도쿄지역 2·8독립운동 사적지 재검토," 「한국독립운동사연구」 67(2019), 51.

79) 전택부는 질레트의 글을 인용하여 전체 건축비를 35,950원이라고 했으며, 백남훈은 30,000원으로 기록했다. 전택부, 『한국 기독교청년회 운동사』, 159; 백남훈, 『나의 一生』, 78.

80) 류석춘, 오영섭, 데이빗 필즈, 한지은 편역, 『국역 이승만일기』(서울: 대한민국역사박물관, 2015), 48-49. 춘령회에는 청년회 회원 44명과 김정식, 이상재, 최상호, 질레트, 크램 등의 지도자들이 참석했다. 1912년 춘령회를 시작으로 매년 봄이나 가을에 한 차례씩 정기적인 유학생 수련회(춘령회, 추령회)를 개최했다. 소금 유동식전집편집위원회 편, 『재일본 한국 기독교청년회사』, 135-36.

독교청년회 회관에서 열린 특별집회에서 강연을 했다. 특별집회에서도 회관 건축 기금이 모금된 상황을 이승만은 다음과 같이 일기에 기록했다.

> 저녁 7시, 특별집회에는 218명의 한국인 학생이 참석했고, 크램 여사와 길렛 여사가 각자 짧은 연설을 했다. 나는 '한국 학생들의 기대 (Expectations from Korean Students)'란 제목의 연설을 했다. 즉석에서 도쿄 조선 YMCA 건축 기금으로 1,362엔 50센이 모금되었다. 오늘 모임에서 발표된 사실에 따르면 YMCA 본부 국제부(International Committee)에서 2만 엔을 보냈고, 다른 기금으로 1,056엔, 건물 매매 대금 370엔, 수보 (subo) 50개 판매금 355엔, 합계 2만 4,976엔이 마련되었다고 한다. 그런데 토지 대금 1만 5,450엔, 등기비 1엔, 건축비 1만 9,000엔. 총 3만 4,450엔이 필요하니 현재 1만 474엔이 부족하다. 1,362엔 50센의 목돈이 모이도록 기부에 참여한 학생 수가 167명이나 되었다. 이는 1인당 평균 8엔 50센씩 기부했음을 의미한다.[81]

이승만은 자신이 강연한 특별집회의 상황을 담담하게 기록하고 있지만, 당시 유학생들의 반응은 뜨거워서 학생들이 회관 밖에서까지 강연을 들을 정도로 성황을 이루었다.[82]

130평 부지에 건평 74평인 회관의 설계는 미국 출신으로 일본에서 선교사와 건축가로 활동한 윌리엄 보리스(William Merrell Vories, 일본 이름: 히도츠야나기 메레루(一柳米來留), 1880-1964)가 맡았다.[83] 보리스는 간사

---

81) 류석춘, 오영섭, 데이빗 필즈, 한지은 편역, 『국역 이승만일기』, 50.
82) 전택부, 『한국 기독교청년회 운동사』, 158-59.
83) 보리스는 1905년부터 1964년까지 일본에서 활동했는데, 그의 생애와 활동에 관해서는 다음의 연구를 참고하라. 이정선, "일본의 건축선교사 보리스의 생애와 사상 연구," (감리교 신학대학교 석사학위논문, 2006), 29-88.

이(關西) 학원 신학관, 히로시마(廣島) 여학교, 고베(神戸) 여학원, 도시샤(同志社) 학원, 메이지(明治) 학원 교사, 후쿠시마 교회당, 일본 도쿄 YMCA, 교토YMCA 회관 등을 비롯하여 일본, 중국, 한국 지역의 수많은 기독교 관련 건물을 설계했다. 그가 1945년까지 설계한 건물은 1,484건에 이른다.[84] 한국에도 협성여자신학교, 피어슨기념성경학원, 공주 영명학교, 해주 구세병원, 구세병원 교회당, 원산중앙교회당, 철원제일교회당, 이화여자대학 본관, 태화사회관 등 그가 건축한 건물이 146개나 되었다.[85]

보리스는 1908년 5월에 처음으로 한국을 방문했는데, 이때 황성기독교청년회의 질레트를 만났다.[86] 보리스와 질레트는 콜로라도대학 동문이어서 친밀한 관계를 형성했고, 황성기독교청년회는 보리스에게 두 번이나 건축 자문을 요청했다.[87] 이런 인연으로 보리스는 도쿄 조선기독교청년회 회관 설계를 의뢰받아서 1912년 3월에 설계했다. 보리스가 설계한 회관은 콜로니얼 양식으로 남향(南向)의 2층 목조건물이었는데, 특징은 현관 포치(porch)에 한옥 기와를 차용하여 한국적인 정서가 나타나도록 한 것이다.[88] 보이스가 설계한 회관의 입면도는 다음 [그림 1]과 같다.

84) 이정선, "일본의 건축선교사 보리스의 생애와 사상 연구," 46-47.
85) 神山美奈子, "W. M. ヴォーリズがみた植民地朝鮮,"「名古屋學院大學論集人文自然科學編」 55/1 (2018), 56. 보리스가 설계한 한국 내 건물의 전체 명단은, 윤일주, "1910-1930年代 2 人의 外人建築家에 대하여,"「건축」 29/3 (1985.6), 19-22에 수록되어 있다.
86) 보리스는 1908년부터 1939년까지 전체 17차례 한국을 방문했다. 이정선, "일본의 건축선교사 보리스의 생애와 사상 연구," 89.
87) 鄭昶源, "W. M. ヴォーリズ(W. M. Vories)の韓國における建築活動に關する研究,"「日本建築學會計畵系論文集」 589 (2005), 208.
88) 윤소영, "일본 도쿄지역 2.8독립운동 사적지 재검토," 38.

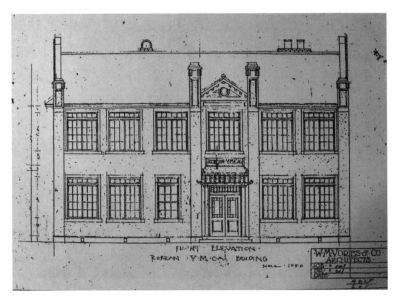

[그림 1] 도쿄 조선기독교청년회관 입면도[89]

조선중앙기독교청년회가 발행한 『중앙청년회보(中央靑年會報)』 1915
년 2월호에는 도쿄 조선기독교청년회가 회관 건축을 완료하여 봉헌
식을 거행한 소식을 이렇게 전하고 있다.

조선(朝鮮) 청년(靑年)으로 동경(東京)에 유학(留學)ᄒᆞᄂᆞ 학생(學生) 6-700인
(六七百人)에 달(達)ᄒᆞᆫ바 차(此)를 위(爲)ᄒᆞ야 해지(該地)에 조선학생청년
회(朝鮮學生靑年會)를 설립(設立)ᄒᆞᆫ지 우금(于今) 기년(幾年)에 초애(湫隘)ᄒᆞᆫ
일옥자(一屋子)를 세용(貰用)ᄒᆞ엿더니 현금(現今)에 2층(二層) 전제(甄制)로
회관(會館)을 신건축(新建築)ᄒᆞ고 1914년(一千九百十四年) 11월(十一月) 28일
(二十八日)에 봉헌예식(奉獻禮式)을 거행(擧行)ᄒᆞ엿슨즉 학생(學生)의 지원

---

89) 원출처: 오사카대학 건축학과 야마가타 마사아키(山刑政昭) 교수 제공. 윤소영, "일본 도
쿄지역 2.8독립운동 사적지 재검토," 39에서 재인용.

(志願)을 성취(成就)ᄒ엿다 가위(可謂)ᄒ리로다 연(然)ᄒ나 차(此) 회관(會館)의 건설(建設)됨이 인지(人智)와 인력(人力)으로 유(由)ᄒ엿다 훌가 비야(非也)라 상제(上帝)씌서 조선(朝鮮) 청년(靑年)의 출외(出外) 유학(留學)ᄒ는 자(者)에게 일대(一大) 기관(機關)을 허여(許與)ᄒ사 타일(他日) 유용(有用)흘 양재(良材)를 양성(養成)코자 ᄒ시는 특은(特恩)이시니 차(此) 특은(特恩)을 수(受)ᄒ는 학생(學生)의 찬송(讚頌) 감사(感謝)ᄒᆷ을 영원(永遠) 무궁(無窮)ᄒ리로다(아멘). 90)

이글에 따르면 도쿄 조선기독교청년회 신축 회관의 봉헌식은 1914년 11월 28일에 거행되었음을 알 수 있다. 신축 회관의 외관은 [그림 2]와 같다.

[그림 2] 도쿄 조선기독교청년회 회관91)

90) "朝鮮學生基督敎靑年會," 「중앙청년회보」 6(1915. 2), 17-18. 이 글에는 신축 회관 전경과 응접실 사진을 함께 수록했다. 원문은 국한문 혼용으로 되어 있지만 이해를 돕기 위하여 필자가 한자에 대한 한글 및 아라비아 숫자 표기를 첨부했다.
91) 출처: 在日本韓國YMCA 2·8獨立宣言記念資料室.

신축 회관의 구조는 1층에 응접실, 식당, 오락실(3실(室)을 터서 강당으로 사용), 사무실, 욕실, 취사실, 하인실(下人室) 등이 있었고, 2층에는 침대를 사용하는 기숙사 7실이 있었다.[92] 비록 74평의 크지 않은 건물이었지만 창립 8년 만에 새 회관을 갖게 된 김정식과 유학생들의 기쁨은 남달랐을 것이다.

회관을 신축하면서 도쿄 조선기독교청년회의 활동은 더욱 활성화되었다. 처음 일본으로 오는 학생들을 위한 일본어 지도, 청년학원을 통한 영어, 역사, 수학 등의 강습 활동, 친접부가 주관하는 새로 온 유학생을 위한 환영회와 졸업생을 위한 환송회, 체육부가 주최하는 봄, 가을 대운동회, 유학생 단체와 연계하여 개최하는 각종 강연회와 웅변대회, 봄, 가을에 하는 수련회(춘령회, 추령회), 월례회, 연차 총회, 성탄 축하회 등의 행사와 활동을 전개했다.[93]

김정식이 추진한 일 중에는 도쿄 조선기독교청년회의 기관지를 만드는 것도 있었다. 이 일은 1911년에「본회창립기념회보」를 발행하는 것으로 시작되었지만, 재정적인 문제로 인해 계속 진행할 수 없었다. 회지 발행은 1917년 1월에 간사로 임명된 백남훈을 중심으로 다시 진행되어 1917년 11월 17일에「기독청년(基督靑年)」을 창간하는 것으로 결실을 맺었다.「기독청년」은 1919년 12월까지 15호가 발행되었는데, 백남훈이 편집 및 발행인이었고 김영만, 김준연, 정노식, 전영택, 홍난파 등이 필진으로 참여했으며, 매호마다 약 700부를 발행했다.[94]

---

92) 백남훈,『나의 一生』, 81.

93) 소금 유동식전집편집위원회 편,『재일본 한국기독교청년회사』, 102-105; 백남훈,『나의 一生』, 77, 81.

94) 김민섭, "1910년대 후반 기독교 담론의 형성과 '기독청년'의 탄생-동경 조선기독교청년회를 중심으로,"「한국기독교와 역사」제38호(2013.3), 184.

IV. 도쿄 연합예수교회 설립 및 김정식이 끼친 영향

1. 도쿄 연합예수교회의 설립[95)]

김정식은 유학생들을 위한 교회 설립도 추진했는데, 『국한문신옥편(國漢文新玉篇)』을 발행하기 위해 1908년 3월에 도쿄에 와있던 정익로(鄭益魯) 장로와[96)] 김정식, 그리고 10여 명의 유학생들이 의논한 결과 별도의 교회 설립을 결정하고, 기독교인 유학생들의 교파를 조사한 후에 장로교회 설립을 추진하면서[97)] 당시 대한예수교장로회 노회에 목회자 파송을 요청했다. 김정식은 1908년 11월에 도쿄를 방문한 황성기독교청년회의 브로크만에게도 유학생들을 위한 교회의 필요성을 강조했는데, 이에 대해 브로크만은 다음과 같이 기록하고 있다.

또 하나 긴급한 것은 조선인 학생들을 위한 연합교회를 짊어질 목사의 필요성이다. 김정식씨가 나에게 말하기를 작년에 50명이 이상이 성경

---

95) 도쿄 연합예수교회는 일본에 설립된 최초의 한인교회로 현재 재일대한기독교회(KCCJ) 도쿄교회의 전신이다. 당시에는 '도쿄 기독교연합교회', '조선기독교회' 등으로 부르기도 했다.

96) 정익로(1863-1928)는 평안남도 순안군 출신으로 1898년에 평양 장대현교회의 영수가 되었고, 1904년에 장로가 되어 평양지역의 기독교 지도자로 활동했다. 그는 105인 사건과 3·1운동으로 옥고를 치루기도 했다. 정익로가 편찬한 『國漢文新玉篇』은 일본 요코하마의 복음인쇄합자회사에서 인쇄하여 평양 예수교서원(耶蘇教書院)에서 1908년 11월 6일에 발행했다. 강규찬, 김선두, 변인서/이교남 역, 『평양노회지경 각 교회사기』(서울: 한국기독교사연구소, 2013), 27-28, 35-36; "陰謀事件判決言渡," 「매일신보」 1913년 3월 21일; "野球箱中에서 틱극긔가 발견됨," 「매일신보」 1919년 4월 16일; "廣告-國漢文新玉篇附 音韻字彙 定價金一圜二十錢," 「황성신문」 1908년 11월 20일; "雜報-新玉篇發行," 「황성신문」 1908년 11월 28일. 『國漢文新玉篇』에 관한 자세한 내용은 다음의 연구를 참고하라. 이준환, "鄭益魯의 『國漢文新玉篇』의 체재와 언어 양상," 「大東文化研究」 89(2015), 359-392; 하강진, "한국최초의 근대 자전 『國漢文新玉篇』의 편찬 동기," 「한국문학논총」 41(2005.12), 237-266.

97) 당시 도쿄에 있는 기독교 유학생의 출신 교파를 조사한 결과, 감리교인 1명을 제외하고는 모두 장로교인이어서 설립할 교회를 장로교회로 정했다고 한다. 백남훈, 『나의 一生』, 68.

을 철저하게 공부해서 교회에 입교할 준비가 이제 되어 있다. 연합교회인 것은 … (YMCA)의 활동의 결실을 유지하기 위하여 가장 필요한 것이라는 인상을 받았다.[98]

김정식, 정익로와 유학생들이 교회 설립을 추진하면서 대한예수교장로회 노회에 목사 파견을 요청하기는 했지만, 브로크만의 기록에 의하면 김정식과 유학생들은 연합교회를 염두에 두고 있었던 것으로 보인다. 이것은 초교파 청년 운동단체인 도쿄 조선기독교청년회를 모태로 하여 설립하는 교회이므로 그 교회가 연합교회이어야 한다는 인식은 당연한 것일 수도 있었으며, 이런 인식의 중심에는 김정식의 생각이 중요하게 작용했을 것이다. 이렇게 유학생을 위한 교회 설립을 추진하던 시기에 도쿄 조선기독교청년회와 긴밀한 관계를 유지하고 있던 유일(留日) 중화기독교청년회의 간사인 클린턴도 한국 유학생 교회의 설립과 한국에서의 목사 파견을 호소하는 글을 기독교 잡지에 게재했다. 그는 1908년에 발간된 *The Christian Movement in Japan*에서 다음과 같이 호소했다.

도쿄의 한국인 유학생 520명 가운데 10%(52명)는 기독교인 것을 공언하고 있다. 이들 가운데 12명은 세례교인이고, 6명은 일본 교회에 다니고 있다. 세례교인과 기독교인인 것을 공언하는 사람들 사이의 수적인 불균형은 일본 교회에 다니고 있는 사람들의 비율이 적은 것과 함께 한국어를 구사할 수 있는 목회자가 필요하다는 것을 명백하게 보여준다. … 한국인 특유의 기질과 그들이 처해 있는 상황 때문에 그들은 자신들의 교회를 설립하는 일에 대단히 열성적이다. 조선에 있는 여러 선교회에

---

98) F. M. Brockman, "Korean Students in Tokyo," *The Japan Evangelist* 14/4(April. 1909), 150.

이런 의견을 강력하게 제안한다.[99]

　1909년에도 클린턴은 김정식이 최선을 다해서 유학생들을 신앙적
으로 돌보는 것을 칭찬하면서, 동시에 유학생들을 위한 교회에 목회
자가 필요하다는 것을 다음과 같이 역설했다.

　일본에는 한국인 목사가 없는데도 편견 때문에 일본인 교회에 출석하
　는 사람이 거의 없다. 김정식씨는 양(¥)무리를 돌보는 훌륭한 목자이
　지만, 우리는 한국인 정식 목사나 한국어를 할 수 있는 외국인 목사가
　오는 것이 바람직하다고 생각한다.[100]

　결국 김정식과 유학생들의 요청 및 YMCA 관계자들의 호소에 대
하여 1909년 9월 3일에 열린 대한예수교장로회 제3회 노회에서는 한
석진 목사를 파송하여 1개월 동안 체류하도록 결정했다.[101] 노회의
결정에 따라 1910년 3월에 도일(渡日)한 한석진은 김정식, 오순형, 조
만식 등 3명을 영수로 임명하고, 김현수, 백남훈, 장원용, 장혜순 등
4명을 집사로 임명했다.[102] 한석진은 귀국 후 1910년 9월에 열린 조
선예수교장로회 제4회 노회에서 도쿄에 교회가 설립된 것과 교인들
의 형편을 보고하고 전도사를 파송해 줄 것을 청원했다.[103] 한석진
의 뒤를 이어 파송된 사람은 박영일 장로였다.[104] 박영일은 1910년

99) J. M. Clinton, "The Korean Young Men's Christian Association," *The Christian Movement in Japan* (1908), 252-253.
100) J. M. Clinton, "Korean Students in Tokyo," The Pioneer 4/1(1909), 3.
101) 『예수교장로회대한로회 뎨삼회 회록』(1909), 23-24.
102) 백남훈, 『나의 一生』, 68.
103) 『예수교장로회죠선로회 뎨ᄉ회 회록』(1910), 16.
104) 위의 책, 14.

10월부터 1911년 1월까지, 그리고 7월에서 9월까지 교회를 돌봤다. 1911년 9월에 열린 조선예수교장로회 제5회 노회에서 박영일이 보고한 내용에 의하면 당시 교인은 158명이었고, 헌금액은 매 주일 평균 1원 정도였다.[105]

유학생 교회는 1912년에 장로교와 감리교의 협정 체결을 통하여 '연합예수교회(Union Christian Church)'가 되었으며,[106] 박영일의 뒤를 이어 임종순 장로(1912년 6월-10월), 주공삼 목사(1912년 12월-1914년 8월), 오기선 목사(1914년 8월-1916년 9월), 이여한 목사(1916년 9월-1917년 6월), 임종순 목사(1917년 11월-1921년 7월) 등이 파송되어 시무했다.[107] 도쿄 연합예수교회는 1908년 설립 때부터 도쿄 조선기독교청년회 회관을 사용했고, 1914년 회관이 신축된 후에도 1923년 간토(關東)대지진으로 건물이 소실되기 전까지 회관을 교회당으로 사용했다.[108] 1913년과 1914년 9월에 주공삼이 조선예수교장로회 총회에 도쿄 연합예수교회의 상황을 보고했는데, 그 보고서의 일부를 살펴보면 다음과 같다.

---

105) 『예수교쟝로회죠선로회 뎨오회 회록』(1911), 11.
106) 7개 조항의 한글 협정문은 『예수교쟝로회죠선총회 뎨일회 회록』(1912), 12-13에 수록되어 있다.
107) 이상훈, "재일대한기독교회에서 한국교회 파견목사의 지위 변천 과정," 『한국기독교와 역사』 제42 호(2015. 3), 90-93; 이상훈, "초기 재일조선인 선교에 대한 재고찰-미국 선교단체의 역할을 중심으로," 『한국기독교와 역사』 제47호(2017. 9), 275-292.
108) 백남훈은 1912년에 도쿄 연합예수교회가 되면서 별도의 교회당을 마련했다고 기록했는데, 재일대한기독교회 동경교회 연혁에는 도쿄 연합예수교회가 별도의 교회당을 마련한 것이 1939년으로 나와 있다. 2.8독립운동에도 참가하고 후에 도쿄 조선기독교청년회 3대 총무를 역임한 최승만(崔承萬, 1897-1984)은 1912년 연합예수교회로 출범하면서 별도의 예배 장소를 마련했다가, 임종순 목사 때(1917년 11월-1921년 7월)에 다시 도쿄 조선기독교청년회 회관으로 옮겨서 간토대지진 때까지 예배 장소로 사용했다고 회고하고 있다. 백남훈, 『나의 一生』, 69; 재일대한기독교회 동경교회, "교회 역사," http://www.tokyochurch.com/korean_new/intro/history/history.htm?year=&page=3&keyfield=&key= [2024년 4월 6일 접속]; 최승만, 『나의 回顧錄』(인천: 인하대학교출판부, 1985), 102.

교회 형편은 뉴학싱이 대약 五六百명인디 그 셰례교인이 八十여명이오 학습인이 四十여 명이오 시로 밋눈 학싱이 四十명 가량이온디 미 쥬일 츌셕은 八九十명으로 百명섯지요 하긔방학동안에 눈 四五十명이 모혀ᄉ오며 교인 에 죠션셔 밋고 오니가 만흠[109]

구쥬 탄일 경츅ᄒ기 위ᄒ야 삼빅여 명이 회집ᄒ엿눈디 감동흠을 크게 밧아 락류섯시 ᄒ엿ᄉ오며 하긔 방학시에 교인들이 연보ᄒ야 젼도지를 다수히 발간ᄒ야 본국에 도라와 젼도ᄒ려 흠이오며 교회 졍황은 직원들이 합심ᄒ고 ᄯ 교인들도 교회에 리익될 거시면 힘써 힝ᄒ며 밋지 아니ᄒ눈 학싱 들섯지라도 교회를 돕ᄉ오며 … 사경은 동긔 방학 동안에 일쥬일 동안 이십여 명이 모혀 공부ᄒ엿ᄉ 오며[110]

보고 내용에 의하면 주일예배 출석 인원이 80-100여 명이 되었고, 여름방학 동안에도 4-50여 명이 출석했는데, 교인 중에는 유학을 오기 전에 이미 기독교인이었던 사람이 많았음을 알 수 있다. 그리고 성탄절 행사 때에는 300여 명이 모이기도 했으며, 전도지를 만들어서 여름방학 동안에 귀국하여 전도할 계획을 세우기도 하고, 겨울방학에는 일주일 동안 사경회를 개최한 것을 알 수 있다. 「신학세계(神學世界)」 1916년 12월호는 당시 연합예수교회의 현황을 다음과 같이 알려주고 있다.

목ᄉ 오긔션씨의 보고에 현금 동경에 잇는 됴션 류학싱이 四百명 이상인디 그 二百二十명 가량은 그리스도 신쟈라 ᄒ눈 쟈이며 쥬일 아츰 례비시에 리참ᄒ눈 수눈 七十인이나 혹 九十인 되눈 남녀 교우이요 이 가온디 四十명 가량은 평균 츌셕ᄒ고 쥬일학교에 리참ᄒ눈 쟈눈 二十

109) 『예수교쟝로회죠션총회 뎨二회 회록』(1913), 61.
110) 『예수교쟝로회죠션총회 뎨삼회 회록』(1914), 61.

명이오 쥬일 져녁과 三일 례비에 출셕ᄒ기ᄂᆞᆫ 十명이나 十五명 가량이 출셕ᄒ니 … 통계표ᄂᆞᆫ 셰례ㅅ이 七十八이오 학습인이 十五ㅅ이오 一년 동안 시로 밋은 이가 五十三人 셰례ㅅ이 六인이오 학습인이 十인이라 ᄒ더라.[111]

주공삼의 보고서와 「신학세계」에 수록된 통계를 근거로 연합예수교회의 교인 상황을 파악해보면, 다음의 [표 1]과 같다.

[표 1] 도쿄 연합예수교회 교인 통계

교인 분류	1913년	1914년	1916년
세례교인	80	77	70
학습교인	40	35	15
원입교인	40	35	
신입 세례교인	8	8	6
신입 학습교인	14	13	10
신입 원입교인		40	37
총계	182	208	138

통계를 종합해 보면 전체 교인 수는 180명에서 200명 선을 유지했으며, 1916년의 통계에서는 원입교인의 수를 알 수 없지만 대략 1914년과 비슷했을 것으로 보이며, 매년마다 새로운 세례교인, 학습교인, 원입교인(願入教人) 등이 있었음을 알 수 있다. 교회가 1908년에 시작된 이후로 1916년까지 한국에서 파송하는 담당 목사나 장로가 자주 바뀌는 상황에서도 기독교인 유학생 220명 중에 주일예배 참석자가 평균 80-100명이나 되고, 세례교인이 7-80여 명, 학습교인이

111) "동경죠선련합교회 정황 보고," 「신학세계」 1/4(1916.12), 160-161.

3-40여 명, 1년 동안 새로 출석하는 교인이 50여 명 정도인 상황을 유지하고 있었다. 이런 배경에는 교회의 영수이자 도쿄 조선기독교청년회의 총무인 김정식의 지도력이 중요하게 작용했을 것이다.

일반적으로 김정식이 1915년 5월에 도쿄 조선기독교청년회 총무직을 사임하고 귀국한 것으로 알려졌지만,[112] 그의 사임 및 귀국 시기는 1916년 8월이다. 『윤치호 일기』에 따르면 김정식은 1916년 2월 중순에 총무직을 사임하는 것에 관하여 의견을 묻는 편지를 윤치호에게 보냈다.[113] 조선유학생학우회가 발행한 잡지 「학지광(學之光)」 제10호(1916년 9월)에 의하면 1916년 8월 21일에 김정식의 사임 송별회가 있었고, 그는 8월 23일에 도쿄를 떠났다.[114] 김정식이 서울에 도착한 것은 1916년 8월 26일이었다. 당시 조선중앙기독교청년회 총무였던 윤치호는 귀국하는 김정식을 경성역에서 맞이했다.[115] 이렇게 해서 김정식이 도쿄에서 펼친 10년 동안의 기독교 청년운동이 막을 내렸다.

2. 김정식의 기독교 청년운동이 끼친 영향

다년(多年) 동경(東京) 조선(朝鮮) 기독교청년회(基督敎靑年會) 총무(總務)로

---

112) 고춘섭 편, 『연동교회 애국지사 16인 열전』, 105; 백남훈, 『나의 一生』, 78; 이덕주, 『새로 쓴 한국 그리스도인들의 개종이야기』, 160; 전택부, 『한국 기독교청년회 운동사』, 235.

113) 박미경 역, 『국역 윤치호 영문 일기 6』(과천: 국사편찬위원회, 2015), 1916년 2월 19일, 251. 1916년 2월 23일과 3월 22일 『윤치호 일기』에서도 브로크만(F. M. Brockman, 1878-1929)과 니와 세이지로(丹羽淸次郎, 1865-1957)가 김정식의 사임은 도쿄 조선기독교청년회 사사부가 결정할 것이라는 내용과 김정식이 도쿄 연합예수교회의 오기선 목사를 따라서 도쿄를 떠날 것이라는 내용을 윤치호에게 말했다는 기록도 있다. 위의 책, 2월 23일, 252; 3월 22일, 262.

114) "우리 消息," 「학지광」 제10호(1918. 9), 58.

115) 박미경 역, 『국역 윤치호 영문 일기 6』, 1916년 8월 26일, 306.

잇서 힘쓰시든 김정식씨(金定植氏)는 금번(今番)에 사임(辭任) 귀국(歸國)하섯는데(八月 二十三日에) 8월(八月) 21일(二十一日)에 동(同)회관(會館)에서는 성대(盛大)한 송별회(送別會)가 이섯다더라 노체(老體)의 건강(健康)을 빌고 동회(同會)의 더욱 왕성(旺盛)함을 바라는 동시(同時)에 청년회(靑年會)는 유학생(留學生)을 위하여 잇는 유학생(留學生)의 것이라 경고(警告)하노라 유학생(留學生)의 이에 대(對)한 책임(責任)이 중대(重大)하도다.[116]

이 글은 「학지광」 제10호(1916년 9월)에 실린 김정식의 사임과 송별회, 귀국을 알리는 소식이다. 이 짤막한 소식에서 "노체의 건강을 빌고 동회의 더욱 왕성함을 바라는 동시에 청년회는 유학생을 위하여 있는 유학생의 것이라 경고하노라 유학생의 이에 대한 책임이 중대하도다"라는 문구는 「학지광」 편집진의 기대와 생각으로 읽을 수 있지만,[117] 오히려 송별회의 분위기를 보여주는 내용으로 볼 수도 있다. 즉 송별회에 참석한 사람들이 귀국하는 김정식의 건강을 기원하고 동시에 도쿄 조선기독교청년회가 유학생을 위하여 활동하는 유학생 중심의 단체로 계속 발전하기를 소망했다고 보는 것이 더 나을 것이다.

귀국하는 김정식의 입장에서는 조선기독교청년회가 자신보다 젊고 유능한 총무를 선출하여 더욱 발전하기를 바라는 마음이 간절했

---

116) "우리 消息," 「학지광」, 58-59. 원문은 국한문 혼용으로 되어 있지만 이해를 돕기 위해서 필자가 한자에 대한 한글 및 아라비아 숫자 표기를 첨부했다.

117) 김민섭은 이 문구를 도쿄 조선기독교청년회의 초대 총무로 10년 동안 재직하면서 실제적인 감독 역할을 했던 김정식에 대하여 불만을 표출한 것으로 해석했다. 그러나 김정식이 총무직을 사임한 이유가 청년회 회원들과의 갈등에 의한 것이라는 증거는 찾을 수 없다, 오히려 백남훈은 김정식이 가정 사정으로 인해 사임했다고 회고하고 있다. 김민섭, "1910년대 후반 기독교 담론의 형성과 '기독 청년'의 탄생-동경 조선기독교청년회를 중심으로," 198; 백남훈, 『나의 一生』, 78.

을 것이다.[118] 따라서 "동회의 더욱 왕성함을 바라는 동시에 청년회는 유학생을 위하여 있는 유학생의 것이라 경고하노라"는 문구는 김정식의 마음을 담은 송별(送別) 답사(答辭)를 표현한 것일 수도 있다. 실제로 송별회에서 장덕수가 회원을 대표하여 송별사를 한 후에 김정식은 다음과 같은 답사를 했다.

> 이별하는 이 자리에서 내가 바라는 것은 우리 부패한 조선이 일신되는 것인데, 그 책임은 실로 유학생 제군들에게 있는 것이다. 장차 조선을 지배할 사람은 실로 제군들이다. 그러나 소수의 애국자가 외친다고 해도 조선인 일반의 사회가 개량되지 않는다면 무익할 것이다. 우리의 급무는 조선인 사회를 개량하는 것에 있다. 그러므로 제군들은 이 청년회를 근거로 하고 선량한 단체를 만들며 이로써 밝은 장래를 기대하기를 바라는 바이다.[119]

김정식은 당시 조선을 일신하는 책임이 청년 유학생들에게 있으므로 청년들이 자발적으로 청년회를 선량한 단체로 만들고 이를 기반으로 사회를 일신해 주기를 부탁하고 있다.

김정식이 총무직을 사임할 때 나이가 54세였으므로, 1910년대 후반부터 논의되던 '세대론'으로 보면 '부형(父兄) 세대'였다. 당시 관념

---

118) 김정식은 사임 전에 당시 와세다대학에 재학 중인 김영수(金榮洙)를 선임하여 1913년부터 간사로 일해 온 백남칠(白南七)과 같이 일하도록 했다. 백남칠이 1916년 11월에 사임한 후에는 후임 간사로 와세대대학 정치경제학과에 재학 중인 백남훈(白南薰, 1885-1967)이 1917년 1월부터 시무했다. 백남훈은 1909년 4월에 도일하여 유학 생활을 시작하면서 도쿄 조선기독교청년회 회원이 되어 친접부와 의사부원으로 김정식과 오랫동안 함께 일했다. 간사가 된 백남훈은 총무 대리처럼 일하다가 결국 1920년 말에 제2대 총무로 선임되었다. 소금 유동식전집편집위원회 편, 『재일본 한국기독교청년회사』, 159-62; 백남훈, 『나의 一生』, 62, 68.

119) 朴慶植, 『在日朝鮮人運動史: 8.15解放前』(東京: 三一書房, 1979), 74.

으로 보면 노년에 해당한다. 그렇기에 「학지광」 기사에서도 '노체(老體)'라고 표현하고 있다. 이광수가 당시 자녀 세대를 향하여 선조도 없는 사람, 부모도 없는 사람으로 천상에서 이 땅에 강림한 신종족(新種族)으로 자처해야 한다고 말한 것과 같이,[120] 세대론과 청년 담론이 본격화되면서 기독교 청년들의 부형 세대에 대한 비판도 증가했다.[121] 도쿄의 유학생들 사이에서도 부형 세대에 대한 비판 의식은 더 활발하게 제기되었다.

이런 분위기 속에서 김정식은 청년 세대에 적합한 젊은 총무로 세대교체가 필요하다고 생각했을 것이고 따라서 사임을 결정했을 것이다. 김정식은 신앙적으로는 전통적인 복음주의 신앙을 견지하는 부형 세대에 속했지만,[122] 여러 면에서 개방적인 면모를 가지고 있어서 당시 청년 세대들이 비판하는 부형 세대와는 다른 점이 많았다. 그는 무교회주의자로 알려진 우치무라 간조(內村鑑三)와 매우 친밀한 사이이어서 "조선(朝鮮)에 있는 우치무라(內村) 선생(先生)의 유일(唯一)한 친구"로 평가받기도 했으며,[123] 연합예수교회의 설립에서도 알 수 있듯이 교파 의식에 얽매이지도 않아서 일본 조합교회 지도자들과

---

120) 春園, "子女中心論," 「청춘」 15(1918.9), 17.

121) 당시 기독교 청년들의 부형 세대에 대한 비판은 부형 세대의 보수적인 기독교 신앙을 비판하는 것이었는데, 이광수는 1917년에 「청춘(靑春)」을 통해서 비판적인 글을 발표했다. 물론 그는 기독교가 조선에 끼친 긍정적인 영향에 관한 글을 먼저 썼다. 孤舟, "耶蘇教의 朝鮮에 준 恩惠," 「청춘」 9(1917.7), 13-18; 孤舟, "今日 朝鮮耶蘇教會의 欠點," 「청춘」 11(1917.11), 76-83.

122) 김정식은 금주, 금연 등과 같이 당시 한국의 장로교인들이 준수하던 개인적인 신앙 윤리를 철저히 준수했다. 유명모도 김정식이 청교도적 규범을 준수했다고 증언하고 있다. 유영모, "故三醒金貞植先生," 4.

123) 김교신은 "김선생(金先生)께 처음 뵌 것이 동경(東京) 백목(柏木)의 우치무라(內村) 선생(先生)의 성서강의소(聖書講義所)인 금정관(今井館)에서 조선기독교계(朝鮮基督教界)의 장로(長老)이라고 소개(紹介)받았고 또한 세계(世界)에 드문 기독교(基督教) 대선생(大先生)이니 깊이 사숙(私淑)하라고 부탁(付託)받는 소개(紹介)에 감격(感激)하였던 기억(記憶)이 생생(生生)"하다고 증언했다. 김교신, "故金貞植先生," 2.

도 교류했다. 귀국 후에는 원래 소속 교회인 연동교회 담임목사 게일의 동의를 얻어 4년 동안 조합교회 활동을 하기도 했으며, 이상재와 함께 서울 지역의 기독교, 불교, 천도교 지도자들의 모임인 '우리 친목회' 결성을 주도하기도 했다.[124] 선교사와의 관계에 있어서도 당시 청년 세대가 비판하던 선교사에 대한 무비판적인 순종적(順從的) 태도를 취하지도 않았다. 그는 기독교청년회도 선교사들로부터 독립적일 필요가 있다고 생각했다.[125] 그러므로 김정식에 대하여 "그의 독실한 하나님 신앙, 당당하고 여유 있는 마음 자세, 기독교적인 생활 태도는 학생들에게 존경의 대상이었다"[126]고 평가를 했던 것이다.

이런 면에서 김정식은 복음적이면서도 개방적인 기독교인이었으며, 이에 대하여 유영모는 "활달무궤(闊達無軌)"한 인물로 평가하고 있다.[127] 그 기상(氣像)이 활달하고 사고가 편협하지 않음을 이렇게 표현한 것이다. 김정식의 이와 같은 면모를 생각하면 그의 총무직 사임은 청년 세대를 위한 부형 세대의 용퇴이며, 도쿄 조선기독교청년회가 청년들에 의한 청년들을 위한 청년회가 되기를 바라는 김정식의 진심이 담겨 있는 결정이라고 할 수 있다. 따라서 김정식이 10년 동안 총무로 재임하면서 펼친 기독교 청년운동의 결실과 지도력은 그의 사임과 함께 사라진 것이 아니라 지속적으로 영향을 끼쳤다고 할 수 있다.

대표적으로 1919년 2·8독립선언을 생각해 볼 수 있다. 1916년 8월

---

124) 김일환, "김정식(金貞植)의 옥중 기독교 입교와 출옥 후 활동," 281-289.

125) 박미경 역, 『국역 윤치호 영문 일기 6』, 1918년 1월 7일, 118.

126) 이 평가의 출처에 대하여 유동식은 당시 유일(留日) 중화기독교청년회의 간사인 클린턴 (J. M. Clinton)의 평가라고 하였고, 전택부는 보고자 미상의 영문 편지라고 기록했다. 소금 유동식전집편집위원회 편, 『재일본 한국기독교청년회사』, 65; 전택부, 『한국 기독교청년회 운동사』, 135.

127) 유영모, "故三醒金貞植先生," 4.

에 귀국한 김정식과 2·8독립선언은 직접적 연관이 없다. 그러나 김정식이 심혈을 기울여 건립한 청년회 회관을 중심에 놓고 2·8 독립선언을 바라보면, 2·8독립선언을 준비하고 실행한 사람과 운동이 모두 회관을 중심으로 움직이고 회관으로 집약되었음을 알 수 있다. 도쿄 조선기독교청년회 회관은 유학생, 유학단체, 연합예수교회를 아우르는 공간이었다. 청년들에게 이 공간은 예배 및 다양한 신앙 활동, 강연회, 웅변회, 학우회 총회 등의 일반 행사, 친목 행사, 잡지를 발간하는 발행소,[128] 독립운동을 도모하는 아지트 등 가능한 모든 것을 할 수 있는 공간이었다.[129]

그러므로 2·8독립선언서가 도쿄 조선기독교청년회 회관에서 낭독된 것은 결코 우연한 사건이 아니었다. 2·8독립선언이 시작 단계에서부터 청년회 회관과 불가분의 관계를 맺고 있었다는 사실은 이미 널리 알려져 있다. 도쿄 조선유학생학우회는 독립운동에 관한 학생들의 중론을 모으고 구체적 방안을 모색하기 위해서 1918년 10월 5일 웅변회, 12월 29-30일 망년회 및 동서(東西) 연합 웅변대회를 개최했다. 이어서 1919년 1월 6일에는 200여 명의 유학생들이 모여 독립운동을 위한 실행 위원으로 최팔용, 김도연, 이종근, 송계백, 최근우, 서춘, 전영택, 윤창석, 김상덕, 백관수 등 10명을 선출했다. 이 모든 일은 청년회 회관에서 진행되었고, 독립선언서가 낭독된 장소도 청년회 회관이었으며, 선언서와 결의문의 한국어판과 일본어판 600장

---

128) 도쿄 조선유학생학우회가 1914년 4월에 창간한 「학지광」의 발행처가 도쿄 조선기독교청년회 회관이었다.

129) 도쿄 조선기독교청년회 회관의 공간적 중요성과 의미에 대하여 정한나는 "사상적 교류의 공간", "내면 형성의 거점", "유학생들의 살롱이었을 뿐 아니라 아고라"로 평가했다. 정한나, "재동경 조선YMCA의 토포스와 『기독청년』의 기독교 담론," 「인문사회과학연구」 17(2016. 5), 66-67.

은 회관에 있던 등사판으로 등사했다.[130] 이런 사실은 2·8독립선언이 도쿄 조선기독교청년회 회관이라는 물적 토대 위에서 가능했음을 여실히 보여준다.

결국 김정식이 초대 총무로 10년 동안 재임하면서 구축한 조선기독교청년회라는 연결망(連結網), 회관이라는 공간, 청년회 회원과 연합예수교회 교인이라는 인적 토대 등이 2·8독립선언을 가능하게 했던 것이다. 따라서 김정식이 전개한 기독교 청년운동의 기초 위에서 2·8독립선언이 실행되었다고 할 수 있으며, 또한 그의 기독교 청년운동은 당시 도쿄의 한국인 유학생들에게 기독교 신앙과 민족의식을 동시에 고취시키는 역할을 했다고 평가할 수 있다.

V. 나가는 말

지금까지 초기 한국기독교의 청년운동 지도자로 활동하며 "기독교 청년운동의 장로"로 불린 김정식의 삶과 신앙, 활동 등을 살펴보았다.

김정식은 황해도 해주의 무인 가문 출신으로 부인 강씨와 어린 나이에 결혼했지만, 젊은 시절에는 금강산에 들어가 지내기도 했다. 슬하에 유봉, 유홍, 유구, 앵사 등 10명의 자녀가 있었지만 모두 부모보다 일찍 세상을 떠나거나 딸 앵사처럼 시각 장애인이 되어 고아원에 보내지기도 했다. 김정식의 관직 생활 중 현재까지 파악할 수 있

---

130) 2·8독립선언의 준비와 실행에 대한 자세한 과정은 다음 연구를 참고하라. 김인덕, "일본지역 유학생의 2·8운동과 3·1운동," 「한국독립운동사연구」 13(1999), 12-16; 윤소영, "일제의 '요시찰' 감시망 속의 재일 한인 유학생의 2·8독립운동," 「한국민족운동사연구」 97(2018), 63-77.

는 것은 1895년부터 1899년까지 경무청의 총순 및 경무관과 무안항 경무관을 지낸 경력이다. 그가 처음 관직에 임명된 시기는 알 수 없지만 1894년 7월에 경무청이 출범할 당시 총순에 임명된 것으로 봐서 이미 그 이전에 관직 생활을 하고 있었을 것으로 추정된다. 주임관 정3품 5등 경무관으로 퇴임한 김정식이 유길준 쿠데타 모의사건 혐의자로 체포되어 한성감옥서에서 수감 생활을 한 기간은 1902년 6월부터 1904년 3월까지다. 김정식은 수감 생활 중에 신약성경과 한글『텬로력뎡』, 무디의 설교집 등을 읽으며, '예수 형님'께 일생의 죄를 회개하고 용서와 위로를 받는 회심 체험을 하고 기독교인이 되었다. 그의 옥중 신앙 체험과 기독교 입교에 대한 내용은 옥중에서 성서공회에 보낸 서신과 1912년에 작성한 "신앙의 동기", 1907년 「태극학보」에 연재된 "다정다한"이라는 소설 등을 통해서 알 수 있는데, 특히 그의 일대기가 소설을 통해서 소개된 일은 당시 도쿄에 유학 중이던 학생들에게 기독교 신앙을 소개하는 데 긍정적으로 작용하기도 했을 것이다.

김정식의 기독교 청년운동은 1904년 10월에 황성기독교청년회의 한국인 수석 간사로 임명되면서 시작되었다. 그는 수석 간사로 재직하면서 처음으로 대운동회를 개최하여 이후에 운동회가 황성기독교청년회의 대표적인 체육활동 중 하나로 자리잡는 데 기여했다. 또한 김정식은 1906년 8월부터 1916년 8월까지 10년 동안 도쿄 조선기독교청년회의 초대 총무로 재임하면서 다양한 강습 활동, 운동회를 비롯한 체육활동, 기도회와 수련회(춘령회, 추령회)를 통한 신앙 활동, 강연회, 웅변대회 등을 전개하고, 1914년에는 회관을 건축하여 도쿄 조선기독교청년회가 한국 유학생들의 의지처이자 구심점이 되게 했다. 그리고 1908년 말에는 유학생들을 위한 교회 설립을 주도하였고, 1909년 대한예수교장로회 제3회 노회의 결정으로 한석진 목사가 1910년 3월에 도일하여 교회의 직분자들을 임명할 때 조만식, 오순형 등과 함께 영수가 되어 '연합예수교회'의 기틀을 다졌다. 이와 같은 활동은 김정식을 '기독교 청년운동의 장로'로 평가하는 계기가 되었다.

그리고 2·8독립선언과 관련하여 그의 활동과 지도력을 생각해 보면, 초대 총무로 10년 동안 재임하면서 구축해 놓은 조선기독교청년회라는 연결망, 회관이라는 공간, 청년회 회원과 연합예수교회의 교인이라는 인적 토대 등이 있었기에 2·8독립선언이 가능했다고 평가할 수 있다. 따라서 김정식이 전개한 기독교 청년운동의 기초 위에서 2·8독립선언이 실행된 것을 기억할 필요가 있다. 결론적으로 김정식의 기독교 청년운동은 활달한 기상과 편협하지 않은 사고에서 우러난 지도력과 복음적이고 개방적인 신앙에 기인한 것으로, 한국인 유학생들에게 기독교 신앙과 민족의식을 불어넣었다고 할 수 있다.

초기 한국기독교의 중요한 평신도 지도자인 김정식에 관한 연구는 앞으로도 계속 진행되어야 할 필요가 있다. 관직 생활을 비롯한 초기 생애와 수감 중 기독교 입교, 연동교회에서의 신앙생활과 국민교육회 활동에 관해서도 더 밝혀야 할 내용이 있다. 또한 1916년 8월 귀국한 이후에 조선교육회 발기인, 조선중앙기독교청년회 이사, 조선민립대학 기성준비회원, 재경(在京)기독교유지회 실행위원, 민우회 임원, 조합교회 포교담임자, 우리 친목회 설립위원, 만주실업주식회사 대표 등과 같은 다양한 만년의 활동에 대해서도 재조명해야 할 과제들이 남아있다. 지속적인 후속 연구를 통하여 김정식의 생애와 활동이 자세히 알려질 수 있기를 기대한다.

연보(年譜)

1862년 8월 6일   황해도 해주에서 출생, 10대에 강(姜) 씨와 결혼,
             20세 이전에 명산대천(名山大川)을 다니면 선도(仙道)
             수련

1892년 8월 15일   의금부 도사(都事)에 임명

1894년 7월   경무청 총순에 임명

1895년 4월 1일   경무청 경무관에 임명

1897년 9월   정6품 경무관으로 승진

1898 9월   정3품 경무관으로 승진

1899년 2월 22일   목포 무안항 경무관에 임명

     5월 18일   경무관 면직

1902년 6월 16일   유길준 쿠데타 모의 사건에 연루되어 체포 수감

1903년 12월-1904년 1월 옥중에서 회심 체험 후 기독교에 입교

1904년 3월 20일   무죄 판결을 받고 석방

     8월 24일 국민교육회 설립에 참여, 부회장에 선출

     10월   황성기독교청년회(YMCA) 수석 간사 임명

     10월 23일 연동교회에서 게일 선교사의 집례로 세례받음

1906년 8월   도쿄 조선기독교청년회 설립을 위하여 일본에 파
             견

     11월 5일 도쿄 조선기독교청년회 설립, 초대 총무에 선임

1908년 3월   유학생 교회 설립

1910년 3월   유학생 교회의 영수로 선출

1912년 3월 30일 -4월 5일 도쿄 조선기독교청년회 춘령회(春令會) 개
　　　　　　　　　최

1912년 6월　　　유학생 교회가 연합예수교회로 출범

1914년 11월 28일 도쿄 조선기독교청년회 회관 신축 봉헌

1916년 8월 21-26일 도쿄 조선기독교청년회 총무 사임 후 귀국

1917년 1월-1921년 9월 일본조합교회 활동

1920년 1월 31일 만주실업주식회사 설립, 대표이사로 선출

　　　　6월 20일 조선교육회 설립에 참여

1921년 6월 5일   조선아동보호회 설립에 참여

1922년 6월 17일 민우회(民友會) 설립에 참여

　　　　10월 5일 이상재, 천도교인 오지영, 승려 백용성, 기석호 등
　　　　　　　과 우리친목회 결성

1923년 3월 31일 조선민립대학기성회 집행위원에 선출

1925년 8월 28일 도쿄 조선기독교청년회 회관 재건축 후원회 참여

1928년 6월 15일 조선교육협회 평의원에 선출

1934년 10월 21일 연동교회 설립 40주년 기념식에서 연설

1935년 2월 18일 재경(在京)기독교유지회 실행위원장에 선출

1936년 조선중앙기독교청년회 이사

1937년 1월 13일 제기리 안식교병원에서 별세

　　　　1월 15일 YMCA회관에서 장례식 거행

4장

강 신 명

"'하나님은 빛이다'할 때 빛 되신 신은 모든 어두움의 세력을 용납하지 않으신다는 뜻이니
부정과 불의에 항거할 수밖에 없고 부패방지에 힘쓸 수박에 없다.
하나님은 참되시고 공의로우신 동시에 사람을 자신과 같은 모습으로 창조하신 것을 믿는 그리스도인은 사람 위에 사람 없고 만인이 평등하다는 것을 확신하며 자기 권리가 침해당하지 않기 위해 힘쓰는 동시에 남의 인권도 존중하는 것이다."
(강신명의 "새시대의 창조" 中에서)

4장
강 신 명

I. 들어가는 말

한국 교회 역사에서 기여한 공로에 비해 신학적으로 연구가 되지 않은 분들이 많다. 강신명 목사(1909-1985)도 그중 한 명이다. 그의 생애와 신학을 정리할 필요성을 느꼈다. 이성희 목사는 강신명을 열정적인 목회자, 기독교 교육자, 행정가, 교회 일치 운동가로 소개했다.[1] 고시영 목사는 강신명을 에큐메니칼 운동의 선구자, 장로교 연맹체 제안자, 평신도운동가로 소개했다.[2] 그러나 그의 생애와 달리 그의 신학에 대해서는 아직 본격적인 연구가 시도되지 않은 것 같다.

김명구는 강신명을 목회와 신학에서 균형을 잡은 인물로 평가한다. 고등학문에 대한 관심도 많았고 신학적 운신도 넓고 다양한 신조에도 관대했다. 그러나 항상 목회가 우선이었다고 한다. 그의 신학은 언제나 교회를 떠나지 않았다. 민족 교회의 전통을 따르려 했고, 복음주의의 성서적 신앙에 투철했다. 강신명은 한국 장로교가 추구

---

1) 정병준, 『강신명 목사의 생애와 사상』(서울: 한국장로교출판사, 2016), 3-4.
2) 앞의 책, 7-8.

하는 것에서 벗어나려 하지 않았다. 그러나 교파에 대한 편견이나 고집이 없었다. 지역적 편견도 없었다. 다양성을 인정했다. 교회와 성서를 일치의 중심에 놓고 다양성을 포용했다.[3] 상당히 긍정적인 평가다. 정병준은 강신명의 복음주의적 신앙과 에큐메니칼 신학 사상이 1950년대 후반부터 예장 통합교단의 통전적 신학과 목회의 기초가 되었다고 보았다.[4] 그러나 이보다 깊은 차원에서 강신명의 신학을 논할 수 있을까?

구성수는 '새문안신학'을 강신명의 신학으로 본다. '새문안신학'은 확장된 복음주의, 밀알 신학, 교회의 연합과 일치의 신학을 포함한다. 첫째, 확장된 복음주의는 개인 구원과 사회 구원과 국가 구원을 포함하는 복음주의를 말한다. 둘째, 밀알 신학은 한 알의 밀이 땅에 떨어져 썩어 죽어야 많은 열매를 맺는 자기희생과 헌신과 자기성찰의 신학을 말한다. 셋째, 교회의 연합과 일치의 신학은 교회가 분리를 극복하고 하나의 교회를 지향하는 신학을 말한다. "하나님의 나라가 이 땅에 도래하기까지 자기희생과 성찰과 섬김의 '밀알'로 연합과 일치를 이루어내"는 신학이다.[5] 강신명의 신학에 대한 최초의 연구 논문이다.

이 논문은 이런 질문에서 시작되었다. 강신명이 예장 통합교단의 창설자로서 장로교 연맹체 운동을 전개했다면, 그는 어떤 신학을 갖고 있었을까? 한 교단의 정체성을 세우고 교회 연합 운동을 벌인 그의 생애에는 어떤 신학적 기반이 있었을까? 그의 신학에 어떻게 접

---

3) 김명구, 『소죽 강신명 목사: 교회와 민족을 위한 한 알의 밀알이 되어』(경기 광주: 서울장신대학교출판부, 2009)』, 86.
4) 정병준, 『강신명 목사의 생애와 사상』, 9-11.
5) 구성수, "예장 통합의 신학의 정체성 연구(1945년-1980년)," 신학박사학위논문, 서울장신대학교, 2020, 16.

근해야 할까? 필자는 이런 질문을 던지며 강신명 신학을 연구하기로 했다.

강신명의 신학을 어떻게 접근해야 할까? 복음주의자이자 에큐메니칼 운동가였다는 평가가 공통적이다. 그러면 1950년대 이전에는 어떠했을까? 1950년대 이전과 이후에 변화가 있었을까? 두 시기를 통합할 만한 신학적 틀이 있을까? 필자는 복음주의의 통일성과 다양성 개념을 검토한 후, 강신명의 신학을 복음주의 신학 내의 발전으로 해석할 수 있을지 검토해 보기로 했다. 이를 위해 남아프리카의 선교학자 데이비드 보쉬(1929-1992)의 복음주의의 7개 유형에 대한 설명을 분석의 틀로 사용하기로 했다. 보쉬는 복음주의를 신앙고백적 복음주의, 경건주의적 복음주의, 근본주의적 복음주의, 오순절 복음주의, 신복음주의, 에큐메니칼 복음주의, 급진적 복음주의의 7가지 유형으로 분류했다.[6]

강신명 연구의 일차 자료로는 1987년에 출판된『강신명신앙저작집』을 선택하고,[7] 이차 자료로는 김명구의『소죽 강신명 목사』와 정병준의『강신명 목사의 생애와 사상』을 참고했다.

2장에서 강신명 신학을 복음주의 관점에서 분석하기 위해 복음주의의 통일성과 다양성에 대해 논의해 보았다. 데이비드 베빙턴과 데이비드 보쉬가 도움을 주었다. "베빙턴의 4변형"(회심주의, 성서주의, 행동주의, 십자가 중심주의)은 복음주의의 신학적 정체성과 통일성에 해당하고,[8] 보쉬의 복음주의의 7가지 유형은 복음주의의 역사적 다양성으로 이해되었다. 3장에서는 강신명의 생애를 역사적으로 살펴보려고

6) David J. Bosch, "'Ecumenicals' and 'Evangelicals': A Growing Relationship?", Ecumenical Review 40(1988/7), 458-459.
7) 『강신명신앙저작집』1: 설교, 2: 강해(서울: 기독교문사, 1987).
8) 데이비드 베빙턴/ 이은선 옮김, 『영국의 복음주의, 1730-1980』(서울: 한들, 1998), 14.

한다. 1950년대 이전과 이후를 통합하기 위해 전 생애를 시간 순서로 재구성해 보았다. 4장에서는 강신명의 신학에서 복음주의적 특징을 찾아보았다. 강신명의 신학이 "베빙턴의 4변형"의 복음주의 4가지 요소의 기준을 충족하는지, 다양한 복음주의 유형 중 어떤 유형에 해당하는지, 그 과정에서 어떤 발전이 있었는지 등을 논의해 보고자한다.

강신명은 1907년 평양대부흥운동 이후 한국 민족교회의 분위기 속에서 성장하고 목회를 시작했다. 이것은 데이비드 보쉬의 경건주의적 복음주의 유형에 해당한다고 본다. 1950년대 이후 강신명은 교회와 국가의 재건 및 분열된 장로교회의 일치 회복을 위해 노력했다. 이것은 에큐메니칼 복음주의 유형에 해당한다고 본다. 두 시기를 신학적으로 통합하여 설명하기 위해 필자는 강신명의 신학이 경건주의적 복음주의에서 에큐메니칼 복음주의로 발전했다는 평가를 내릴 수 있는지 알아보고자 한다.

II. 복음주의의 통일성과 다양성

1. 복음주의에 대한 신학적 이해와 역사적 이해

복음주의(Evangelicalism)는 다양한 맥락에서 이해될 수 있는 개념으로, 그 정의와 의미가 사용하는 사람마다 다를 수 있다. 복음주의를 정의하고 이해하기 위해 몇몇 신학자와 학자의 견해를 살펴보면, 그 복잡성과 다양성을 이해할 수 있다. 도널드 블뢰쉬는 복음주의를 개신교회 안에서 일어난 영적 갱신 운동으로 이해했다. 그는 복음주의

를 주류 개신교회 안에서 정통주의와 자유주의를 극복하기 위해 일
어난 운동으로 설명한다.[9] 데이비드 베빙턴은 복음주의를 18세기
복음주의 부흥 운동에서 시작되어 20세기 후반까지 지속된 갱신 운
동으로 이해했다.[10] 로버트 웨버는 복음주의를 20세기 중반 이후 발
전된 신복음주의로 이해했다. 신복음주의는 20세기 전반의 반지성,
반에큐메니칼, 반사회 참여적 태도를 지닌 근본주의를 극복하기 위
해 노력한 복음주의를 의미한다. 그는 신복음주의가 전통적 복음주
의, 실용적 복음주의, 젊은 복음주의로 발전했다고 설명했다.[11]

복음주의는 네 번의 주요 전기를 거치며 발전했다. 종교개혁 때 중
세 후기 로마 가톨릭 교회의 부패에 대항하며 기원했다. 18-19세기
부흥 운동 때 주류 개신교회의 죽은 정통주의에 대항하여 회심을 추
구하며 시작되었다. 20세기 초반 근본주의 운동 때 19세기 자유주의
신학에 대항하여 성경의 근본 교리를 지키기 위해 애를 썼다.[12] 20
세기 중반 이후 신복음주의 때 근본주의의 분파주의를 극복하고 초
교파적 물결을 형성했다

복음주의를 이해할 때, 통일성과 다양성의 개념을 통합하는 것이
중요한 것 같다. 통일성은 복음주의의 신학적 정체성을 공유한다는
의미이고, 다양성은 복음주의가 다양한 역사적 발전상을 지니고 있
다는 의미이다. 이를 통해 복음주의는 모든 교파 안에 존재하면서도
다양한 형태로 발전해 왔다는 것을 알 수 있다. 복음주의는 그 역사
적 배경과 신학적 정체성을 통합하여 이해할 때, 그 깊이와 폭을 제
대로 파악할 수 있다. 이는 복음주의가 단순한 종교 운동을 넘어, 다

---

9) Donald G. Bloesch, *The Evangelical Renaissance* (Grand Rapids: Eerdmans, 1978), 48.
10) 데이비드 베빙턴/ 이은선 옮김, 『영국의 복음주의, 1730-1980』, 14.
11) 로버트 웨버/ 이윤복 옮김, 『젊은 복음주의자를 말하다』(서울: 죠이선교회, 2007), 40-53.
12) 도널드 데이턴/ 배덕만 옮김, 『다시 보는 복음주의 유산』(서울: 요단, 2003).

양한 역사적, 신학적 맥락에서 복합적으로 발전해 온 초교파적 운동임을 시사한다.

2. 복음주의의 통일성

신학적 관점에서 복음주의를 어떻게 이해할 수 있을까? 복음주의란 무엇인가? 복음주의가 300여 년의 역사 속에서 다양하게 발전했지만, 이를 복음주의로 정의할 수 있는 신학적 정체성이 있을까? 필자에게 복음주의 정체성을 가장 인상적으로 보여준 이는 나사렛 교단의 복음주의 역사가 티모시 L. 스미스(1924-1997)다. 스미스는 복음주의가 성경, 중생, 복음 전도의 세 가지 특징을 갖고 있다고 말했다. 그의 말에 따르면, "성경은 복음주의의 권위이고, 중생은 복음주의의 상표이며, 복음 전도는 복음주의의 사명이다."[13]

최근에는 스코틀랜드 스털링대학교의 역사학 교수인 데이비드 베빙턴의 관점이 더 많은 학자들의 지지를 받고 있다. 베빙턴은 복음주의 신학의 네 가지 특징을 회심주의(conversionism), 성서주의(biblicism), 행동주의(activism), 십자가중심주의(crucicentrism)로 정의하며, 이를 흔히 "베빙턴의 사변형"(Bebbington's Quadrilateral)이라고 부른다.[14] 베빙턴에 따르면, 첫째, 회심주의는 죄인에서 의인으로 변하는 결정적 회심을 강조하며, 명목상의 그리스도인에 반대한다. 둘째, 성서주의는 성경

---

13) Timothy L. Smith, "A Historical Perspective on Evangelicalism and Ecumenism," in Mid-Stream 22(1983), 310; Cf. Timothy L. Smith, Whitefield and Wesley on the New Birth (Grand Rapids: Zondervan, 1986), 13-14.

14) 데이비드 베빙턴/ 이은선 옮김, 『영국의 복음주의, 1730-1980』, 15-40; 이재근, 『세계 복음주의 지형도』, 27-29.

이 신앙과 행위의 유일한 규범이라는 의미에서 성경의 권위와 무오성을 강조하며, 인간의 보편적 경험을 강조하는 자유주의에 반대한다. 셋째, 행동주의는 회심 후 복음 전도와 사회참여, 문화 변혁에 적극적으로 실천하는 것을 의미하며, 교리와 신학에만 머무는 정통주의에 반대한다. 넷째, 십자가중심주의는 예수 그리스도의 십자가에서 하나님의 구원이 완성되었음을 강조하며, 율법주의와 인간의 공로에 의존하는 인본주의에 반대한다.

베빙턴 외에도 복음주의의 정체성에 대해 논의한 신학자들이 있다. 유명한 복음주의 신학자 제임스 패커는 복음주의의 중요한 특징으로 (1) 성경의 최고의 권위, (2) 예수 그리스도의 위엄과 영광, (3) 성령의 주권, (4) 개인적 회심의 필요성, (5) 복음 전도의 우선권, (6) 기독교 공동체의 중요성을 들었다.[15] 모든 복음주의자들이 존경하는 존 스토트(1921-2011)도 복음주의의 분열을 극복하기 위해 복음주의가 (1) 하나님의 계시로서 성경, (2) 그리스도의 십자가, (3) 성령의 사역을 중심으로 하나가 되어야 한다고 주장했다.[16]

3. 복음주의의 다양성

복음주의의 정체성을 공유하는 그룹은 얼마나 될까? 지금까지 복음주의의 다양성에 대한 여러 연구가 있었다. 독일 튀빙겐의 선교학 교수였던 페터 바이에르하우스와 미국 앤도버 뉴튼 신학대학교의

---

15) J. I. Packer, The Evangelical Anglican Identity Problem: an Analysis (Oxford: Latimer House, 1978).
16) 존 스토트/ 김현회 옮김, 『복음주의의 기본 진리』(서울: IVP, 2002).

교수였던 가브리엘 패커의 설명이 도움이 된다.[17] 독일 튀빙겐 대학교의 페터 바이에르하우스는 20세기 복음주의자를 신복음주의자, 근본주의자, 신앙고백적 복음주의자, 오순절 은사주의자, 진보적 복음주의자, 에큐메니칼 복음주의자 등 6그룹으로 분류했다. 미국 앤도버 뉴튼 신학대학교의 가브리엘 패커 교수는 복음주의를 근본주의, 구복음주의, 신복음주의, 정의와 평화 복음주의, 은사적 복음주의, 에큐메니칼 복음주의라는 6그룹으로 분류했다.

복음주의의 다양성과 관련해 필자에게 가장 명료한 설명을 제공한 이는 남아공의 선교학자 데이비드 보쉬(1929-1992)이다. 데이비드 보쉬는 복음주의를 신앙고백적 복음주의, 경건주의적 복음주의, 근본주의적 복음주의, 오순절 복음주의, 신복음주의, 에큐메니칼 복음주의, 급진적 복음주의의 7가지 유형으로 분류했다.[18]

보쉬에 따르면, 첫째, 신앙고백적 복음주의는 로마 가톨릭 교회에 대항해 일어난 종교개혁의 후예로서 오직 성경, 오직 은총, 오직 믿음의 원리를 강조하며 자기 교파의 신앙고백과 전통을 중시한다. 둘째, 경건주의적 복음주의는 죽은 정통주의에 대항해 일어난 18-19세기 부흥 운동의 후예로서 삶의 경건과 성결을 추구한다. 셋째, 근본주의적 복음주의는 19세기 자유주의에 대항해 일어난 전투적, 분리

---

17) 독일 튀빙겐(Eberhard Karls Universität Tübingen)의 페터 바이에르하우스는 20세기 복음주의자를 신복음주의자, 근본주의자, 신앙고백적 복음주의자, 오순절 은사주의자, 진보적 (급진적) 복음주의자, 에큐메니칼 복음주의자 등 6그룹으로 분류했다. 미국 앤도버 뉴튼 신학대학교의 가브리엘 패커 교수는 복음주의를 근본주의, (개인적 회심과 대중 전도를 강조하는) 구복음주의, (사회적 책임과 기독교 변증을 인정하는) 신복음주의, 정의와 평화 복음주의, 은사적 복음주의, 에큐메니칼 복음주의라는 6그룹으로 분류했다. W. Kuenneth & P. Beyerhaus(Hrg.), *Reich Gottes oder Weltgemeinschaft?* (Bad Liebenzell, 1975), 307-308; Gabriel Fackre, *Ecumenical Faith in Evangelical Perspective* (Grand Rapids: Eerdmans, 1993), 22-23.

18) David J. Bosch, "'Ecumenicals' and 'Evangelicals': A Growing Relationship?", *Ecumenical Review* 40(1988/7), 458-459.

적, 반문화적인 대중적 보수주의를 말한다. 넷째, 오순절 복음주의는 성령의 은사와 능력을 중심으로 성령 운동을 전개하는 복음주의로, 현재 세계적으로 가장 빠르게 성장하고 있다. 다섯째, 신복음주의는 20세기 중반 이후 근본주의의 한계를 극복하기 위해 일어난 복음주의로, 문화와 지성을 긍정적으로 평가하고 이를 복음 전도에 활용하며, 연합하여 사역한다. 여섯째, 에큐메니칼 복음주의는 복음주의 원칙에 충실하면서도 에큐메니칼 운동을 통해 세계 교회의 일치와 연합을 추구한다. 일곱째, 급진적 복음주의는 하나님 나라의 복음에 근거해 현대 세계와 사회 문제를 성경의 원리에 따라 해결하려 노력하며, 사회 정의를 추구한다.

일반적으로 우리는 복음주의를 20세기 중반 이후 근본주의를 극복한 신복음주의로 이해하는 경향이 있다. 이것이 복음주의에 대한 가장 보편적인 이해이지만, 상대적으로 좁은 복음주의 이해라고 평가된다. 이런 제한된 이해로는 전 세계 복음주의의 다양한 스펙트럼을 모두 담을 수 없다. 따라서 필자는 복음주의의 통일성과 다양성을 동시에 추구하는 새로운 접근을 제안한다. 복음주의 교회들이 통일성 안에서 다양성을 추구하고, 다양성 안에서 통일성을 추구할 수 있다면, 복음주의자들에게 새로운 협력과 연합의 길이 열릴 수 있을 것이다.[19]

III. 강신명의 생애

강신명은 식민지 시대를 살았고, 해방 공간과 한국전쟁을 견뎠고,

---

19) 송인설, "레슬리 뉴비긴의 신학 발전: 에큐메니칼 복음주의에서 급진적 복음주의로," 「선교와 신학」42집, (2017. 6).

전후 교회와 국가의 재건에 헌신했고, 교회 분열의 시대에 교회 통합을 위해 노력하고, 신학교와 기독교 대학의 교육을 위해 헌신했다. 이 글에서는 1909-1924년 초등 교육의 기간, 1924-1934년 중등 교육과 고등 교육을 받은 시기, 1934-1938년 신학 공부 시기, 1938-1946년 선천 목회 시기, 1947-1955년 영락교회 동사 목회 시기, 1955-1979년 새문안교회 목회 시기, 1962-1982년 서울장로회신학교 교장 시기, 1982-1985년 숭실대학교 총장 시기로 나누어 그의 생애를 논의해 보려고 한다.

1909-1924: 초등 교육 (1-15세)

강신명은 1909년 6월 13일 경북 영주에서 태어났다. 그의 아버지 강병주는 1907년 회심하고, 내매 예배처소를 교회로 발전시키고 마을 전체를 복음화시키는 데 기여했다. 강병주는 1925년 평양신학교를 졸업하고 내매교회와 영주읍교회의 조사, 풍기읍교회의 담임 목회자가 되었다. 강신명은 내매교회 병설 기독내명학교를 다니고 풍기초등학교를 졸업했다. 1920년대 초 김익두의 부흥회에서 목회자가 되기로 결심했다.

1924-1934: 중등 교육 및 고등 교육 (15-25세)

강신명은 1924년 평양의 숭실중학교에 진학했으나 열병으로 휴학 후 공주 영명학교, 서울 배재중학교로 전학했다. 1928년 대구 계명중학교 4학년으로 편입해 1930년 졸업했다. 가난으로 학교를 여러 번 옮기고 몇 번의 휴학을 거쳐 어렵게 중학교를 마쳤다. 1930년 숭실전문학교 영문과에 입학해 1934년 졸업했다.

1934-1938: 평양신학교 신학 공부 (25-29세)

강신명은 1934년 평양신학교에 입학해 1938년 졸업했다. 재학 중 평양 서문밖교회의 유년부 전도사로 섬기고, 1936년 선천 남교회의 전임 전도사가 되었다. 선천은 읍민의 60% 이상이 기독교인이었고, 1911년 '105인 사건'이 일어날 정도로 민족주의 세력이 왕성한 곳이었다. 3.1 운동과 신사참배 반대 운동의 거점이었다. 강신명도 1937년 수양동우회 사건와 관련되어 선천 경찰서에 검거되어 여름 내내 취조를 받고 벌금형을 받았다.[20] 1937년 7월 중일전쟁이 벌어졌다. 1938년 3월 평양신학교 33회로 졸업했다. 졸업 후 박윤선의 주선으로 웨스트민스터신학교 유학을 계획했으나, 아버지의 뜻에 따라 목회를 시작했다.[21]

1938-1946: 선천 목회 (29-37세)

강신명은 1938년 선천 남교회의 김석창 목사의 동사 목사로 목회를 시작했다. 1938년 2월, 평북 노회가 신사참배는 국가 의식이지 종교 의식이 아니라며 신사참배를 결의하는 것과 1938년 9월 조선야소교 장로회 27회 총회가 신사참배를 결의하는 것을 지켜보아야 했다. 1940년 동경신학교에서 8개월간 유학하며 '현재적 종말론'과 '에큐메니칼 신학'을 공부했다. 1942년 선천 북교회의 담임 목사가 되었

---

20) "수양동우회 사건,"『강신명신앙저작집』2권, 570-572. 강신명은 당시 주일학교에서 사용하던 "꽃피는 삼천리 방방곡곡에 조선의 아가야 우리 아가야," "손과 손을 잡고서 봄 마중을 가자"라는 노래를 인쇄해 사용하였다고 불법 출판물, 불온분자로 간주되어 30원의 벌금형을 받았다.

21) 강신명은 3년만 교역 경험을 쌓은 후 미국으로 유학가겠다고 결심했으나 부임 후 한 달만에 중일 전쟁이 터지고 이어서 태평양 전쟁이 벌어져 유학 계획이 무산되었다. 건강상의 문제도 있었다. 그는 "몸이 건강치 못하여 신학의 어느 한 분야를 전문적으로 깊이 연구하지 못한 게 아쉽다."는 말을 여러 번 했다고 한다. 신상조, 미간행본,『강신명평전』(2008), 11, 김명구,『소죽 강신명 목사』, 85-86에서 재인용.

으며, 교회 내 갈등을 해결하는 능력을 발휘했다. 강신명은 신사참배 강요 속에서도 민족주의적 신앙을 유지하며 교회를 지켰다.

강신명은 해방의 날, 오후 4시에 임시 제직회를 열고 신사참배와 시국강연을 이유로 사의를 표하고 교회 시무를 끝냈다. 1년 동안 자숙하려고 했다. 소련 군대가 진주하고, 건국준비위원회가 좌경화하고 북한 당국이 기독교를 탄압하자 월남하였다. 월남 후 1946년 3월부터 영락교회 출석하였으나 자숙의 기간을 이어갔다. 9월부터 한경직의 요청으로 성가대를 지휘했다.

1947-1955: 영락교회 동사 목회 (39-46세)

강신명은 1947년 영락교회의 동사목사가 되어 8년간 실향민 목회와 청년 지도와 전도 사역을 담당했다. 1950년 한국전쟁 때 부산과 대구의 영락교회를 돌보고 섬겼다. 전쟁 중 1951년 프린스턴신학교로 유학의 길을 떠났다. 미국 연합장로교회에서 마련한 장학금으로 공부하고 2년 후 석사 학위를 받았다.[22] 1953년 가을 귀국하여 영락교회에서 2년 더 시무했다.

1955-1979: 새문안교회 목회 (46-70세)

강신명은 1955년부터 24년간 새문안교회 담임목사로 섬기며 교회의 성장과 발전에 기여했다. 1957년 9월 27일 새문안교회 창립 70주년 기념예배를 통해 언더우드가 세운 새문안교회의 역사적 정체성을 확립했다. "언더우드 학술강좌"를 통해 교인들과 청년들에게 신앙의 역사성과 세계성을 기를 수 있게 했다. 1959년 교단 분열과

---

22) 강신명의 석사논문의 주제는 "1910년부터 1945년까지의 종교와 정치 문제"였다. 강신명의 석사논문을 찾을 수 없어 그 구체적 내용을 알 수 없다. 일제 하의 상황과 한국교회의 비정치화 문제를 교회사적으로 다룬 것으로 짐작된다. 김명구, 『소죽 강신명 목사』, 169.

1960년 4.19 때 사직서를 제출했으나 반려되었다. 이후 교회의 일치와 국가 재건을 위해 더 많이 노력했다.

1962-1985: 서울장로회신학교와 숭전대학교 (53-76세)

강신명은 1962년부터 1982년까지 서울장로회신학교 교장이 되어 20년간 재직하며 학교 발전에 기여했다. 총회 야간 신학교를 다시 세우고 '밀알'의 신학으로 에큐메니칼 복음주의 신학교를 만들었다. 1982년부터 숭전대학교 총장이 되어 1985년까지 재직했다. 1985년 3월 광주 캠퍼스 신축교사 준공식을 하고, 3개월 후 6월 22일 76세를 일기로 소천했다.

강신명은 일생동안 한국 기독교의 발전과 교육에 헌신했다. 평양 신학교에서 신학을 공부한 후, 선천과 영락교회, 새문안교회 등에서 목회자로 활동했으며, 서울장로회신학교와 숭전대학교에서 교육자로서 중요한 역할을 수행했다. 신사참배 강요 속에서도 민족교회의 신앙을 유지하며 지켰다. 해방과 한국전쟁 이후에는 교회 재건과 분열 극복을 위한 연합 활동과 사회 봉사에 노력하였다. 특별히 신학교육과 기독교대학 교육을 위해 헌신했다.

이런 강신명의 생애에 기초하여 우리는 강신명의 복음주의 신학의 발전에 대해 논의해 보려고 한다. 먼저 강신명 신학이 "베빙턴의 사변형"의 기준을 충족하는지 알아보고, 보쉬의 7가지 복음주의 유형 중 어디에 속하는지 살펴보려고 한다.

Ⅳ. 강신명의 신학

1. 강신명의 복음주의 신학

1) 회심주의

회심주의는 죄인에서 의인으로 변하는 결정적 회심을 강조한다. 강신명의 회심은 아버지 강병주의 회심으로 인해 일어났다. 강병주는 영주군 평은면 천본리의 내매마을에서 진주 강씨 강기원의 장남으로 태어나 목수로 일하며 정신적 방황과 세상에 대한 반항을 거듭했다. 15살 때 결혼했으나 자녀를 얻지 못했다. 1907년 해인사로 가던 중 의병이 주막을 포위하여 생명의 위협을 느꼈고, 주막의 담장을 뛰어넘으면서 예수를 믿겠다고 기도했다. 그는 고향 내매마을의 예배처소에서 하나님에 대한 막연한 지식을 가지고 있었다.

강병주는 1907년에 회심하여 강재원과 함께 내매 예배처소를 교회로 발전시키고 마을 전체를 복음화시켰다. 장로가 되고 동네 이장이 되어 고향을 기독교 이상촌으로 만들기 위해 노력했다. 그의 부친 강기원도 아들이 변화된 것을 보고 예수를 믿게 되었다. 강병주는 1925년 평양신학교를 졸업하고, 내매교회와 영주읍교회, 풍기읍교회에서 목회자로 활동했으며, 1933년에는 장로회 총회 종교교육과 교사 양성 과장이 되어 서울로 사역지를 옮겼다.[23]

강신명은 1909년 6월 13일 경북 영주에서 강병주와 최영주 사이의 첫아들로 태어났다. 그는 언제 회심했는지 기록을 남기지 않았다. 하지만 아버지의 회심 후에 태어나 회심 분위기에서 자라났기 때문

---

23) 앞의 책, 42-45.

에 학교를 다니던 시점에서 회심했을 것으로 추정된다. 강신명은 내매교회 병설 기독내명학교를 다니고 풍기초등학교를 졸업했다. 강신명은 1920년대 초 내매교회에서 열린 김익두의 부흥회에서 목회자가 되겠다고 결심했다.[24]

2) 성서주의

성서주의는 성경이 신앙과 행위의 유일한 규범이라는 의미에서 성경의 권위와 무오성을 강조한다. 강신명은 어릴 때부터 아버지로부터 한글을 배우고 요한복음을 읽기 시작하면서 성경의 권위 아래 사는 삶을 살았다. 처음에는 한 장씩 읽었고, 목회를 하면서 석 장씩 읽다가 다섯 장, 일곱 장으로 늘렸다. 여행할 때는 열 장도 읽고 스무 장도 읽었다. 그는 설교를 위해서 성경을 특별히 많이 탐독했다. 성경 말씀을 통해 하나님의 음성을 듣고자 노력했고, 성령의 역사로 오늘날에도 살아서 말씀하시는 하나님의 음성을 듣기 위해 힘썼다.

그는 성경을 읽으면서 새로운 교훈을 얻었고, 성경을 단순한 활자화된 글이 아니라 살아있는 하나님의 계시로 여겼다. 성경을 읽을 때마다 자신의 심령 상태를 살펴보고, 그 상태에 맞는 설교를 준비했다. 심방을 통해 교인들의 심령 상태를 파악하고, 그들의 필요에 맞는 말씀을 찾아 설교를 작성했다.

강신명은 성경을 자신의 생활 법칙으로 삼았고, 이를 통해 현실을 해석하고 적용했다. 나이가 들수록 그는 성경을 더 많이 읽었고, 설교를 준비할 때 교인들과 하나된 마음으로 영혼이 갈급하게 찾는 말씀을 찾고 해석했다. 성경은 그의 삶의 중심이었고, 그가 전하는 모

---

24) 앞의 책, 46-47.

든 말씀의 근원이 되었다.[25]

강신명은 매일 성경을 읽는 일과를 지속했다. 그는 성경을 탐독하며 말씀을 현실에 적용하고, 이를 통해 교인들과 소통하며 하나님의 계시를 전했다. 성경과 설교, 그리고 심방을 통해 그는 교인들과 하나됨을 느꼈고, 성경 말씀을 통해 생의 법칙을 세웠다.[26]

3) 행동주의

행동주의는 회심 후 복음 전도와 사회참여, 문화 변혁에 적극적으로 실천하는 것을 의미한다. 강신명 목사는 평생 교회 사랑, 나라 사랑의 인생을 살았다. 우리는 여기서 강신명의 행동주의적 요소를 발견하게 된다. 그는 선천 남교회에서 동사목사로 섬기며 김석창 목사로부터 나라 사랑의 중요성을 배웠다. 소년면려회와 면려청년회 활동에 적극적으로 참여했고, 장년면려회 운동을 통해 평신도 운동을 일으켰다.[27]

1947년 3월, 강신명은 영락교회의 동사목사가 되었다. 청년 지도 목사로서 청년들을 대상으로 기도 운동과 전도 운동을 벌였다. 청년들은 4개 전도대를 만들어 매 주일 오후 남산공원, 파고다공원, 서울역, 동대문 전차 정류장에서 민족 복음화와 노방 전도를 했다. 그들은 공원에서 대중 집회를 열고, 전도사들을 파송하여 복음을 전했다.

강신명은 장로교면려회의 전통을 살려 청년회 생활개선운동을 전개했고, 매월 1회 강연회 계몽운동을 진행했다. 그의 영향으로 영락

---

25) "나는 성서를 이렇게 본다," 「기독교사상」(1964/6), 정병준, 『강신명 목사의 생애와 사상』, 61-62.
26) 정병준, 『강신명 목사의 생애와 사상』, 62-63.
27) 김명구, 『소죽 강신명 목사』, 95-109.

교회 청년들은 정치보다 복음 전도와 교회 일을 우선시하는 신앙생활의 전통을 세웠다. 1950년 1월, 그는 구국 전도대를 결성하여 지리산 일대를 돌며 복음을 전했다.[28] 강신명은 나라 사랑을 실천하기 위해 다양한 활동을 전개했다. 특별히 1954년 세계대학봉사회(WUS, World University Service) 한국위원회 창립에 참여했다. 전쟁 고아들을 돌보는 봉사 활동에도 헌신했다.

새문안교회에서 평신도들의 자발적 활동으로 전도위원회를 활성화시켜 큰 성과를 이루었다. "언더우드 학술 강좌"를 통해 평신도들에게 신학을 가르치고 복음을 세상에서 실천할 수 있는 비전을 심어주었다. 강신명 목사의 이러한 활동들은 교회와 나라를 위해 그의 삶을 헌신한 예를 잘 드러낸다. 그의 노력 덕분에 많은 청년들이 복음 전도에 참여하고, 사회 개혁 등 교회의 사명을 실천하게 되었다.[29]

4) 십자가중심주의

십자가중심주의는 예수 그리스도의 십자가에서 하나님의 구원이 완성되었음을 강조하며, 율법주의와 인간의 공로에 의존하는 인본주의에 반대한다. 우리는 강신명의 〈사도신경 강해〉 "십자가의 죽음"에서 십자가중심주의의 요소를 발견한다. 예수는 십자가에서 속죄 즉 죄를 속하기 위해 죽었고, 죄와 하나가 되어 죄에 대한 심판과 저주를 대신 담당하셨다(고후 5:21, 갈 3:13). 인류와 일체가 되어 그 인류의 죄를 지셨다. "그리스도의 십자가의 죽음은 그 의로써 죄와 저주에서 인류를 구출하신 것이다. 이 크나큰 희생에 의지하여 얻게 되는

---

28) 앞의 책, 138-148.
29) 앞의 책, 177-191.

구원을 가리켜 성경은 속량 혹은 속죄'라는 말로 표현하고 있다." "속죄를 엄밀히 말하면, 이치에 맞지 않게 죄인을 죄와 그 저주에서 속량하여 낸다는 것이 된다."[30]

강신명의 십자가중심주의는 그의 밀알 신학으로 발전했다. 그는 1962년 '총회 야간 신학교'의 교장이 되어 교명을 '서울장로회신학교'로 바꾸고 '한 알의 밀'을 학교 교훈으로 삼았다. "한 알의 밀이 땅에 떨어져 죽지 아니하면 한 알 그대로 있고 죽으면 많은 열매를 맺느니라"(요 12:24)는 말씀이 신학교 교훈이 되었다. 이 말씀은 강신명이 가장 좋아했던 구절이요 "사석에서나 공석에서나 이 말씀이 주제가 되었고 이 말씀이 사리 판단의 기준이 되었던 것"이다.[31] 이형의는 강신명이 신학교의 기틀을 다지고 목회자로서의 성품과 섬김의 자세를 강조하기 위해 이 말씀을 교훈으로 삼았다고 보았다.[32] 김명구는 강신명이 인간 상호간에, 교회 상호간에, 교회와 민족 간에 진정한 소통을 이루기 위한 조건으로 자기가 먼저 깨지는 밀알을 외쳤다고 평가했다.[33]

우리는 지금까지 "베빙턴의 사변형"의 기준과 관련하여, 강신명의 생애와 신학이 회심주의, 성서주의, 행동주의, 십자가중심주의를 포함하고 있다는 것을 살펴보았다. 그러면 강신명은 어떤 복음주의 유형에 속할까? 필자는 강신명의 복음주의 신학에서 "경건주의적 복음주의"과 "에큐메니칼 복음주의"의 요소가 있다고 본다. 데이비드 보쉬에 의하면, 경건주의적 복음주의는 죽은 정통주의에 대항해 일어

---

30) 『강신명신앙저작집』 2권, 306-308.
31) 곽선희, "추모사항상 자신을 낮추시며," 『강신명신앙저작집』 1권, 20.
32) 이형의, "서울장신 교훈의 성서적 고찰: 요 12:24, 땅에 떨어져 죽는 밀알의 의미," 「서울장신논단」, 12집, 2004, 57-58.
33) 김명구, 『소죽 강신명 목사』, 253-254.

난 18-19세기 부흥 운동의 후예로서 삶의 경건과 성결을 추구한다. 에큐메니칼 복음주의는 복음주의 원칙에 충실하면서도 에큐메니칼 운동을 통해 세계 교회의 일치와 연합을 추구한다. 강신명의 신학은 초기에는 민족교회를 형성한 복음주의 신학이 더 강했고 후반에는 에큐메니칼 운동에도 크게 헌신한 것 같다.

2. 강신명의 복음주의 신학의 발전

1) 경건주의적 복음주의

강신명은 1907년 평양대부흥운동의 영향 아래 태어나고 성장했다. 아버지 강병주는 평양대부흥이 일어난 1907년에 회심하고, 복음 전도와 교회 개척의 삶을 살았다. 아버지가 회심한지 2년이 지나 태어난 강신명도 대부흥의 영향권 안에서 자랐다. 1907년 대부흥 운동은 원산과 평양에서 시작되었다. 원산에서는 감리교 선교사들의 기도와 성경 공부 모임에서 하디 선교사의 고백과 회개로부터 시작되었다. 이 회개 운동은 평양으로 퍼져 나가며, 새벽기도회의 형태로 큰 열정을 불러일으켰다. 을사보호조약 체결로 인한 국가 주권 상실의 울분을 하나님 앞에서 눈물로 기도하며 풀었던 것이 이 부흥의 직접적 원인이 되었다. 강신명은 평양 숭실학교에서 공부할 때 노인들로부터 당시 부흥의 소식을 이렇게 들었다고 한다.

나는 평양숭실학교에 공부하러 갔을 때 노인들로부터 이런 얘기를 들은 적이 있다. 1907년 대부흥운동은 원산과 평양에서 큰 회개 운동으로 번졌다. 교회는 통회 자복하는 교인들의 울음바다로 화했다. 신자들은 살인, 강간, 그리고 상상할 수도 없는 모든 종류의 죄악들을 고백했다.

그래서 그때 평양 감영의 포도청에서는 이 소식을 듣고 장대현예배당에 살인자가 나타났다고 포졸들을 풀어 잡으러 왔더라는 것이었다. 사람의 힘으로가 아닌 이러한 회개운동은 백만명의 영혼을 그리스도에게로 인도하자는 슬로건을 내세웠던 것이다.[34]

강신명은 부흥 운동 이후 한국 교회의 기도하는 분위기 속에서 성장했다. 1920년대 초 김익두 목사의 부흥회에 참여한 계기로 김익두 목사도 알고 지냈다. 그는 김익두 목사에 대해 이렇게 소개했다.

1920년대 전국적으로 부흥운동을 인도한 김익두 목사는 기도의 사람이요, 신유의 사람으로 국내외에 널리 알려진 분이었다. 그는 예수를 믿은 다음 목사가 되기 전, 한때에 황해도 재령읍에 있는 명신소학교에서 교편을 잡았었다. 이 시절에도 그는 기도를 열심히 해서 '기도 선생'이라는 이름으로 통했다. 한번은 학부형 한 분이 찾아와서 아이가 열이 많고 정신없이 앓고 있으니 김 선생이 와서 기도해 달라고 간청하는 것이었다. 그는 할 수 없이 그 집에 가서 식구들과 함께 간절히 기도했다. 그러자 그 아이가 열이 내리고 하룻밤을 자고 나서 아침에는 아무일 없었던 것처럼 깨끗하여져서 학교에 가게 되었다고 한다.

그후 김익두는 선생 일을 그만 두고 황해도 신천읍에서 교회 일을 보게 되었다. 황해도 신천읍교회 일을 볼 때의 얘기로, 그가 목사가 되기 전인지 된 후의 일인지는 잘 알 수 없으나 이런 일이 있었다. 하루는 그가 가정 심방을 끝내고 교회 사택으로 돌아오는 길인데 마을

<hr>

34) "대부흥운동,"『강신명신앙저작집』2권, 554-556.

공동우물 처마 밑에 앉은뱅이 하나가 햇볕을 쬐고 있었다. 그는 마침 주위에 아무도 없는 것을 다행이라 생각하고 앉은뱅이 앞으로 가서 그의 손을 잡고 "나사렛 예수의 이름으로 내가 네게 말하니 일어나 걸으라"라고 하면서 끌어당겨 일으키려고 했다. 그러나 아무런 변화도 생기지 않았다. 그는 사방을 둘러보고 아무도 보이지 않자 그만 그 앉은뱅이의 손을 뿌리치고 그 자리를 도망치듯 피하고 말았다. 그후 그가 회개하고 열심히 기도해서 능력을 받은 다음 사람들의 병을 많이 고쳐 주었다고 한다. [35)]

강신명은 '예수 천당, 불신 지옥'으로 유명한 최봉석 목사와도 가까이 알고 지냈다. 최전능(권능) 목사의 전도 이야기를 들으며 목회자의 길을 준비했다.

기도 하면 '최전능(崔全能)목사'라고 불리는 최봉석 목사란 분이 있었다. 이분은 평안북도 벽동 사람으로 예수를 열심히 믿어 선교사 추천으로 평양신학교에서 공부했다. …
기도로 유명한 최 목사는 은퇴한 다음 평양 산정현교회의 전도목사로 일하게 되었다. 그때 신학생이었던 나는 목사님을 자주 만날 수 있어 한 번 조용한 기회에 신학교 다닐 때 이야기를 물어보았다. …
그래서 나는 "목사님은 압록강 좌우 언덕 만주와 평양 일대에 70여 교회를 세우셨다는데 재미있는 이야기나 하나 들려 주십시오." 청했더니 이런 이야기를 들려 주었다.
의주 어느 산골 지방을 전도여행 할 때 추수절이 되어 한 농부가 연자매에 곡식을 찧고 있는데 일하는 사람의 얼굴에 기쁜 빛은 볼 수 없고 수심이 가득 차 있는 것이었다. 그래서 지켜보고 있던 최 목사는 그만

35) "기도 이야기," 『강신명신앙저작집』 2권, 581-583.

참을 수 없어 "예수믿고 천당가시오." 하고 소리를 쳤다는 것이다. 그랬더니 연자매를 끌던 말이 놀라 뛰면서 연자매채를 끊고 뛰어나가자 그 농부는 화가 나서 막대기로 치려고 했다.

최 목사는 도망을 치다 뒤돌아서서 다시 "예수 믿으시오!" 하고 외쳤다. 이런 일이 있은지 10년 후 의주읍에서 대사경회가 열려 여기서 최 목사는 그때의 농부를 만났는데 어느새 예수를 믿어 집사가 되어 있더라는 것이다.[36]

우리는 이런 기록에서 강신명이 평양대부흥의 회개 운동, 기도 운동, 전도 운동에 대한 영향을 받으며 경건주의적 복음주의적 신앙을 갖고 자랐음을 알 수 있다.

2) 에큐메니칼 복음주의

강신명은 1907년 평양대부흥운동의 영향뿐만 아니라 초기 한국 선교사들의 교회 연합 정신, 에큐메니칼 정신의 영향도 크게 받았다. 1905년, 여섯 개의 선교부가 모인 "재한복음주의선교공의회"는 한국 교회의 에큐메니칼 운동의 시작을 알렸다. 언더우드 선교사가 회장으로, 감리교회 벙커 선교사가 총무로 선출되었다.

1930년대에는 유학을 다녀온 교역자들이 증가하면서 평양신학교의 초기 신학은 일정한 도전을 받았다. 역사비평학 등의 영향을 받은 신신학 운동이 일어났고, 자유주의적 경향이 대두되었다. 이 시기에 성서무오설을 고수하면서도 다양한 학문적 견해를 수용하려는 움직임이 있었다. 강신명은 이러한 흐름으로 나아갔다. 강신명 목사는

---

36) "기도 이야기," 『강신명신앙저작집』 2권, 581-583.

1940년 39세 때 동경신학교에서 8개월간 유학하며 구마노 교수와 무라다 교수에게서 '현재적 종말론'과 '에큐메니칼 신학'을 배우며 신학적 운신의 폭을 넓혔다.

강신명은 1951년, 43세의 나이에 미국 프린스턴 신학교로 유학을 떠났다. 그곳에서 존 매카이(John A. Mackay) 교수의 영향을 받으며 신학적 사상을 정립했다. 매카이는 에큐메니칼 운동의 중심 인물로, 교회와 성서를 중심으로 한 신학적 접근을 강조했다. 매카이의 영향으로 강신명의 신학은 교회와 민족, 교회와 교회, 한국 교회와 세계 교회의 소통을 중시하는 신학으로 발전하게 되었다.[37]

강신명은 1953년 프린스턴 신학교에서 신학 석사 학위를 받고 귀국한 후, 분열된 한국 장로교회의 통합과 연합을 위해 헌신했다. 1951년 고신, 1953년 기장, 1959년 합동이 독립했다. 신사참배 문제, 성경 해석학의 문제, 한경직과 박형룡의 신학적 갈등, 반(反)에큐메니칼 운동 등의 이슈로 한국 장로교회는 분열을 겪게 되었다.[38] 강신명은 처음에는 반(反)에큐메니칼 진영에 맞서 교회 일치의 비전을 주창하다가 뜻하지 않게 교회 분열의 물결에 휘말렸다.

그러나 장로교회의 분열 후에는 분열된 장로교회의 일치를 위해 노력했다. 1959년 합동과 통합의 분열 과정에서는 세계 에큐메니칼

---

37) 김명구, 『소죽 강신명 목사』, 167-173; 존 A. 매카이/ 민경배 옮김, 『에큐메닉스』(서울: 대한기독교서회, 1966).

38) 1950년 박윤선이 한국장로교회가 WCC에 가담하는 것을 교리적 위반이라고 지적했다. 1951년에 고려파에서는 국회의원 22명의 이름으로 WCC가 용공적 기관이라는 성명서를 발표했다. 1954년 경기노회 62회 노회가 "성서유오설과 자유신학과 에큐메니칼 거부" 방침을 세웠다. 이런 비판에 대해 총회 정치부 서기 김현정은 WCC가 각 교파의 신조 통일을 의미함이 아니요 각자의 신조를 존중하면서 연합 사업을 함으로써 각교파와의 친선과 사업협동을 도모함이라고 밝혔다. 그는 에반스톤 참석 후에도 단일교회 형성과 무관하고 용공이 아니며 자유주의라 하나 칼 바르트 정도의 사상이라고 공표했다. 김명구는 이런 갈등 배후에 한경직과 박형룡의 신학적 갈등이 있었다고 보았다. 김명구, 『소죽 강신명 목사』, 195-203.

운동의 정신을 주창하며 통합 교단의 신학적 정체성을 세웠으나, 분열 후에는 한국 장로교회의 분열을 극복하고자 일치 운동을 시도했다. 1960년대에 합동과 통합의 재결합을 위해 세 번(1960년, 1962년, 1967년) 모임이 있었다. 1963년 통합 총회장이 된 강신명 목사는 분열된 교회의 재일치를 위해 노력했다. 1965년에는 경기노회에 한국 교회의 재일치를 호소하는 건의서를 올리며, 장로회 연맹(협의체)의 결성을 추진했다. 그러나 안타깝게도 그는 뜻을 이룰 수 없었다.[39] 1968년 WCC 4차 웁살라 총회에 옵서버로 참석했다.

강신명은 평생 에큐메니칼 운동과 교회의 통합을 위해 헌신했다. 그의 신학적 입장은 성서적 신앙을 중심으로 교회의 일치와 선교를 강조하며, 다양한 신학적 견해를 수용하는 포용성을 지녔다. 이러한 노력에도 불구하고, 한국 장로교회의 분열은 그의 신학적 이상과 현실의 간극을 보여주는 사례로 남았다.

V. 나가는 말

지금까지 강신명의 복음주의 신학에 대해 살펴보았다. 우리는 2장에서 복음주의에 대한 역사적 이해와 신학적 이해가 모두 필요하다고 보았다. 복음주의에 대한 신학적 이해는 복음주의의 정체성과 관련이 있고 복음주의에 대한 역사적 이해는 복음주의의 다양성과 관련이 있다고 보고, 우리는 복음주의의 통일성 안에서 다양성을 허용할 수 있고, 다양성 안에서 통일성을 추구할 수 있다고 보았다. 복음

---

39) 김명구, 『소죽 강신명 목사』, 203-219; 정병준, 『한국교회 역사 속 에큐메니컬 운동』(서울: 오이쿠메네, 2022), 181-215.

주의의 신학적 통일성과 관련하여, 우리는 "베빙턴의 4변형" 즉 회심주의, 성서주의, 행동주의, 십자가중심주의에 대해 논의했다. 복음주의의 역사적 다양성과 관련하여, 데이비드 보쉬의 신앙고백적 복음주의, 경건주의적 복음주의, 근본주의적 복음주의, 오순절 복음주의, 신복음주의, 에큐메니칼 복음주의, 급진적 복음주의라는 7가지 복음주의 유형에 대해 논의했다.

3장에서는 강신명의 생애를 살펴보았다. 강신명은 일제 강점기 시대를 살았고, 해방 공간과 한국전쟁을 견뎠고, 전후 교회와 국가의 재건에 헌신했고, 교회 분열의 시대에 교회 통합을 위해 노력하고, 신학교와 기독교 대학의 교육을 위해 헌신한 인생을 살았다. 일생 동안 한국 기독교의 발전과 교육에 헌신했다. 평양신학교에서 신학을 공부한 후, 선천과 영락교회, 새문안교회 등에서 목회자로 활동했으며, 서울장로회신학교와 숭실대학교에서 교육자로서 중요한 역할을 수행했다. 신사참배를 강요받는 가운데서도 민족교회의 신앙을 지키기 위해 노력했다. 해방과 한국전쟁 이후에는 교회 재건과 분열 극복을 위한 연합 활동과 사회 봉사에 헌신했다. 신학교육과 기독교대학 교육을 위해 헌신했다.

우리는 4장에서는 강신명 신학의 복음주의적 요소를 검토했다. 우리는 강신명이 "베빙턴의 4변형" 즉 회심주의, 성서주의, 행동주의, 십자가중심주의의 기준을 충족하기 때문에 그의 신학이 복음주의에 해당된다고 평가했다. 그리고 복음주의의 다양성과 관련하여 강신명의 복음주의 신학이 초기에는 대부흥의 영향을 받아 경건주의적 복음주의의 모습을 보이다가 한국전쟁 이후 시대에는 교회 분열을 극복하기 위해 교회 일치와 연합을 추구하는 "에큐메니칼 복음주의"를 추구했다고 보았다.

결과적으로 이 논문은 강신명의 신학이 "베빙턴의 사변형"의 4요소를 모두 충족하는 점에서 복음주의 신학에 해당하고, 특별히 대부흥의 영향 아래 경건주의적 복음주의 신앙과 사역의 모습을 보이다가 한국전쟁 이후 교회 분열을 극복하기 위해 교회 일치와 연합을 추구하는 "에큐메니칼 복음주의"로 그의 복음주의 신학이 발전했다고 평가하고자 한다. 물론 1950년대 이전에도 에큐메니칼 정신이 깊이 배어 있었으나 1950년대 이후 더 신학적으로 표현되고 발전되고 완성되었다는 것을 인정해야 할 것이다.

한편 강신명은 교회 일치를 '유기체적 일치'로 이해한 것 같다. 애초에 강신명은 모든 교파를 합동하여 단일 교회를 만들고 싶어했다. 강신명에게 가장 중요했던 것은 오직 복음이었다. 교회가 삼위일체론과 기독론을 인정한다면 교파가 중요하지 않았다. 최소한의 신학적 조건만 맞는다면 세계 모든 교회가 서로 소통할 수 있다고 보았다. 그는 1960년대에 장로교회 재결합을 전제로 장로교 연맹을 제안했다. 1965년 통합 총회는 네 개로 갈라진 장로교회를 하나로 통합하기 위한 방안으로 장로교 연맹체를 조직하자는 안건을 통과시켰다. '장로회연맹 결성을 위한 추진 위원회'를 구성했고, 강신명은 추진위원장이 되었다.[40] 그는 정말 분열된 장로 교단의 일치가 가능하다고 본 것일까? 강신명은 "교파 일치는 가능할 것인가?"에 대한 글에서 교파주의는 불필요하며 교회에 피해와 손실을 가져온다고 주장했다. 현 단계에서 교역자들이 대화의 장을 마련하는 것, 연합적인 초교파적 교역자와 신도들의 모임, 민족에게 복음을 전파하는 공동전선 등을 제안했다.[41] 상당히 낙관적인 전망이다. WCC도 이 문제

---

40) 김명구, 『소죽 강신명 목사』, 214-219.

41) "교파일치는 가능한가?," 「기독교사상」(1966. 2), 정병준, 『강신명 목사의 생애와 사상』, 144-156.

에서 초기부터 난항을 거듭하다가 1975년 나이로비 총회 때, '협의회적 교제'로 교회 일치 개념을 수정했다. 교파 일치와 관련하여 강신명은 자신의 시대의 한계 안에서 최선을 다했다고 본다.

연보(年譜)

1909년 6월 13일 경북 영주군 평은면 천본리 내매 마을에서 강병주
               와 최영주의 장남으로 출생

1914년   영주 내매교회 주일학교 부설 기독내명학교에서
               수학

1924년   풍기초등학교 졸업

1924년   숭실중학교진학과 휴학

1925년   공주 영명중학교와 배재중학교에서 수학(~1928년)

1930년   대구 계성중학교 졸업 (1928년 계성중학교 4년으로 편입)

1934년   평양 숭실전문학교 영문과 졸업(9회)

1936년   1월 17일 평양 서문밖교회 전도사

1936년   12월 27일 선천 남교회 전도사

1937년   수양동우회 사건 때 선천경찰서에 구류되어 취조
               받음. 일명 동요사건으로 정주 검찰청에 구속 벌금
               30원형받음

1934년   평양신학교 입학

1938년   평양신학교 졸업

1938년 8월   선천 남교회 목사(동사 목사)

1940년   일본 토오쿄신학교 수학

1942년   선천 북교회목사 (1946년 3월 월남)

1947년 3월   서울 영락교회 동사목사 (~1955년 11월)

1948년 3월   서울 동흥중학교 교장 (~1951년 6월)

1953년   미국 프린스턴신학교 졸업(신학석사)

1953년 12월	세계 대학봉사회 창설, 이사, 이사장, 총재 역임 (~1985년)
1955년 12월	새문안교회 담임목사 (~1979년 12월)
1959년	대한 기독교 교육협회 회장(11대)
1962년	대한 기독교 교육협회 회장(14대)
1962년	서울장로회신학교 교장(~1985년)
1963년 9월	대한예수교장로회 총회장
1964년	미국 스털링 대학에서 명예 신학박사학위 받음
1964년	연세대학교 재단 이사장 (~1966년)
1970년 12월	국민훈장 모란장 받음
1971년	대한기독교 교육협회 회장(23대)
1977년 3월	주한미군철군반대 한국 기독교대책위원회 위원장 (~1978년 1월)
	한국기독교선교단체협의회 회장(~1985년)
1978년	한국기독교지도자협의회 회장(~1979년)
1980년 1월	새문안교회 원로목사
1981년 12월	숭전대학교 이사장(~1982.1)
1982년 1월	숭전대학교 총장(~1985년)
1982년 5월	마산 창신학원 이사(~1985년)
1984년 5월 5	조선일보사 주최 평북 중앙도민회 제정 종교부분 문화상을 받음
1985년 6월 22일	76세를 일기로 별세

정 경 옥

정경옥(앞 줄 가운데, 만주신학교 교수들과 함께)

"조선신학사상은 대체로 보아서 어느 교파를 물론하고 복음주의적인 것이다. 비록 '복음교회'란 명목을 달지 아니하였을지라도 사실은 복음주의이다. 이는 인간의 타락과 무능, 신앙에 의한 칭의, 구속의 체험 등을 강조하는데 기초하여 있다. 우리는 복음주의적 기독교가 바울, 어거스틴, 루터, 칼빈, 요한 웨슬리의 계통을 밟아 우리에게 이른 가장 건전한 사상이라고 믿는다."
(정경옥의 '현대신학의 과제' 中에서)

5장
정경옥

I. 들어가는 말

　한국감리교회사에서의 정경옥의 위치는 한국장로교회 조직신학을 개척한 박형룡에 건줄 수 있을 정도로 한국감리교회사에서 탁월한 신학자로 추앙받는다. 이만열은 정경옥의 신학적 위치에 대해 박형룡과 더불어 학문적인 토대 위에서 최초의 신학 저술을 펴낸 학자로 김재준과 더불어 그 이후의 한국 신학계의 방향을 설정하는데 밑거름이 된 인물이라고 평가했다.[1] 유동식 또한 1935년에 선교 50주년을 기념할 만한 3대 저서로 류형기 편집의 『단권성경주석』, 박형룡의 『기독교근대신학난제서평』, 정경옥의 『기독교의 원리』를 꼽았다.[2]

　이 논문에서는 정경옥의 신학이 복음주의 신학임을 규명하는 데 있다.

　2장에서 정경옥의 생애를 그의 출생부터 죽음까지 삶의 여정을 살펴보고자 한다. 3장에서는 정경옥의 신학 연구사를 1960년대부터

---

1) 이만열, 『한국기독교문화운동사』(서울: 대한기독교출판사, 1992), 343.
2) 유동식, 『한국감리교회의 역사 I』(서울: KMC, 2007), 553.

최근까지의 연구 경향을 살펴보고자 한다. 4장에서는 정경옥의 복음주의 신학에 대해서 살펴보고자 한다. 이 장에서는 복음주의의 특징인 성경, 회심, 영적인 변화된 삶의 주제를 통해서 정경옥의 복음주의 신학이 어떤 특징을 가졌는지를 밝히고자 한다.

II. 정경옥의 생애

정경옥은 1903년 5월 24일 전라남도 진도군 진도읍 철마산 아래 마을 교동리 113번지에서 출생했다.[3] 진도에서 소학교를 졸업하고, 경성 고등보통학교(현 경기고등학교) 입학 후, 1학년 때인 14세의 나이에 허순화와 결혼했다.[4] 1919년 삼일운동 학생시위에 참여했다가 제적 당하였다. 이후 고향 진도에 내려와 한학을 공부하였고, 한학을 공부하던 서당생들과 고향 친구들과 함께 보향단(補鄕團)을 결성, 항일 문서와 독립신문을 배포하였다. 1920년 1월 1일을 기하여 독립 만세운동을 기획했다는 혐의로 검거되어 목포 형무소에서 6개월간 옥고를 치렀다. 감옥 생활 중 그는 성경을 접하게 되었고, 성경을 통하여 깊은 신앙 체험을 했으며, 감옥에서 만난 한 성도와 신앙적인 대화를 통하여 기독교로 개종하였다.[5] 석방된 후 진도로 돌아와 함께 개종한 옥중의 청년들과 함께 1920년 진도읍교회를 설립하였다.[6]

---

3) 정경옥은 철마산의 이름을 따서 자신의 호를 "철마(鐵馬)"라 하였다.
4) 허순화 사모는 정경옥이 미국 유학 중에 별세하였다. 허순화 사모와의 사이에는 정의현과 정휘성 두 자녀가 있다. 김영명,『정경옥』(서울: 살림, 2008), 9.
5) 선한용, "철마(鐵馬) 정경옥 교수의 생애에 대한 재조명",『정경옥 저작선집 1; 기독교신학개론』(서울: 감리교신학대학출판부, 2005), 3-8.
6) 차재명,『조선예수교장로회사기(하)』,『한국장로교회 백년사』(서울: 대한예수교장로회총회, 1989), 315.

정경옥은 서울로 상경하여 한국기독교청년회(YMCA) 학관의 영어
반에 들어갔고, 여기에서 두 살 위인 김재준을 만났다.[7] 당시 YMCA
는 이상재, 윤치호, 신흥우 등이 하나가 되어 뜻있는 청년들과 시
민들에게 민족의식을 고취하고 신지식을 제공하는 역할을 하였다.
1920년대 민족운동을 가장 활발한 활동을 전개한 기독교 청년단체
는 YMCA이었다. 1920년 2월에 신흥우가 윤치호를 뒤이어 YMCA의
총무에 선출되면서 YMCA 운동이 활성화되기 시작했다.[8] 그와 함께
각각 소년부·학생부 간사로 홍병선, 이대위가 각각 임명되었다.[9] 이
들은 신흥우와 함께 이후 YMCA의 막강 진용을 이루며, YMCA 운동
을 끌고 가는 핵심적 역할을 담당했다.

영어반을 수료한 정경옥은 1923년 일본으로 건너가 도쿄 야오야
마학원(靑山學院)대학에서 신학을 공부하던 중 1923년 9월, 관동대지
진이 일어나자 귀국하였다. 이후 정경옥은 1924년 서대문 밖 냉천
동에 한국감리교 교역자 양성을 위한 신학교, 곧 '감리교 협성신학
교'(Union Methodist Theological Seminary)에 입학하여 1928년 1월에 졸업하
였다.[10]

정경옥은 1928년 9월에 미국에 유학하여 일리노이주(Illinois)의 에
번스턴에 있는 게렛신학교(Garrett-Evangelical Theological Seminary)에서 공부

---

7) 김재준, 한신대학 신학부 교수단『金在俊全集. 13, 범용기(1), 새 역사의 발자취』(오산: 장공
   김재준목사기념사업회, 1992), 50.
8) 尹致昊日記 8, 1920년 2월 9일(서울: 國史編纂委員會, 1987).
9) 「會況」, 靑年, (1921년 3월호), 38.
10) 당시 교수진은 교장 왓슨(실천신학), 교감 케이블(교회사), 교수로는 데밍(조직신학), 하디
    (성서학), 최병헌(한문, 비교종교학), 변성옥(종교교육), 김인영(성서주석)이 있었고, 강사
    로는 케이블 부인(영어), 레시(종교교육), 김인식(음악), 기무라(일본어), 백남석(영문법),
    기쿠지(일본어), 정인보(작문) 등이 교수하였으며, 특별강사로 차재명, 김익두, 레이놀즈
    등 보수적인 장로교 목사들도 강단에 세워 학문적으로 자유로운 분위기를 볼 수 있었다.
    윤춘병, 『한국감리교 교회성장사』(서울: 감리교출판사, 1997), 391.

하면서 당시 미국 사상계를 영향력이 있던 해리스 프랭클린 롤(Harris Franklin Rall, 1870-1964) 교수의 지도를 받게 된다. 그는 롤로부터 슐라이에르 마허(F. D. E. Schleiermacher, 1768-1834)의 경험주의와 리츨(Albrecht Ritschl, 1832-1889)의 도덕주의, 그리고 칼 바르트(Karl Barth, 1886~1968)의 신학을 배웠다. 만 2년 만에 학사학위(B.D)를 취득하고, 노스웨스턴대학(Northwestern University)에서 조직신학 석사과정(M.A)을 마쳤다.[11] 박사 과정을 계속하려고 하였으나 그는 모교인 감리교신학교의 요청을 받고 귀국하였다.

정경옥은 1931년 봄 학기부터 감리교신학교에서 조직신학 전임강사로 강의를 시작했다. 김철손은 "정경옥 교수는 똑똑한 사람이고 학문적 실력이 대단하고 게다가 진보적인 신학 사상을 가진 사람으로 알려졌기 때문에 젊은 세대(학생들)에게 인기가 높았다. 사실 그 당시에는 한국 안에 그만큼 진보적인 신학자가 없었다."라고 말했다.[12] 학교 강의뿐 아니라 교회에서 자주 초빙받아 강연, 혹은 설교를 하였는데, "그의 열변은 온 청중을 완전히 사로잡았다. 그의 설득력은 말할 수 없이 컸던 것은 지금도 기억하고 있다. 그의 특이한 표현은 학생들이 제각기 흉내를 내어 보기까지 할 정도로 인기 절정에 올랐던 것이다"라고 윤성범은 말하였다. 정경옥은 감리교신학교에서 제자들을 가르치는 한편 1933년부터 수표교교회[13]에서 목회를 시작하였

---

11) 정경옥의 석사논문은 「신비주의의 저등과 고등 형식들 사이의 구별에 관련한 J. H. 류바의 종교 신비주의 심리학에 대한 고찰(An Examination of J. H. Leuba's Psychology of Religious Mysticism with Reference to the Distinction Between the Lower and the Higher Forms of Mysticism)」이다. 박용규, "정경옥의 신학사상", 「신학지남」 통권 제253호(1997년 겨울호), 159.

12) 김철손, "정경옥과 성서연구", 「신학과 세계」 통권 제5호(1979년), 22.

13) 1895년 10월 미국 남감리교회 헨드릭스(E. R. Hendrix)감독이 현 한국은행 자리에 선교 본부를 마련하여 그곳을 예배처로 삼았다. 1897년 김세라 전도부인을 시작으로 기도회

다. 1934년 중부연회에 준회원으로 허입되었고, 1937년 제6회 중부연회에서 목사안수를 받았다.[14]

정경옥은 교수 취임 이후 강의뿐만 아니라 논문 집필에도 힘을 기울였다. 감리교신학교 교지인 『神學世界』의 주간을 맡으면서 1932년에서 1936년까지 5년간 60여 편의 신학 논문을 발표했다. 1932년 『神學世界』에 '위기신학의 요령'(crisis theology)[15]이라는 논문을 발표해서 한국에 처음으로 칼 바르트의 신학을 소개하기도 했다.[16] 1935년에 감리교회의 신앙고백인 〈교리적 선언〉[17]에 대한 교육적 해설과 대외

가 부흥하자 선교사 하디목사가 청계천 수표교 옆의 기와집을 사서 예배당으로 사용하였다. 1906년 9월 9일 초대담임자로 한인수 전도사를 파송하였다. 1909년 9월 9일 남감리회 서울지방 수표교예배당 현판을 달았다. 이 시기 수표교교회 담임목사는 김종우 목사(1932~1934), 정춘수 목사(1935~1936)이다(http://www.spk.or.kr).

14) 2010년 101주년을 맞은 수표교교회는 종교개혁주간을 맞아 '정경옥 목사, 오늘의 한국교회에 말을 걸다'라는 주제로 정경옥 목사의 삶과 신학을 기리는 포럼을 열었다.

15) 위기신학(危機神學)이라는 말은 제1차 세계대전을 뼈저리게 치르고 난 현대인은 모든 인류문화, 역사가 하나님의 직접적인 섭리 아래 있어 매 순간 심판의 위기에 직면하고 있다는 변증법적(辨證法的) 사고에서 나오게 되었다. 김철손, "正景玉과 聖書研究"「신학과 세계」(1979. 10), 24.

16) 「神學世界」에 1932년(17권 5호)과 1936년(21권 3호) 두 차례에 걸쳐 '위기신학'을 게재했다. cf. 홍승표, "해방 전후 한국기독교의 칼 바르트 신학 수용과정과 인식 변화: 한·일 출판 동향을 중심으로", 「韓國教會史學會誌」 제44권(2016), 290.

17) 1930년 12월 2일 '기독교 조선감리회' 창립총회가 서울에서 열려 초대총리사로 양주삼 목사를 선출하고 한국 감리교회의 '자치교회 시대'를 열었다. 한국감리교회는 그 설립 취지로 '진정한 기독교회' '진정한 감리교회' '조선적 교회'의 3대 원칙을 선포하였으며 신앙 및 신학 원리로 8개 조 "교리적 선언"과 16개 조 "사회 신경"을 채택하였다. 그 내용은 다음과 같다. 1. 우리는 萬物의 創造者시요 攝理者시며 온 人類의 아버지시요 모든 善과 美와 愛와 眞의 根源이 되시는 오직 하나이신 하나님을 믿으며 2. 우리는 하나님이 肉身으로 나타나사 우리의 스승이 되시고 模範이 되시며 代贖者가 되시고 救世主가 되시는 예수 그리스도를 믿으며 3. 우리는 하나님이 우리와 같이 계시사 우리의 指導와 慰安과 힘이 되시는 聖神을 믿으며 4. 우리는 사랑과 祈禱의 生活을 믿으며 ■를 容恕하심과 모든 要求에 넉넉하신 恩惠를 믿으며 5. 우리는 舊約과 新約에 있는 하나님의 말씀이 信仰과 實行의 充分한 標準이 됨을 믿으며 6. 우리는 살아 계신 主 안에서 하나이 된 모든 사람들이 禮拜와 奉仕를 目的하여 團結한 教會를 믿으며 7. 우리는 하나님의 뜻이 實現된 人類社會가 天國임을 믿으며 하나님 아버지 앞에 모든 사람이 兄弟됨을 믿으며 8. 우리는 義의 最後 勝利와 永生을 믿노라. 아멘. 모든 사람에게 生命과 自由와 歡喜와 能力이 되는 福音을 宣傳함이 우리 교회의 神性한 天職인 줄 알고 그 사업에 獻身함. 〈基督教朝鮮監理會 教理와 章程〉,

적인 신학적 변증의 성격을 갖는『基督敎의 原理』를 집필하였다.[18]
이 외에도 YMCA에서 발간한『청년』, 류형기가 주간으로 펴낸『신생』, 전영택이 발간한『새사람』, 김재형이 발간한『부활운동』, 스톡스(M. B. Stokes, 도마련)이 발행하던『성화(聖火)』, 채핀(A. B. Chaffin)부인이 편집하던『우리집』에 여러 논문과 일기, 수상, 설교 등을 발표했다.

정경옥은 감리교신학교에서 교수한 지 5년 만인 1937년 3월 구체적 이유를 설명하지 않은 채 교수 생활을 청산하고 고향인 진도로 내려갔다.[19] 정경옥은 고향인 진도에서 재발견한 것은 예수였다. 그는 이렇게 재발견한 예수로 영혼의 샘에 생수가 넘쳐나서 1938년에 예수의 생애를 그린『그는 이렇게 살았다』을 저술했다.[20] 그는 예수 그

1931, 38-39.

18) 당시 총리사인 양주삼은 이 책에 서문은 아래와 같이 기록 동기를 기술했다. "最近 朝鮮基督敎가 敎理問題에 對하여 漸次 深刻한 關心을 가지게 되었다. 이때에 있어서 우리는 왜 監理敎人이 되었으며 우리의 믿는바가 무엇인가를 闡明하며 우리 自體가 正當하고 確乎한 信仰의 基礎를 세우는 것이 무엇보다도 緊重한 일이다. 우리에게 임의 敎條의 型式으로 된「敎理의宣言文」이 있었다. 이는 一千三〇年 自治하는 朝鮮監理會가 처음으로 組織될 때에 우리의 믿는바 基督敎의 根本原理를 宣布한 것이었다. 그러나 오늘날까지 이「敎理의宣言」에 대한 一般的 理解가 不足한 것을 遺憾으로 생각하든바 이번에 우리 監理敎會 神學校 組織神學 敎授로 있는 鄭景玉 氏의 손으로 이 敎條의 講解가 나오게 된 것을 衷心으로 기뻐하는바이다. 이 講解는 深刻한 靈感과 精密한 論議를 아울러 쓴 것이다. 이 講解를 通하여 우리가 主張하는바 原理에 對한 理解가 더욱 넓어지기를 바라는다이다." 양주삼, "序",『基督敎의 原理』, 1.

19) 그의 글에서 질병과 모함으로 인한 심신의 피로가 낙향의 이유로 언급되기도 하지만, 그보다는 교수로 재직하는 동안 자신도 모르게 젖어 든 타성과 타협의 생활습관에서 오는 '영적 위기'가 더 큰 원인이었다. "해마다 같은 노트에 같은 방법으로 기계를 틀어 놓은 것 같은 강의를 반복하는 동안에 해마다 말은 자라나 생명은 죽어서 스스로 독서도 하지 않고 연구도 끊이고 생활에 반성이 없으며 창작력이 진하였다…나의 영은 나날이 황폐의 여정을 밟고 있었다." 정경옥, "위기·흙·나"『새사람』제7집, (1937), 11-12.

20) "이제 이 한해가 다 넘어가기 전에 이 적은 책 하나라도 내어놓게 되는 것을 기뻐한다. 지금 나는 예수의 一生을 몹시도 憧憬하며 思慕하고 있다. 그는 이렇게 살았다. 그의 발자취를 나도 따르리. 一九三八年 二月 七日 珍島에서 著著 鄭景玉" 정경옥,『그는 이렇게 살았다』(서울: 애린사회사업연구출판부, 1953), 序.

리스도께서 성육신으로부터 최후의 죽으심에 이르기까지, 즉 구유에 눕히신 때로부터 십자가 처형에 이르기까지 생애를 일목요연하게 분석하면서 깊은 묵상의 내용을 보여주었다. 제1장 "현대의 기독"에 이어 제2장에서는 "구유의 기독", 제3장에서는 "강변의 기독", 제4장에서는 "광야의 기독", 제5장에서는 "산상의 기독", 제6장에서는 "노방의 기독", 제7장에서는 "정원의 기독", 그리고 마지막 8장에서는 "십자가의 기독"을 소개했다.

1939년에는 한국 최초의 조직신학 개론서인 『기독교신학개론』을 집필하였다. 정경옥은 『기독교신학개론』의 내용을 1) 신학 2) 종교 3) 기독교 4) 신론 5) 인간론 6) 죄론 7) 구원론 8) 기독론으로 구성했고, 부록으로 71개 조로 된 "나의 신조"를 수록하였다. 정경옥은 '삼위일체론' '신관'으로 시작하여 '종말론'으로 끝나는 기존의 조직신학 저술들과 달리 '구원론'과 '기독론'을 책의 마지막 부분에 수록하여 그의 신학이 '예수 그리스도의 구원 사건'에 초점을 맞추고 있음을 보여주고 있다.[21]

정경옥은 1939년 봄부터 다시 서울로 올라와 감리교신학교 교수로 복직하였다. 그러나 1940년 6월 소위 '감신 전단 사건'[22]으로 신학

---

21) 이덕주, "초기 한국교회 토착신학 영성" 『신학과 세계』 제53호(2005.6), 217.
22) 이 사건은 교회와 신학 교육을 '군국주의 통제' 아래 두려는 총독부의 치밀한 사전계획에 따라 이루어졌다. 1940년 5월 어느 날 감리교신학교 교정에 "일본인 학교에 조선 사람 보내지 말라.", "일본인 상품을 보이콧하라.", "창씨개명하지 말라.", "조선 사람은 조선 사람" 등의 내용이 적힌 전단이 발견되었다. 이는 일제가 기독교를 탄압하기 위해 꾸민 자작극이었다. 그로 인해 몇몇 학생들이 조사를 받고 변홍규 교장과 정일형 교수가 구속되었다. 결국, 그해 10월 당시 혁신 교단의 정춘수 감독은 무기한 휴교(사실상 폐교령)를 선언하여 학교가 폐교되었다. 정춘수 감독은 변홍규 교장과 김창준, 정일형, 김종만 교수등 껄끄러웠던 교수들을 추방하고 혁신교단에 협조적인 김인영을 교장으로 하여 1941년 6월에 '신체제로 혁신한' 감리교신학교를 열었다. 이때부터 일본인 교수들이 감신에 나오기 시작했고, 모든 강의는 일본어로 진행되었다. 이덕주, "감신 삐라 사건" 『기독교세계』 2000년

교가 폐교되자, 정경옥은 학교에 쫓겨나 만주 사평가(四評街)에 있는 만주신학교(滿洲神學校)23) 교장으로 부임하였지만, 그 학교도 1년 만에 폐쇄되어 고향 진도로 내려왔다.

1941년 12월 태평양 전쟁 발발 직전, 사상범 예비 검속으로 진도 경찰서에서 '73일간' 옥고를 치렀다. 일본 경찰들이 미국 스파이라고 해서 가둔 것은 정경옥의 부친과 어떤 일로 분규가 있었던 그 지방의 한 사람이 앙심을 품고 경찰에 투서했기 때문이었다. 여기서 일제는 그에게 일본적 기독교의 논리적 구성을 강요하였고, 그들의 요청에 따라 논리와 문장이 유독 어려운『일본적 기독교의 신학적 과제』라는, 200자 원고지로 약 2,300매에 이르는 방대한 논문을 썼다. 일본 형사들의 실력으로는 서론도 읽기가 어려웠다. 나중에 그 글을 다 읽은 김천배에 의하면 '일본적 기독교'는 성립할 수 없다는 것이었다.24)

출옥 후 진도에서 요양하던 중, 정경옥은 1943년 2월 광주중앙교회 장로들로부터 "청년과 학생들을 지도해 달라"는 두 번의 요청을 받고 제8대 담임목사로 2년여간 목회하였다. 정경옥은 광주중앙교회에서 목회하는 동안 이미 친일교단으로 변질된 '일본기독교조선교단'의 지시를 받아들여 전남 교구장을 맡는 등 외견상 협력하는 자세를 취하였으나, 토요일과 주일을 제외하고 매일 새벽 4시부터 6시까

---

7 • 8월호, 224-25.

23) 감리교신학교 부교장 채핀 부인이 설립한 감리교 계통 학교인데, 1941년 만주국 설립과 함께 박해를 당해 폐교되었다. 역사위원회 편,『한국감리교 인물사전』(서울: 기독교대한감리회, 2002), 478-479.

24) 김천배, "정경옥 교수의 면모"『기독교 사상』1958년 5월호, 27.

지 교회 청년 10여 명을 모아 비밀리에 신학을 가르쳤다. 1944년 정경옥이 맹장염에 걸렸는데 그와 친한 의사가 이를 식중독으로 오진하여 비눗물 관장만 했다. 그 사이에 맹장이 터져 복막염이 되었다. 복막염으로 두 차례 수술을 받은 후 1945년 4월 1일 부활주일, 해방을 4개월 앞두고 42세로 별세하였다.[25)

III. 정경옥에 대한 신학연구사

1. 1960년대 신학연구사

유동식은 1968년『기독교사상』4월호에서 한국 신학의 광맥을 연재하면서 1930년대 한국 신학의 3대 초석으로 세 사람을 소개하였다. 그 세 사람은 박형룡(1897-1978), 김재준(1901-1987), 정경옥(1903-1945)이었다. 유동식은 박형룡을 근본주의, 김재준을 진보주의, 정경옥을 자유주의로 구분하여 소개하였다.[26)

2. 1970년대 신학연구사

1979년 감리교신학대학교의「신학과 세계」10월호에서 정경옥 특집으로 윤성범(조직신학), 김철손(성서신학), 박봉배(기독교윤리), 차풍로(기독교 교육)가 자신들의 신학전공 분야관점에서 정경옥의 신학 사상을 조명한 논문들을 발표했다. 당시 정경옥 특집에서도 "정경옥 교수를 자유주의자라고 못 박아 놓고"[27) 논의를 시작했다. 당시 연구 과제가

---

25) 선한용, "철마(鐵馬) 정경옥 교수의 생애에 대한 재조명", 17-20.
26) 유동식, "한국 신학의 광맥(4): 정경옥 편,"「기독교사상」(1968. 4).
27) 윤성범, "鄭景玉, 그 人物과 神學的 遺産"「신학과 세계」(1979. 10), 14.

1930년대 "韓國敎會와 自由主義"로 되어 있으므로 자연히 정경옥 교수를 자유주의 신학자라고 지칭하게 되었다.[28] 윤성범은 정경옥의 자유주의 이해를 "모든 신학적인 사상에 깊은 관심이 있었으며, 신학이 학문인 이상 모든 분야에 흥미를 가지고 있었다는 점에서 자유주의적"이라고 말했다.[29] 김철손은 성서신학자 관점에서 정경옥을 "현대주의 신학자"로 평가했다.[30]

3. 1980년대 신학연구사

1980년대 들어서도 정경옥을 기존 연구와 같이 자유주의자로 분류하는 학자들이 많다. 정경옥이 게렛신학교(Garrett Theological seminary)에서 해리스 프랭클린 롤(H. Franklin Rall) 교수를 만난 점에서 그렇게 생각할 수도 있다. 롤 교수는 유럽의 자유주의 슐라이어마허, 리츨의 사상을 북미에 소개하는 데 결정적인 영향을 미친 사람이다. 그래서 송길섭은 정경옥을 가리켜 "한국교회의 신학 정초기에 자유주의 신학을 확립한 신학자"라고 기술했다.[31] 송길섭은 박형룡이 1930년대에 보수신학을 정립했다면 같은 신학 정초기에 정경옥은 자유주의 신학을 확립한 학자였고, 양자의 신학이 너무나 대조적이었음에도 신학적으로 격렬하게 정면 대결한 일이 없었던 점에 대해 신비로운 일이라고 소회를 밝혔다.[32]

---

28) 김철손, "正景玉과 聖書硏究"「신학과 세계」(1979. 10), 40.

29) 같은 글, 19.

30) 김철손, "正景玉과 聖書硏究", 23.

31) 송길섭, 『한국신학사상사』(서울: 기독교출판사, 1988), 330.

32) 송길섭, 『한국신학사상사』(서울: 대한기독교출판사, 1992), 330.

김진영은 "정경옥의 신학 사상연구"(1989)에서 처음으로 정경옥의 신학을 조직신학적 관점으로 분석하였다. 그는 정경옥의 신론, 그리스도론, 구원론, 종말론을 중심으로 신학을 분석하였다. 정경옥의 신학의 성격이 자유주의, 신정통주의, 사회적 복음주의, 복음적 경건주의로 종합되고 통일되어 일원화된 성격을 가진다고 보았다.[33]

4. 1990년대 신학연구사

1990년대는 이전보다 정경옥의 연구가 많아졌다. 권오훈은 존 웨슬리와 정경옥의 성화론을 은총과 인간의 책임, 성화의 단계, 신학적 특징 세 가지로 나누어 설명하였다. 많은 부분에서 두 사람이 공통점을 갖고 있음을 통하여 정경옥이 감리교회의 전통에 충실했다고 평가하였다.[34]

한숭홍은 장로교 신학자로는 처음으로 정경옥의 생애와 신학 사상을 종교 신학의 맥락에서 연구하였다. 그는 신학 배경을 분석함으로 정경옥의 신학을 분석하였다. 첫째 존 웨슬리, 둘째 프리드리히 슐라이어마허, 셋째 알브레히트 리츨, 마지막으로 해리스 프랭클린 롤을 신학 배경으로 언급하면서 슐라이어마허의 '절대 의존감정'에서 규명된 종교성과 롤의 경험론적 종교 신앙론으로부터 결정적인 영향력을 받았다고 분석하면서 한국 신학 사상사에서 최초의 체계적인

---

33) 김진형, "정경옥의 신학사상 연구"(미간행 석사학위 논문, 연세대학교 연합신학대학원, 1989).
34) 권오훈, "요한 웨슬레와 정경옥의 성화론 비교 연구"(미간행 석사학위논문, 목원대학교 대학원, 1991).

종교 신학자로 평가했다.[35]

신광철은 정경옥의 생애와 사상에 관한 연구와 함께 정경옥 저작과 연구 자료에 대하여 연대순으로 자료를 소개하였다.[36]

유동식은『한국감리교회의 역사 I 』에서 "1930년대 감리교회의 사상" 부분에서 한국 감리교회가 세 개의 사상적 전통이 서로 보완하면서 맥을 이루어왔다고 보았다. 세 개의 사상적 전통은 김창준의 천국운동과 사회운동, 정경옥의 복음적 자유주의 신학, 이용도의 부흥 운동과 토착적 신앙으로 보았다.[37]

1996년에는 기독교대한감리회 교육국이 주관하여 기독교대한감리회의 창립이념과 지향할 목표, 그리고 신학적 바탕이 역사 속에서 실현되기 하고 21세기를 준비하기 위하여 정경옥의『기독교의 원리』를 분석하였다. 한국 교회사의 이덕주[38], 조직신학의 심광섭[39], 성서신학의 조경철[40], 신앙의 실천적 측면의 정지련[41], 종교개혁과 웨슬리 신학적 입장에서 조남홍[42]이 연구하였다.

---

35) 한숭홍, "정경옥의 신학사상(1·2),"「목회와 신학」(11, 12월 1992).

36) 신광철, "정경옥의 생애와 사상에 대한 연구 및 자료의 검토,"「한국기독교역사연구소소식 18」(1995), 29-30.

37) 유동식,『한국감리교회의 역사 I 』(서울: 도서출판 KMC, 1994), 540-580.

38) 이덕주, "〈교리적 선언〉과『기독교의 원리』에 대한 한국교회사적 의미," 기독교대한감리회 교육국,『교리적 선언과 정경옥의 기독교 원리에 대한 연구』(서울: 기독교대한감리회, 1996).

39) 심광섭, "정경옥의『기독교의 원리』에 나타난 신학적 특징," 위의 책.

40) 조경철, "정경옥의『기독교의 원리』에 대한 성서 신학적 비평," 위의 책.

41) 정지련, "신앙의 실천의 관점에서 본『기독교의 원리』5-8장," 위의 책.

42) 조남홍, "종교개혁 신학과 웨슬리 신학전통: M. Luther와 정경옥의『기독교의 원리』의 비교: 신학구조와 칭의론을 중심하여," 위의 책.

이정혁은 1930년대 대표적인 학자인 장로교의 박형룡과 감리교의 정경옥의 신학을 비교했다. 그는 정경옥을 자유주의적 신학으로, 박형룡을 근본주의적 신학으로 비교하였다. 정경옥의 신학의 특징은 1) 변증론적 특징, 2) 도덕적 관심, 3) 종합적·절충 신학적 특징, 4) 자유주의적 신학의 특징으로 설명하였다. 특히 성서관에 있어서는 정경옥이 고등비평을 받아들이면서도 성서의 영감설을 배제하지 않는 종합적인 모습을 보이며, 박형룡은 단호한 성서의 무오설과 축자영감설을 옹호하는 입장이라고 분석하였다.[43]

박용규는 장로교 합동 측 신학자로서 처음으로 정경옥의 생애와 신학을 연구하였다. 정경옥의 성적기록부에 근거한 학업의 상세한 내용과 사상을 개괄적으로 고찰하였다. 그는 정경옥의 사상을 1) 경험론적인 기독교 추구, 2) 체험의 신학자, 3) 감리교 신비주의자, 4) 동방 신학의 후예, 5) 온건한 현대주의자로 나누어 분석하였다.[44]

5. 2000년대 신학연구사

이헌규는 정경옥 신학 사상을 개방적 차원, 사회·문화적 차원, 그리고 정경옥 신학의 과제인 시대화와 향토화로 구분하여 설명하였다.[45]

이덕주는 "〈교리적 선언〉과 『기독교의 원리』에 대한 한국교회사적

---

43) 이정혁, "1930년대 한국교회 정경옥과 박형룡의 신학 비교 연구"(미간행 석사학위논문: 감리교신학대학교 신학대학원, 1997).

44) 박용규, "정경옥의 신학사상," 「신학지남」(겨울 1997), 156-72.

45) 이헌규, "정경옥 신학 사상에 관한 연구: 신학의 시대화와 향토화를 중심으로"(미간행 석사학위논문: 감리교신학대학교 신학대학원, 2000).

의미"를 통하여 잘못 알려진 것들을 역사적으로 수정하고 감리교회 신앙 및 신학의 원리를 규명하였다. 46) 이덕주는 「세계의 신학」에 "영성으로 신학하기"를 연재하면서 정경옥이 진도로 낙향한 이유를 규명하였고47), 도암의 성자 이세종(李世鍾)과 만남이 정경옥의 신학과 영성에 큰 영향을 미쳤음을 규명하였다. 48)

박종천은 한국 신학의 역사에서 진정으로 복음적이며 동시에 에큐메니컬 조직신학자의 효시로 정경옥을 꼽았고49), 김흡영은 자유주의 신학에 가장 익숙하면서도 바르트 신학을 한국에 소개한 신학자로서 틸리히의 상관관계 방법론과 유사하게 상황의 중요성을 정경옥이 강조했다고 주장했다. 50)

김경재는 박형룡의 근본주의적 보수신학, 김재준의 진보주의적 역사신학, 정경옥의 자유주의적 실존 신학, 이용도의 성령론적 부흥신학, 함석헌의 토착적 생명 신학의 다섯 가지 해류로 구분하여, 그 다섯 가지 해류의 창조적 합류 형태에 따라 다양한 현대신학의 색깔들을 보았다. 51)

---

46) 김철손, 차풍로 등이 교리적 선언의 초안자로 정경옥을 지목했으나 당시 정경옥은 미국 유학 중이었고, 남북 감리교회 합동 시 교육국에서 초안 작성과 인쇄 및 합동 총회 때 통역하였던 류형기 목사의 회고록을 근거로 정경옥이 초안자가 아니라 웰치를 초안자로 보았다. 이덕주, "〈교리적 선언〉과 『기독교의 원리』에 대한 한국교회사적 의미," 기독교대한감리회 교육국, 『교리적 선언과 정경옥의 기독교의 원리에 대한 연구』 3.
47) 이덕주, "정경옥의 귀거래사," 「세계의 신학」 (여름 2002), 121-22.
48) 이덕주, "정경옥의 조선 성자 방문기," 「세계의 신학」 (가을 2002), 177-78, 191.
49) 박종천, "그는 이렇게 살았다: 정경옥의 복음적 에큐메니컬 신학(1, 2)," 「기독교 사상」(7-8, 2002).
50) 김흡영, "한국 조직신학 50년: 간문화적 고찰," 이화여자대학교 한국문화연구원 편, 『신학연구 50년』(서울: 혜안, 2003), 148-49.
51) 김경재, 『아레오바고 법정에서 들려오는 저 소리』(서울: 삼인, 2005), 70-72.

정경옥 연구에 획기적인 전환점은 2005년에 정경옥 교수 저작전집 4권이 출간된 것이다. 감리교신학대학교 역사자료관에서 제1차로 정경옥 교수의 학문적인 유산인 그의 저서 또는 여러 지면에 발표하는 글을 모아 전 4권으로 발행한 것이다.

전집 1권은『기독교신학개론』으로, 저자가 자주 사용한 한자와 용어 및 표현을 선한용 교수가 풀어쓰거나 오늘의 신학계에서 사용하는 용어로 바꾸었다.

전집 2권은 네 개의 작은 책을 함께 묶은 것이다. 네 권의 책은『기독교의 원리』(1935),『그는 이렇게 살았다』(1938),『감리교 교리』(1939), 번역서인『신비경험의 가치』(1939)이다.『기독교의 원리』는 한국감리교의 교리적 선언을 신학적으로 해설해놓은 저술이며,『그는 이렇게 살았다』라는 한국인이 쓴 최초의 예수 전으로 예수의 생애를 8장으로 단순하고 알기 쉽게 표현한 것이며,『감리교 교리』는 1930년대 감리교회 지방등급 사경회 교과서로 발행했다.『신비경험의 가치』는 하버드대학 철학과 교수였던 루퍼스 존스(Rufus Jones)의 *Prayer and Mystic Vision*을 번역한 것으로서 평소 정경옥이 이 방면에 관심이 있었음을 보여주기도 한다.[52]

전집 3권은 교회사 번역으로『기독교사』(1932)는 윌리스턴 워커(Williston Walker)의 *A History of Christian Church*를 초역한 것이다.『기독교사』는 1930년대 총독부의 허가 절차상 선교사 기이부(奇怡富)와 한국인 류형기 양인의 명의로 발행했다. 이 사실을 류형기는 자기 자

---

52) "이 單行은 米洲 하버드大學 哲學科 敎授인 루퍼스·쫀쓰博士의「祈禱와 神秘的黙示」(Rufus Jones, "Prayer and Mystic Vision")을 全譯한것이라. 博士는「神秘宗敎의 硏究」「十七八世紀의 心靈上 改革者들」등 多數한 책을 著述한 神秘主義의 權威者中둥 한사람이다. 氏의 論文을 우리 敎界에 紹介할수있는 것을 眞實로 기뻐한다." 정경옥, "序"『神秘經驗의 價値』, 171.

서전에 다음과 같이 밝혔다. "기독교사는 정경옥 교수께서 미국 유학에서 귀국하여 최초로 번역한 것으로서, 정경옥 교수도 가시고 케이블 선교사도 가셔서 혼자 남아서 늦게나마 이 사실을 밝힌다." 이에 따라 정경옥 저작전집에 이 책이 들어가게 된 것이다.[53]

마지막 전집 4권은 『정경옥 교수의 신학연구』인데 116편의 논문과 글들로 이루어져 있다. 이 책은 윤춘병 감독이 신문, 잡지, 기타 여러 가지 자료를 편집함으로써 빛을 보게 된 것으로, 정경옥 교수의 성서연구, 신학 논문, 신학 에세이, 그리고 문학적인 글들로 이루어져 있다.

이 저작전집을 통해서 정경옥 연구의 1차 자료를 쉽게 접할 수 있게 되었다.

선한용(감신대 조직신학 은퇴교수)는 자신과 정경옥 교수의 개인적인 관계와 보향단 활동을 통한 민족주의 행적과 광주에서 목회하던 시절에 대한 귀중한 증언과 자료를 통해서 정경옥의 생애를 깊이 이해했을 뿐만 아니라, 『기독교신학개론』을 직접 읽어보면 자유주의 신학자라는 범주에 넣을 수 없음을 제시하였다.[54] 특히 정경옥이 "나는 신앙에 있어서 보수주의이요 신학에 있어서 자유주의라는 입장을 취한다"[55]라는 말은 그동안 정경옥을 자유주의자로 오해를 불러일으키는 유명한 말이었다. 선한용에 의하면 이 말은 다른 측면으로 살펴볼 필요가 있다고 한다. 그것을 영어로 말하면 "신앙은 보수적이요(conservation), 신학하는 데 있어서 자유적(개방적, liberal)이어야 한다"라는

---

53) 윤춘병 "정경옥 교수의 저작전집을 발간하면서", 『정경옥 저작전집』 발간사 중에서
54) 선한용, "철마 정경옥 교수의 생애에 대한 재조명," 『기독교신학개론』(서울: 삼원서원, 1939), 19.
55) 정경옥, 『기독교신학개론』, 4-5(序).

뜻이라는 것이다. 그가 자유주의라고 한뜻은 19세기의 자유주의 신학 사상을 말하는 것이 아니라, 늘 학생들에게, 혹은 자식들에게 "온고지신(溫故知新-옛것은 간직하고 새것을 알아라)" 태도가 그가 기독교 신앙의 전통을 지키면서 그것을 새롭게 해석, 이해해 보려는 자세를 말한 것으로 본다.[56] 선한용의 연구 이후 이전과는 달리 정경옥을 복음주의로 이해하려는 연구들이 늘어났다.

심광섭은 정경옥이 최병헌과 이용도와는 달리 서양 신학을 충분히 공부하고 서양 신학을 비판적으로 재구성하고 주체화한다는 점에 큰 의미를 부여하였고, 정경옥의 신학을 '복음주의적 생의 신학'(보수적 자유주의)'로 해석하였다.[57]

김영명은 정경옥 연구에서 한국에서 최초의 박사학위 논문을 썼는데, 그는 정경옥은 자유주의 신학자로서가 아니라 자유주의를 극복하고 자기의 독특한 신학을 이 땅 위에 수립한 탁월한 종합적 복음주의 신학자로 보았다.[58]

2010년도에는 10월 24일에서 수표교교회에서 정경옥의 생애와 신학을 재조명하는 학술포럼 '정경옥 목사, 오늘의 한국교회에 말을 걸다.'에서 홍승표는 정경옥을 진보적 복음주의 신학자로 보았다.[59]

---

56) 정경옥, 『기독교신학개론』(서울: 삼원서원, 2010), 19.
57) 심광섭, "정경옥의 복음주의적 생(生/삶)의 신학,"『정경옥 교수 추모기도회 및 강연회 자료집』(서울; 감리신학대학교 역사자료관, 2004).
58) 김영명, "정경옥의 생애와 신학연구"(미간행 박사학위논문: 호서대학교 연합신학전문대학원, 2007).
59) 국민일보 (2010. 10. 22.) "혜성 같은 삶 정경옥 목사, 오늘의 한국교회에 말을 건다면"

2012년 기독교에 대한 감리교 「교리와 장정」에서는 정경옥에 대해서 "1930년대 한국교회는 진보·보수 신학 사이에 첨예한 갈등을 겪고 있었다. 그러나 웨슬리 복음주의 전통에서 진보적 신학을 수용하였던 정경옥 목사는 '신앙에서는 보수주의, 신학에서는 자유주의'의 견을 취하면서 '신학의 현대화'와 '신학의 향토화'를 추구했고"[60] 라고 기술했다.

정경옥의 신학 연구사의 흐름을 보면 자유주의자로 규정되었던 정경옥의 신학이 그의 저술뿐만 아니라 삶을 통해서 "복음주의 신학"은 뗄 수 없는 상황임을 보게 된다. 복음주의 신학은 포용적이다. 복음이 불편하다는 생각과 그 본질을 수호하는 것에는 어떠한 양보도 없지만, 복음의 해석이 어느 한 시대의 생각에 고정되어 묶이지 않는다는 것을 받아들인다. 또한, 성령의 활동이 인간의 영역 내부로 제한될 수 없다는 것도 믿는다. 시대와 상황에 따라, 대중들의 수준이나 의식은 변하게 되어있다. 사람들의 시대적 인식에 따라 복음의 대처도 달라지게 되었다. 복음주의 신학은 근본주의가 아니며, 더욱 넓은 것이다. 그래서 견해가 다를지라도 다른 신학과 함께 자리할 수 있는 것이다.[61] 정경옥의 복음주의 신학이 포용적이기 때문에 그에 대한 연구자의 해석도 다양하게 나타나게 된다.

---

60) 「교리와 장정」(서울: 기독교대한감리회 출판국, 2012), 21.
61) 김명구, 『복음, 성령, 교회 재한 선교사들 연구』 (서울: 예영커뮤니케이션, 2017), 260.

Ⅳ. 정경옥의 복음주의 신학

1. 복음주의

복음주의는 획일(劃一性)을 지닌 하나의 실체라기보다는 오히려 다양성(多樣性)을 지닌 운동이다. 어떤 이는 복음주의라는 용어를 자기 것만을 옹호하기 위해 사용하고, 그와 다르면 비복음주의로 치부해 버리는 경향도 있다. 그러나 어느 누구도 복음주의나 복음주의 신학에 대한 독점권을 주장할 수 없다. 토마스 오든(Thomas Oden)은 "예수 그리스도 안에서 하나님의 복음을 신실하게 믿고 기쁨으로 받아들이는 모든 사람을" 복음주의자로 정의한다.[62] 초대교회 공의회, 루터, 칼빈, 침례파, 웨슬리의 교훈 아래 있는 사람들이 모두 복음주의자에 속한다. 이 견해에 따르면, 복음을 믿는 자는 모두 복음주의자며, 복음에 기초한 신학은 모두 복음주의 신학이다.

복음주의에 대한 이런 일반적 이해는 복음주의 정체성 해명에 큰 도움이 되지 못한다. 복음에 대한 충성과 헌신이 곧 복음주의에 대한 증명과 보증은 아니기 때문이다. 오히려 그것은 기독교와 기독교인 모두의 특징이기도 하다. 복음주의라는 용어는 그 의미가 다양하여, 학자들 사이에 논쟁이 그치지 않는 개념이다. 복음주의를 정의하는 것은 미국 종교사 편찬에서도 가장 큰 문제 중 하나로 취급된다. 논란이 되는 것은 복음주의를 정의해야 되느냐 또는 기술해야 되느냐, 신학적으로 정의하느냐 또는 정서적으로 정의하느냐, 그것이 신

---

62) Thomas Oden, "The Death of Modernity and Postmodern Evangelical Spirituality", *The Challenge of Post-modernism*, ed. David S. Dockery(Wheaton: A Bridgepoint Book, 1995), 20.

학이냐 아니면 운동이냐 하는 문제 등이다. [63)

복음주의 의미에 대해 다양한 해석이 제시되었으나, 이론의 여지 없는 통일된 정의는 존재하지 않는다. 복음주의 신학을 구성하는 것이 무엇인가는 아직도 논의되고 있다. 그래서 데이턴(Donald W. Dayton)은 복음주의란 용어는 더 이상 의미가 없으며, 그 유용성을 상실했다고 주장한다. [64)

한국교회의 신학적 정체성을 확립하기 위해서도 교회사적으로 복음주의의 계보와 역사를 정확히 이해하는 것이 필요하다. 맥그라스(Alister McGrath)는 계보와 역사를 안다는 것은 과거의 오류를 되풀이하지 않고 미래를 맞이할 준비를 하는 한 가지 방법이며, 그것은 또한 복음주의의 매력을 더 잘 이해하게 해주며, 많은 사람에게 복음주의가 어떻게 그런 강력한 호소력을 지니게 되었는지를 알게 해준다고 말한다. [65)

영국 역사가 베빙톤(David Bebbington)은 복음주의의 특징을 성경주의(biblicism), 십자가 중심주의(crucicentrism), 회심주의(conversionism), 행동주의(activism)으로 규정하였다. [66) 성경주의는 성경에 특별한 위치를 부여하는 믿음, 십자가 중심주의는 십자가에 달리신 그리스도의 희생을 강조하는 믿음, 회심주의는 삶이 변화되어야 한다는 당위를 강조하는 믿음, 행동주의는 복음을 전하는데, 노력이 필요하다는 믿음을

---

63) 목창균, "복음이란 무엇인가"『성결교회와 신학 3권』(서울: 현대기독교역사연구소, 1999), 12.

64) Donald W. Dayton, "Some Doubts about the Usefulness of the Category 'Evangelical'." *The Variety of American Evangelicalism*, ed. Donald W. Dayton & Robert K. Johnston (Knoxville: The University of Tennessee Press, 1991), 245.

65) Alister McGrath, *Evanglicalism& the Future of Christianity*, 신성일·정성욱 역『복음주의와 기독교의 미래』(서울: 한국장로교출판사, 1997), 17-18.

66) David Bebbington, Evangelicalism in Modern Britain: A History from the 1730s to the 1980s (London: Unwin Hyman, 1989), 2-19.

각각 의미한다. 복음주의를 이 네 특징으로 분류하는 베빙튼의 정의는 복음주의 연구의 출발점으로 학계에 폭넓게 받아들여진다.[67] 본 논문에서 복음주의는 성경, 십자가 중심주의와 회심주의를 회심체험으로, 행동주의는 구체적으로 영적인 생활의 변화로 규정하고자 하여 정경옥의 복음주의 신학에 대해서 살펴보고자 한다.

2. 성경

어떤 신학자나 그 나름의 신학의 텍스트가 있다. 정경옥 신학의 테스트는 성경이다. 그를 자유주의 신학자라고 지칭할 만큼 약간 진보적인 신학자로 논평을 받았으나 그의 신학은 철두철미 성경을 테스트로 하였다. 정경옥의 성서연구방법은 성경을 많이 읽고 내용을 다 파악하고 어디까지나 복음주의 입장에서 해석하고, 이해하고, 이론화하고, 현실화하고, 생활화했다.[68] 그는 말하기를 "성경은 우리의 신앙과 생활에 있어서 유일한 표준이 되므로 신학의 임무는 성서의 해석에 있다"라고 하였다.[69] 그러면서 종교개혁자들은 기독교 신학의 중심과제를 교회의 교의에서 찾지 않고 성경에서 찾은 것같이 그도 성경에서 신학의 과제를 찾는 데 주력했다.

1934년 5월~6월 두 달 동안에 "묵상의 일기"를 「神學世界」에 연재했다. 그가 매일 성경을 읽고 깊이 묵상하고 영감을 받고 감동과 감격한 것을 그대로 수기한 명상록이다.

---

67) 이재근, "매코믹 신학교 출신 선교사와 한국 복음주의 장로교회의 형성, 1888-1939" 『한국 기독교와 역사』 제35호(2011년 9월 25일), 32.
68) 김철손, "正景玉과 聖書研究", 27.
69) 정경옥, 『기독교 신학개론』(서울: 삼원서원, 1939), 55.

1934년부터 "요한 1서 강해"를 써내기 시작했다. 1934년에 시작하여 여러 해 계속하였는데 1936년, 1937년에는 없고, 1938년부터 다시 계속해서 모두 11회에 걸친 성서강해가 「神學世界」에 연재되었다.

1935년에 기독교 조선감리회의 「교리적 선언」을 강해한 교재로서 교회에서 교리를 연구하거나 교수하려는데 교과서로 충만한[70] 『基督教의 原理』를 저술했다. 당시 감리교 조직신학 교수로서 교리를 해설한 책이기 때문에 오늘도 이 책의 권위는 그대로 살아있다. 이 책의 교리해설방법이 어디까지나 성서적이다.

모두 8조 목으로 되어있는 교리의 해설방법은 제목을 설문으로 하고 이에 대한 대답으로 주어진 조항을 충분히 설명해주고 있다. 그런데 설문에 따르는 대답은 반드시 신구약성서 본문에서 가장 적절한 곳으로 지적해주었다. 그의 신학적 해설이 성경에 근거를 두고 있기 때문에 경건하며, 복음적이며 또 신학적으로 이론적으로 타당성이 있어 누구나 수긍이 가는 논리적 해설을 읽을 수 있다. 그리고 매 항목 끝에 주제에 관해서 성경공부를 할 수 있도록 공과를 달아주었다(제목, 본문, 요절, 대요).[71]. 그의 성경에 대한 열의와 풍부한 지식과 경건한 이해력에 대해서 감탄할 뿐이다. 그의 성서에 대한 열의와 풍부한 지식과 건전한 이해력에 대해 감탄할 뿐이다.[72]

『基督教의 原理』 가운데 제5장의 주제는 성경이다. 여기서 정경옥

---

70) 정경옥, "序", 『基督教의 原理』, 4.
71) "各節의 마즈막에는 問題를 따라 聖經工課를 만드터서 그 題目, 本文, 要節及 大要를 簡略하게 指示하였다. 이것을 標準으로하여서 聖經班으로 하여금 繼續的으로 敎理를 공부하게 할 수 있을 것이다" 정경옥, "序", 『基督教의 原理』, 4.
72) 김철순, "正景玉과 聖書研究", 30.

의 성경관을 엿볼 수 있다. 그는 성경의 효능(效能) 부분에서 이렇게
말한다.

> "聖經은 人間을 救援하시랴고 하는 하나님의 사랑에 예수 그리스도 안
> 에 그대로 나타나 있으며 예수의 自發的苦難으로 말미아마 人類의 罪
> 惡을 代贖하신 것을 가라쳤다. 基督敎는 救贖의 福音이다. 이는 하나님
> 의 사랑이 그리스도 예수 안에 나타나 우리에게 값없는 恩賜를 주시고
> 우리를 救贖하신 福音을 보여준다. 聖經은 이러한 그리스도의 福音과
> 이福音으로 因하야 救贖함을 받은 體驗을 記錄한 것이다."

정경옥에 의하면 성경에는 인간을 구원하시는 하나님의 사랑에 예
수 그리스도 안에 그대로 나타나 있고, 예수의 자발적 고난을 말미암
아 인류의 죄악을 대속하는 것을 가르치고 있다고 말한다. 기독교는
구속의 복음이며, 성경은 이런 그리스도의 복음과 복음으로 인해서
구속함을 받은 체험을 기록한 것이라고 말하고 있다.

1939년에 쓴 『기독교신학개론』은 당대 한국 신학자가 쓴 것으로
가장 깊이가 있고 넓이가 있는 신학 서적이다. 그의 신학을 종합적으
로 집대성해서 저작한 『기독교신학개론』은 그의 해박한 지식과 깊은
사유와 신앙적 신학적 자기 비판력을 총동원해서 엮은 세기적인 역
작이다.[73] 1939년에 발간된 것이지만 오늘의 신학도가 읽어도 전혀
모자람이 없을 만큼 기독교 신학의 본질적인 주제들을 충실하게 다
루고 있다. 그는 이 책에서 인본주의를 비판하고 전통적인 신앙의 본
질을 고수하고 설명하려고 노력했는지를 엿볼 수 있다. 더욱이 이 책

---

73) 위의 책, 29.

후반부에서는 어느 신학자보다도 성서를 많이 인용하여 자기의 고백적인 신앙을 뒷받침하고 있다.

그의 강연 집인『그는 이렇게 살았다』라는 책은 그의 산 설교이며 웅변적인 교훈이다. 그는 이 책의 내용을 가지고 며칠 동안 설교를 했을 때 많은 젊은이가 감동하고 신학을 선택한 사실이 있다고 한다.[74] 위에서 말한 바와 같이 정경옥은 조직신학 교수였기 때문에 성서를 교실에서 강의한 일은 없지만, 그의 신학, 그의 신앙, 그의 사상은 철두철미 성경에 기초하고 있다.

3. 회심

복음주의 신학은 회심을 중요시한다. 하나님 앞에 각 개인이 회개하고 자복하는 것을 신앙의 출발점으로 본다. 복음주의는 단독자로서 자신의 내면의 죄까지도 고치려는 태도와 철저한 도덕적 행위의 병행을 강조한다. 그래야 비로소 신앙인이 된다는 의식이 유달리 강하다.[75] 내적 신앙이 선행되면 자동으로 에너지를 발휘하여 사회 주변의 상황을 돌파할 힘이 된다고 믿는 것이다. 곧 개인의 성화를 이루면 자동으로 사회적 성화로 확대되는 구조이다.[76]

정경옥의 삶에서 회심 체험은 그가 서울 경성 고등보통학교(현 경기

---

74) 평양, 광성고보에서 전교생 수양회를 가졌을 때 정교수는 "그는 이렇게 살았다"라는 책의 내용을 가지고 강연을 하여 학생들에게 큰 감동을 주었고 강연내용을 정리해서 이 책을 내게 되었다고 한다. 같은 책, 29.
75) 김명구,『복음, 성령, 교회 재한 선교사들 연구』(서울: 예영커뮤니케이션, 2017), 206.
76) 위의 책, 180.

고교) 재학 중 1919년 삼일운동 학생시위에 참여했다가 제적당한 시기부터 살펴볼 필요가 있다. 이후 고향에 내려와 한학을 공부했고, 한학을 공부하던 서당생들과 '보향단'을 결성, '독립신문' 등을 제작 배포하다 체포되었다. 광주지방법원 목포지청 검사 분국의 사건 기록에 의하면(대정 9년 2월 7일) 정경옥은 보안법 위반자라는 죄목으로 유죄로 확정 판결되었고, 집행원부에 의하면 그는 1920년 2월 18일 보안법 위반으로 목포형무소에서 6개월의 형을 살았다.[77]

감옥 생활 중 그는 성경을 접하게 되었고, 성경을 통하여 깊은 신앙 체험을 했으며, 그 감방에서 어떤 장로와 대화를 많이 나누었다고 한다. 정경옥의 큰 딸에 증언에 의하면 그는 그 감옥에서 기독교 신앙으로 개종했다고 말하고 있다.[78]

김철손에 의하면 정경옥이 미국 유학 후 아직 목사 안수를 받지 못했기 때문에 신학교에서 강의하는 한편 서울에서 가까운 어떤 작은 교회를 담임하고 전도사의 과정을 밟아 연회에서 매해 한 번씩 진급 시험을 받게 되었다. 그가 서리(署理) 교역자로 있을 때 한번은 연회 자격 심사위원 앞에서 심사를 받게 되었다. 정경옥 교수의 신원을 전혀 알지 못하는 어떤 심사원이 그에게 묻기를 "당신은 회심(回心)의 체험을 한 일 있습니까?" 하였다. 그때 정경옥은 "예, 나는 매일같이 회심의 체험을 하고 있습니다."라고 대답을 했다.[79]

정경옥은 감리교신학교에서 교수한 지 5년 만인 1937년 3월 교수 생활을 청산하고 고향인 진도로 내려갔다. 이때 그의 상황을 쓴 글이

77) 정경옥, 『기독교 신학개론』, 12.
78) 위의 책, 13.
79) 김철손, "正景玉과 聖書硏究", 23.

"위기·흙·나"[80]이었다. 정경옥은 진도에 내려오기 전 본인의 심정을 다음과 같이 고백한다.

> "神學校에서 教鞭을 잡은 지 五六년동안에 나는 무엇을 하였는가. 봄이 되면 봄 課程을, 가을이 되면 가을 科程을, 그리고 겨울이 되면 겨울 科程을 해마다 같은 노트에 같은 방식으로 機械를 틀어 놓은 것 같은 講義를 反復하는 동안에 해마다 말은 자라나 生命은 죽어저 스사로 讀書도 하지않고 硏究도 끊치고 生活에 反省이 없으면 創作力이 盡하였다. 날마다 사는 것이 外部에 있어서 擴大하고 內面에 있어서 자숙하는 生活이였다…내게 강한 것이 있다면 이 강한 나를 辨證하고 죄된 몸을 合理化하려는것이다…생각하사록 나自身이 가엽슨 존재이다."[81]

정경옥은 감리교신학교에서 교수 생활 가운데 매년 반복되는 생활로 매너리즘과 창작력이 다해서 진이 다했다고 말한다. 그는 복잡한 서울 생활에서 진도로 온 후 단순한 생활을 했다. "노동하고 세끼 밥을 먹으며, 밤이면 잠자고, 아무런 원망도 공명도 없이 운명을 달게 받고 그날그날을 즐기는 단순한 생활이 얼마나 거룩한가?"[82]라고 말한다. 그의 시골 생활은 안정적이고 단순했다. 그 과정에서 참된 자아를 찾아 나갔다.

진도에서 생활 중에 정경옥은 숨은 성자 이세종(李世鍾)을 만나게 된다. 당대 한국 최고의 신학자로 불리는 정경옥은 촌부 이세종을 존경하는 이유를 이렇게 말한다.

---

80) 정경옥, "위기·흙·나" 새사람 7집 1937, 11-17.

81) 위의 책, 11-12.

82) 위의 책, 14.

"그는 과연 자기를 이긴 사람이오. 참된 사랑의 사도이다. 그에게는 깐 디의 정책도 없고, 싼다싱의 윤리도 없고, 내촌씨의 지식도 없다. 그러 나 나는 깐듸보다도 싼다싱보다도 내촌씨보다도 이공의 인물을 숭외 하여 마지아니한다. 나는 이러한 위인들보다도 그를 이세상에 자랑하 고 싶다. 물론 그는 설교가도 아니오 신학자도 아니오 경리가도 아니 오 가업사도 아니다. 그러나 나는 오히려 그의 가식없는 인물을 존경한 다……聖經을 學問으로 배우려고 하지 아니하고 神學을 理論으로 꾸 미려고 하지 아니하기 때문에 그를 尊敬하는 것이다. 그가 받은 영감을 누가 부인하랴. 그의 엄숙한 신앙을 누가 거역하랴."[83]

성경과 회심 체험은 복음주의 신학의 두 축이다. 더불어 복음주의 는 성서 윤리의 철저한 실천을 강조한다.[84] 규범화되고 지침서화된 방식을 강조되면 내적 회심의 통로를 찾아보기 어려워진다. 복음을 교리화하면 복음의 순수성과 본질을 왜곡시킬 수 있고 역동성과 생 명력까지 약화할 수 있다.[85] 정경옥은 고향 진도에서 단순한 삶과 이세종을 통해서 복음의 순수성과 본질을 회복하여, 역동성과 생명 력이 회복되어 다시금 강의와 저술 활동을 하게 되었다.

4. 영적인 변화된 생활

복음주의는 신학적 교리가 단순하고 감정적이다. 개인의 회심과 그에 따른 믿음, 그리고 이에 같은 성령의 내적 체험을 통한 경건한

---

83) 정경옥, "숨은 聖者를 찾어" 새사람 7집 1937, 31-36.
84) 김명구, 『복음, 성령, 교회 재한 선교사들 연구』, 330.
85) 위의 책, 254-255.

삶에 강조점을 두고 있다.[86] 영적인 변화된 생활이란 복음주의에서 성경을 통한 복음을 통해서 회심 체험을 하면서 자연스럽게 도덕적 행동, 성경공부, 기도 생활, 전도와 선교 활동으로 표현되는 개인적 헌신으로 나타난다. 또한, 복음주의는 개인 구원, 개인윤리, 사회변화로 이어지게 된다. 성도의 바른 삶은 교회 안에서뿐만 아니라 사회에서도 영향을 끼친다. 자타가 인정하는 기독교인 되려면 먼저 분명한 신앙고백을 해야 하고, 높은 수준의 도덕성과 깨끗하고 고매한 윤리적 삶을 살아야 한다. 그런 삶은 교회의 공공성과 사회변화로 연결된다.

이 영적인 변화된 생활은 도덕성을 기반으로 복음을 종교성의 한계를 벗어나 사회성을 가지게 된다. 정경옥은 신학자로서 영적인 변화된 생활의 모습을 보여준다.

정경옥은 기독교 도덕성을 보여주는 대표적인 저작으로 그가 진도에 요양하던 당시 저술했던 『그는 이렇게 살았다』를 들 수 있다. 그는 예수 그리스도께서 성육신으로부터 최후의 죽으심에 이르기까지, 즉 구유에 눕히신 때로부터 십자가 처형에 이르기까지 일생에 걸쳐 보여주신 도덕관을 일목요연하게 분석했다.

① 구유의 기독: a. 진리의 화신(요1:14), b. 종의 형상을 입으신 하나님
   의 아들(빌립보서 2장) c. 하나님의 구원의 은총과 사랑의 표시(눅2:11)
② 강변의 기독: 요단강에서의 수세. 우리의 일생에도 요단강이 있어야
   한다 / a. 타락한 생활, 더럽혀진 몸을 그리스도의 피로 깨끗이 씻고
   하나님과 동행하는 삶 b. 기도 c. 순결과 헌신

---

86) 김명구, 『복음, 성령, 교회 재한 선교사들 연구』, 327.

③ 광야의 기독: 시험받으시는 광야의 예수 / a. 사상의 광야(옛 사람의 경험에 비추어 판단 "기록하였으되") b. 도덕의 광야(떡, 외화, 권욕) 시험에 승리하심

④ 산상의 기독: 산상보훈, 제자 선택, 변화산, 고독하실 때

⑤ 노방의 기독: 산에서 내려와 인간의 거리에 나타나심 / a. 노방의 예수는 사람의 사람 b. 믿음의 사람 c. 능력의 사람

⑥ 정원의 기독: 목요일 겟세마네 동산의 눈물에 젖은 그리스도 / a. 번민 b. 인고 c. 고독

⑦ 십자가의 기독: a. 희생의 가치 b. 순결의 가치 c. 구속의 능력을 보여줌

정경옥이 예수 그리스도의 생애와 행적을 중심으로 분석한 도덕관은 다음 세 가지의 관점에서 주목할 만한 논점을 시사해준다.

첫째, 그의 도덕관 전개는 '구속의 은총'을 기반으로 하여 '그리스도인의 삶'으로 도식화되어 있다. 즉 구속의 은총과 그리스도인으로 사는 삶은 상호 인과관계를 형성하며 한 지평에서 밀접하게 유기적 관계를 형성한다. 그는 이 저서 첫 장에서 "현대의 기독"을 전개하면서 "예수를 모셔다 놓기만 하지 말고 예수를 깨워야 한다. 그가 우리의 풍랑을 잔잔케 하실 것이다. 이제는 생활 전면에 있어서 교회의 조직과 활동에 있어서 그리스도의 생명이 움직이지 아니하면 아니 될 시기"[87]라며 1) 예수의 사상을 우리의 생활에 살릴 것, 2) 예수의 인격을 우리의 생활에 살리도록 힘쓸 것, 3) 예수께서 나타내신 구속의 은총을 우리의 것으로 삼을 것을 촉구했다.[88]

둘째, 정경옥은 예수 그리스도의 도덕관을 고찰할 때 단지 공생애

---

87) 정경옥, 『그는 이렇게 살았다』, 14.
88) 앞의 책, 11-25.

의 특정한 사역이나 일정 기간의 일면만을 보고 분석했던 것이 아니라 그리스도의 일생에 걸쳐 총체적으로 파악했다. 이러한 연대기적 분석은 남녀노소 모든 기독교인이 현실에 헌신적으로 참여하여 순례자의 삶을 살 것을 독려하는 교훈을 보여준다. 그는 제2장부터 마지막 8장에 이르기까지 통시적(通時的, diachronic)으로 예수 그리스도의 삶을 구성하여 전개했다. 송길섭은, 정경옥이 모든 기독교인이 사회 현실에 적극적으로 참여할 것을 촉구하는 신학을 도출했던 것은 1930년대 한국교회의 실정에서 볼 때 큰 의미를 갖는다고 평가했다. 당시 내세적 신앙의 일변도에서 교회의 관심을 다방면의 사회적 문제에 돌리게 했다는 것이다.[89]

셋째, 정경옥은 예수 그리스도의 생애와 행적을 통해 도덕적 이상과 성취를 논하면서 '현장'과 '현실'을 극적으로 묘사해냄으로써 선명하게 보여주었다. 제2장 "구유의 기독"으로부터 마지막 8장 "십자가의 기독"에 이르기까지 생생하게 엮어낸 예수 그리스도의 삶을 통해 "여기에서 그리고 지금"(here and now)이라는 현장과 실천을 아우르는 설득력 있게 견지했다.

영적으로 변화된 생활에서 정경옥은 1941년 12월 7일(태평양 전쟁이 일어난 전날 밤, 만주에서 돌아온 지 얼마 안 되어) 온 식구가 자고 있는데 일본 경찰들이 방으로 들어와 정경옥을 미국의 스파이라고 말하면서 연행해 간 사건이 있었다. 이 사건의 배경은 고향에서 정경옥 부친과 분

---

89) 송길섭, 『한국신학사상사』, 342. 해방 전 한국기독교가 현실을 무시하고 내세에 치중한 행태를 비판한 문헌으로 다음 글을 참고할 것. 이광수, "今日朝鮮耶蘇教會의 欠點", 「靑春」 11(1917), 76-83; 안수강, "한치진의 『基督教人生觀』을 통해서 본 1930년대 한국교회상: 문제점 진단 및 개선방안 제시를 중심으로", 「韓國教會史學會誌」 46(2017), 241-285.

규가 있어서 앙심을 품고 모함한 것이 문제의 발단이 되었다. 정경옥을 모함한 사람은 이기행인데, 나중에 체포되어 진도 경찰서의 감방에 정경옥과 함께 있게 되었는데, 그에게 정경옥이 베푼 친절과 사랑은 같은 감방에 있는 사람들을 놀라게 했다고 한다. 아내가 식사를 가지고 오면 그 밥을 이기행에게 주고 자기는 관식을 먹기도 했다는 것이다. 그리고 "타인을 위한 것이 결국 자기가 사는 길이 된다"라는 설교를 자주 감방에서 했다 한다고 한다.[90]

정경옥의 영성은 평범한 삶의 일상적인 것에서 하나님을 발견하는 일상생활의 영성이었다. 그에 의하면 참된 영성은 평범한 그리스도인의 생활 현장에서 거룩해지는 것이다. 정경옥은 생활로 나타나지 않는 기독교 신앙은 참된 신앙이 아니며, 기독교는 일상생활의 힘이 되어야 한다고 말했다.

V. 나가는 말

정경옥은 1903년 5월 전라남도 진도의 철마산 아래에서 태어났다. 어린 시절 진도에서 보낸 뒤 서울로 유학, 경성 고등보통학교 재학 중이던 1919년에는 삼일운동 학생시위에 참여했다가 제적당한다. 낙향한 뒤로도 그는 「독립신문」 등을 제작하여 배포하다 체포되어 6개월간 옥고를 치른다. 감옥 생활 중 성서를 접하고 기독교 신앙인들의 영향을 받아 기독교로 개종하고, YMCA, 일본의 야오야마학원 대학, 감리교 협성신학교, 게렛신학교(B.D.), 노스웨스턴대학(M. A.) 등지에서 신학을 공부한다. 미국 유학에서 돌아온 뒤로 1931년부터 감

---

90) 위의 책, 20-21.

리교신학교에서 가르치기 시작했다. 교지인 「신학세계」 주간을 맡는 동안 60여 편의 신학 논문을 발표했고, 감리교 신앙고백서를 해설한 『기독교의 원리』(1935)를 집필했다. 그 후에도 예수의 생애를 그린『그는 이렇게 살았다』(1938), 조직신학 개론서인 『기독교 신학개론』(1939) 등을 저술했다. 1945년 4월 1일, 광복 4개월 앞두고 42세의 나이로 별세했다.

정경옥의 신학 연구사는 1960년대 유동식에 의해서 '자유주의'로 소개한 후, 학계에서는 '자유주의 신학자'라는 꼬리표가 1990년까지도 떼어내지 못했다. 2005년을 기점으로 정경옥 교수 저작전집이 출간된 후 정경옥에 관한 연구의 깊이와 폭은 더욱더 넓어졌으며, 복음주의 신학에 관한 연구도 나오기 시작했다. 이전 정경옥의 신학연구는 복음주의 신학의 포용성과 이해가 없는 것에서 나온 결과라고 할 수 있다.

정경옥은 복음주의 신학의 전통 아래에 있다. 복음주의의 특징은 성경과 회심 체험, 영적인 변화된 생활이라고 할 수 있다. 성경은 사람에게 계시가 된 하나님의 말씀이며 우리의 신앙 활동에 있어서 유일한 표준이 된다. 회심은 하나님 앞에 각 개인이 회개하고 자복하는 것으로 신앙의 출발점으로 본다. 복음주의는 하나님 앞에 자신의 내면의 죄까지 고치려는 태도와 철저한 도덕적 행위의 병행을 강조한다. 내적 신앙이 선행되면 자동으로 에너지를 발휘하여 사회 주변의 상황을 돌파할 힘이 된다고 믿는다. 개인 구원, 개인윤리, 사회변화로 확대되는 구조를 갖게 된다.

정경옥에게 성경은 인간을 구원하시려는 하나님의 사랑과 예수 그리스도의 십자가 구원을 가르쳐주며, 우리에게 값없는 은혜를 복음을 준다고 보았다. 그의 저서를 보면 그의 신학, 그의 신앙, 그의 사상이 철두철미하게 성경에 기초하고 있다. 정경옥은 독립운동 중 목포형무소에 있을 때 성경을 통해서 깊은 신앙 체험을 했고, 이 회심의 경험이 신학으로 가는 여정의 시발점이 되었다. 감리교신학교 조직신학 교수로 생활 중 낙향했을 때 이세종을 통하여 예수의 모습을 새롭게 발견하는 체험을 통해서 복음주의 신학을 더욱더 공교히 했다. 정경옥의 영적인 변화된 생활은 그의 영성에서 드러난다. 평범한 삶의 일상적인 것에서 하나님을 발견하는 일상생활의 영성이었다.

연보(年譜)

1903년 5월 24일   전라남도 진도군 진도면 교동리에서 출생

1917년   경성고등보통학교 입학, 허순화와 결혼(미국 유학중 별세)

1919년   삼일운동 학생 시위 참가로 제적

1920년   보향단 조직, 독립신문 배포로 보안법 위반으로 징역 6개월 수감생활(목포 형무소)

1922년 3월   중앙기독교청년회 월간지 「청년」에 '나의 생각' 시 발표

1923년   중앙청년학관 영어과 졸업

  일본 도쿄 아오야마학원 신학부 입학(9월 관동대지진으로 휴학)

1924년   감리교 협성신학교 입학

1928년 1월 18일   감리교 협성신학교 졸업(41명) 7월 미국유학

1930년   미국 개릿신학교(Garrett Biblical Institute) 졸업(신학사)

1931년   미국 노스웨스턴 대학교 석사(조직신학) 졸업

  졸업논문 「신비주의 저등과 고등 형식들 사이의 구별에 관련한 J. H. 류바의 종교 신비주의 심리학 대한 고찰」

  가을학기 감리교신학교 조직신학 교수로 부임, 연희전문학교 강사로 강의

1932년   윌리스턴 워커 "A History of the Christian Church" 번역출판

1934년	제4회 중부연회 준회원 허입
1935년	『기독교의 원리』집필
1937년	제6회 중부연회에서 준3년급 진급
	3월 교수생활을 청산하고 고향 진도로 내려감
1938년	예수전『그는 이렇게 살았다』출간
1939년	감리교신학교 교수 복귀, 조직신학 대작『기독교 신학개론』출간
	11월「감리교교리」저술간행, 12월 교수직 사임
1940년	감리교신학교 일제에 의해 폐교, 만주신학교 교장
1941년 12월 7일	진도경찰서에 친미파로 연행
1943년 2월	광주중앙교회에서 목회
1945년 4월 1일	42세를 일기로 별세

6장

강 원 용

"나는 평생 이상과 현실 사이에서 균형과 조화를 이루려고 시도하며 살아왔다. 나는 이상주의자도 될 수 없었고 낭만주의자로 살 수도 없었다. 또 허무주의자로도 살지 않으려고 노력해왔다. 모든 것이 대립과 양극화된 상황 속에서 정치적으로나 종교적, 사회적으로 일관되게 내가 지켜온 자리는 양극의 어느 쪽도 아니고 그렇다고 중간도 아닌, 대립된 양쪽을 넘어선 제3지대였다." (강원용의 회고록 "역사의 언덕에서" 중에서)

6장
강원용

I. 들어가는 말

　과거의 역사적 인물 가운데에 특정한 인물에 관해서 흥미를 가진 것은 오늘의 시대와 무관할 수가 없다. 우리가 사는 오늘의 시대, 그와 같은 인물을 요청하고 있기 때문이다. 가치관이 무너지고 사회의 방향이 정립되지 못한 혼란기 또는 전환기에는 새로운 역사 창조를 갈망한다. 한국 현대사에 일제 강점기와 해방공간, 6.25 전쟁이후 민주화가 이뤄진 시기를 격동시대라고 부른다. 이 시기는 또한 한국 기독교사에 있어서 기독교 정신을 어떻게 이 땅 위에 구현해야 할 지 고민하던 시기로 특히 1960-1980년대는 군사 정권에 대한 반대운동과 맞물려 한국교회와 사회 모두 엄청난 혼란에 빠져 있었다. 이때 이 문제를 자기 신학에 입각하여 새롭게 변혁하고자 했던 목회자가 있었으니 바로 강원용이다. 당대 목회자이자 교육자, 사상가, 사회의 비평가로서 활동하였으므로 그의 설교 자료와 사회 일반자료(단행본, 기독교잡지, 신문)를 통해 그의 생애와 사상(思想)에 대한 부분을 고찰하고자 한다.

II. 강원용의 생애, 교회사적 의의

1. 생애

1) 농촌 산골마을 야학과 교회개척에 열심하던 젊은 기독청년 : 1917-1937

강원용 목사는 1917년 함경남도 이원군 남송면 속칭 '다보골'에서 유교 가풍의 가정에 종손으로 태어났다.[1] 소년 강원용을 기준으로 4대가 함께 모여 생활하는 대가족 중심의 농촌 화전민 촌에서 15세까지 유소년 시절을 보냈다. 아버지 이름은 강호연(姜浩然)씨이며 강직한 성격과 가부장적인 유교적 가치관에 의해 가솔을 이끌어간 분이다. 어머니인 염효성(廉曉星)은 자애로움과 정이 많은 성품이었다. 강원용 목사는 아버지의 강직한 성품과 어머니의 예능적 감수성이 풍부한 성품을 물려받았다. 그리하여 강 목사의 성격에는 지성과 감성, 결단력과 감수성, 카리스마적 기질과 휴머니즘적 인간애가 공존하는 성품을 가졌다.

강 목사가 기독교 신앙을 접하게 된 계기 중 두 가지 사건이 중요하다. 강 목사의 외삼촌 염쾌석[2]은 함흥고보를 졸업하고 교편을 잡고 있던 교사였다. 톨스토이와 일본의 빈민구제 선교자 가가와 도요

---

1) 강원용, 『역사의 언덕에서 1』(서울 : 한길사, 2003), 32.
2) 강원용의 외삼촌에 대한 기억은 다음과 같다. "외삼촌은 기독교 신자였다. 나는 외삼촌을 통해서 톨스토이와 가가와 도요히꼬(1888-1960)의 얘기를 감명 깊게 듣고, 잘 알지도 못하면서 그들의 책을 열심히 읽었다. 외삼촌은 내게 그리스도와의 만남, 신자로서의 삶, 진정으로 이웃을 위해 사는 길이 무엇인지를 의식적 혹은 무의식적으로 가르쳐 줌으로써 후일 나의 구체적 사상과 활동이 꽃필 수 있는 씨앗을 심어준 분이셨다. 외삼촌과 가까이 지내면서 내 마음 속에는 기독교를 맞아들일 자세가 서서히 성숙되고 있었던 셈이다. 강원용, 『빈들에서 1』(서울 : 열린문화, 1993), 40.

히코를 좋아했던 이 분은 강원용에게 성경과 위 두 사람의 책을 소개해 주었는데, 이것이 그 중 한 가지다.

두 번째로는 강원용은 할머니와 집안의 극심한 반대에도 오랜 고민 끝에 박성업 씨 집에서 주일 낮과 밤 그리고 수요일 저녁에 열리는 예배에 참석하게 되었을 때, 그는 이렇게 말했다.

> 설교를 듣고 성경을 공부하고 예배드리고 기도하는 가운데 나는 그때까지 믿어온 귀신과 도깨비에서 해방되어 기독교의 하나님을 믿기로 확실하게 결정을 내렸다.[3]

그가 16세 때(1932) 서기현 목사에게 세례를 받았다. 증조부와 조부가 세상을 뜨신 후 강원용의 아버지는 재산을 정리하여 만주 간도지역 한인촌 마을로 이주하여 일부 농토를 마련하고, 차량 한 대를 구입하여 화물운송업을 시작했다. 하지만 마적단의 습격을 받아 재산을 잃고 실의에 빠져 한두 해 동안 가정에 돌아오지를 않았다. 강원용은 본의 아니게 소년가장이 되어 대가족을 먹여 살리는 고된 노동을 감당했다.

함경도 산골에서 고된 농사일에 종사하면서도 청년 강원용은 인생의 의미를 찾고자 하는 존재 의미에 대한 물음과, 일본 식민지 통치에 시달리는 민족의 비참한 현실을 절감하면서 늘 고민하였다. 아들의 고민을 잘 알고 지켜보던 자애로운 어머니 염효성씨는 가정 어른과 상의 없이 농촌에서 유일한 재산과 다름없는 소를 판 돈 70원 학비를 마련했다[4]. 그리고서 아들 강원용이 공부하여 큰 뜻을 펴도록

---

3) 강원용, 『역사의 언덕에서 1』, 60.
4) 박근원, 『여해 강원용 목사 평전』(서울: 한길사, 2017), 44.

격려하고 그를 만주 간도 용정으로 떠나보낸다. 한국 기독교 지도자 거목 강원용이 있기까지 그 뒤엔 두 사람의 헌신적 여성이 있었으니, 한 분은 어머니 염효성이요 다른 한 분은 강 목사의 아내인 겸손한 반려자 김명주 사모다.

만주 간도 땅 용정엔 캐나다 선교부와 간도 명동촌의 교회 지도자 김약연 등이 북간도 대표 명으로 캐나다 장로교 선교부에 의료시설과 중등과정의 교육시설, 교회 증설과 전도 사업을 위한 청원서를 냈다. 이 청원서를 받은 캐나다 선교부가 기독교학교 은진중학교를 세우게 되었다.[5] 특히 은진중학교는 훗날 한국의 교육, 종교, 문화, 언론에서 활약한 중요한 지도자를 배출한 곳이다.

강원용은 은진중학교에 들어가서 당시 성경교사로 부임한 장공 김재준 목사를 만나 제2의 인생의 길을 시작한다. 한국 기독교 교회사에서 함경도지방과 만주 간도지방을 중심으로 한 캐나다 선교부이다. 평양을 중심으로 한 관서지방 못지않게 함경도와 간도를 중심으로 한 동북부지역에서 김학연, 김재준, 문재린, 강원용, 문익환, 문동환, 안병무, 윤동주, 이상철 등 큰 인물이 배출되었다는 것을 주목해야 한다. 여기에 캐나다 선교부의 선교정책이 큰 영향을 끼쳤다. 개방적이고 진보적인 기독교 신앙, 교회사랑 나라사랑을 하나로 생각하는 믿음, 평신도지도자를 존경하고 여성의 지도력을 키워낸 열린 신앙이 거기엔 숨 쉬고 있었다.

김재준과의 만남은 신앙과 신학의 토대를 마련해 주었다. 무엇보다도 그동안 강원용이 지녔던 율법주의적 기독교 신앙의 억압에서 벗어나서, 복음의 본질이 예수 그리스도 안에서 새로운 피조물로 변화되어 사랑과 정의와 봉사와 평화를 위해 사는 '자유인이 되는 은혜

---

5) 위의 책, 47.

의 사건'임을 깨닫게 된 것이다. 그리고 강원용은 평생 그 복음을 위하여 살게 된다.

강원용은 은진중학교 시절 시골 어린이들의 교육과 교회학교 전도와 애국계몽운동에 온 힘을 쏟았다. 김재준은 강원용의 부친에게 한문을 섞어 쓴 명문 편지를 보내 아들을 일본으로 유학 보내도록 설득했다. 완강하였던 보수적 유교인 강원용의 부친은 김재준 목사가 한문 붓글씨로 쓴 편지를 받고서 하나님의 나라와 교회를 위해 큰 인물로 쓰임 받도록 유교적 가치관의 가족 울타리에서 놓아주게 된다.

2) 일본 통치의 마지막, 조국의 분단과 6.25, 그리고 강원용의 삶과 학문수업 : 1938-1957

1938년 청년 강원용은 일본 청산학원에 유학하러 일본으로 건너갔고, 청산학원 신학부에서 신학공부를 하기 위해 입학하려고 했는데, 학제가 그동안 바뀌어서 예과가 없어지고 그 대신 전문학교(대학)인 명치학원 영문학부에 학적을 두게 된다. 그러나 시대는 일본군국주의의 최후발악 단계여서, 젊은 학생들을 징용으로 끌어가던 시기였다. 강원용은 군국주의 일본군으로 끌려가지 않기 위해 학업을 중단하고 간도 용정으로 피신하고, 북만주 한국인 개척부락 마창툰과 개산툰 등지에서 주일학교와 야학을 통한 계몽활동과 개혁운동을 하였다. 1940년에 결혼한 아내가 복막염으로 고생을 하였다. 강원용은 회령경찰서에 사상범 죄목으로 체포, 수감되어 가장 비인간적인 고문과 구속심문을 받게 된다.

해방이 되자(1945) 곧 남하하여 기독학생 운동에 뛰어들지만, 해방정국에서 벌어진 비참한 좌우 이념 대결과 비인간적 살육비방을 목도하고 정치가들의 정권야욕에 절망하고, 남북 민족의 분단을 막으려는 김구, 김규식, 여운형 등의 정치운동에 기독학생회 대표자로서 활동하게 된다.

강원용은 남하하던 해(1945) 청년지도자였을 뿐, 아직 목사가 아니었다. 분단의 비극으로 인해 남쪽으로 내려온 뜻 있는 청년들을 '선린공동체'로 결집시키고, 지금 경동교회 터에서 최소한의 숙식생활을 하면서 주일학교와 학생선교에 힘쓰며 경동교회 기틀을 마련하게 된다. 강원용은 김재준 목사가 있던 한국신학대학에 입학하여 졸업하였고(1948), 한국기독교연연합회 청년학생부간사와 KSCF 총무, 그리고 한국교회청년연합회 총무로서 기독교청년학생운동에 탁월한 지도력을 발휘하게 된다.

목사안수를 받은(1949) 바로 다음해 6.25 동란이 터지자, 강원용은 폐허가 된 조국의 현실에서 민족을 살리기 위한 기독교의 역할이 무엇인지 찾고 더 중요한 지도자로서 훈련 받기 위해, 김재준의 추천을 받아 캐나다와 미국에서 더 깊은 연구를 하게 된다(1953-1957)

3) 귀국이후 크리스챤 아카데미 : 1957-1979

한림대학교 석좌교수였고 『여해 강원용의 삶과 사상』(종로서적, 1995)을 저술한 바 있는 고범서 박사는 지도자가 갖추어야 할 특성으로 다음의 다섯 가지를 들었다. (i)갈등 속에서의 결단력 (ii)종합적인 지성 (iii)사람을 볼 수 있는 눈 (iv)감성과 이성의 조화 (v)미래를 향해 열려 있는 개방성이 그것이다.[6] 강원용 목사는 위의 다섯 가지 필수조건을 모두 갖춘 보기 드문 인물이었다. 그는 늘 보통 사람보다도 약 30

---

6) 『하늘문화신문』 2006년 9월 3일.

년 앞을 내다 볼 줄 알았다. 세계교회협의회(WCC)의 중앙위원들을 역임하면서 세계교회 주류의 흐름과 장단점을 잘 파악하고 있었다. 그리하여 경동교회 담임목사와 한국 기독교계 안에서의 지도력을 넘어서서 '한국 크리스챤아카데미'를 독일교회의 지원을 받아 순수 민간차원에서 설립하였다.

그 결과 한국사회에서 정치, 사회, 경제, 문화, 예술, 매스컴, 여성, 노동, 종교, 청년 등 각종 분야에서 대두되는 모든 갈등 문제에 대해 '대화와 연구와 공동해결모색'이라는 목표를 내걸고, 한국 지성인들을 동원하고 중간 집단을 훈련시켜 사회에 배출하였다. 한국의 노동운동, 시민운동, 여성운동, 민주인권운동, 생태환경운동사에서 크리스챤 아카데미의 공헌을 말하지 않는 사람은 없을 것이다.

크리스챤 아카데미가 1970년대 양극화와 비인간화를 극복하기 위한 사회적 실천의 장을 마련하였으며 중간 집단 육성 강화교육을 비롯하여 민주화, 노사 간의 대화, 성 평등 실현 등을 주도하였다.

아카데미는 중간집단으로 키우려 했던 노동자, 농민의 권익을 옹호하는 단체로 지목되어 정부로부터 '사회주의 국가 건설을 위한 크리스챤 아카데미 내 불법용공 비밀서클 결성'이라며 아카데미 간사들과 학습모임 참석자들을 구속 기소했다. 이른바 1979년 4월 16일 중앙정보부가 신문에 발표한 '크리스챤 아카데미 사건'이었다.[7] 당시 간사였던 신인령 전 이화여대 총장을 비롯해 장상환 경상대 교수, 김세균 서울대 교수 등이 끌려가 고문당했고 농촌간사 이우재, 여성간사 한명숙 등이 구속되는 곤욕을 치루었다. 강원용 목사 역시 끌려가 6일 동안 고초를 겪은 일도 있었다.[8] 이 사건을 불온사상을 유

7) 이우재, '내가 겪은 사건 2 1979년 크리스챤 아카데미 사건', 「역사비평」(1991.2), 306.
8) 박근원, 『어해 강원용 목사 평전』, 396.

포한 불법 지하 용공서클 사건으로 규정했으나 항소심에서 용공서클 협의는 무죄로 판명되었다.

4) 유신 붕괴 이후 인생의 마지막 : 1980-2006

정일형과의 약속으로 그는 전두환 대통령에게 김대중을 사형시키지 말라고 수차례 청원하여 성사시켰다[9]. 1983년 그는 캐나다 밴쿠버(Vancouver)에서 열린 WCC 총회에 참석했다. 1985년에는 한국기독교100주년기념사업협의회 대표회장에 피선되었다. 1986년 경동교회 목사직을 은퇴하였다. 1986년 6월 17일 아시아종교인평화회의(ACRP) 회장, 1986년 한국종교인평화회의(KCRP) 회장 등을 지냈으며 9월 경동교회 명예목사와 장로교 서울노회 명예목사에 임명되었다. 김수환 추기경, 함석헌 선생 등과 함께 민주화운동에 참여하였다. 1988년 제6공화국 출범 뒤에는 방송위원회 위원장을 지내고, 2000년에는 크리스천 아카데미를 재단법인《대화문화 아카데미》로 개편하는 데 참여하였다. 이어 대화문화아카데미 명예이사장에 추대되었다. 2000년 10월 남북대화를 위한 범국민적인 협력을 모색하기 위한 대화모임인 사단법인《평화포럼》을 발족시켰다. 평화포럼 이사장에 선임되었으며 2005년 7월 15일 역사와 미래를 위한 범국민자문위원회 위촉직 위원에 선임되었다. 2006년 8월 17일 사망했다.

---

9) 강원용, 『역사의 언덕에서 4』(서울 : 한길사, 2003), 176.

2. 교회사적 활동

1) WCC에 참여

강원용을 칭하는 대표적인 수식어[10]가 있다. 수식어를 보면 그는 WCC(세계협의회) 활동으로 한국보다 세계에 더 많이 알려진 기독교 지도자이다. 그는 에큐메니칼에서 논의하고 토론된 주제들을 단순히 한국 사회에 알려주는 소개자에 국한된 것이 아니라, 당시 근대화, 산업화, 도시화, 정보화 사회로 변해가는 시기에 있던 한국 사회에 에큐메니칼 운동의 지혜와 사상을 알려주고자 주력했다.

강원용이 WCC와 처음 인연을 맺은 것은 뉴욕 유니언신학교로 옮겨갈 무렵인, 1954년 미국에서 열린 WCC 2차 에번스턴 총회이다. 이후 1961년 WCC 3차 뉴델리 총회에선 '교회와사회위원회' 위원으로, 1968년 중앙위원과 실행위원, 이후로 1983년까지 30여 년간 세계 에큐메니칼운동 무대에서 활발하게 활동했다. 그는 WCC 내에서 지속적으로 세계 기독교계의 흐름을 한국 내에 반영하고 또한 한국 상황을 세계 기독교계의 노선에 전달하고자 노력했다. 그리고 그의 일생 행적[11]에서 WCC에서 뿐만 아니라 아시아교회협의회(CCA) 기

---

10) '한국이 낳은 세계적인 기독교 지도자', '기독교 사회운동의 선구자'
11) 위의 책, 345-46.
　① 1948(31세)- 한국기독교연합회 청년학생부 간사, KSCF 총무, 한국교회청년연합회 총무
　② 1958(41세)- 한국 기독교교회협의회 창년부 위원장, KSCF 이사장.
　③ 1960(43세)- 국제선교협의회(홍콩) 참석.
　④ 1961(44세)- WCC 제3차총회(뉴델리) 한국대표로 참석, 교회와 사회위원.
　⑤ 1962(45세)- WCC '교회와 사회위원회' 세계대회 준비모임에 참석(영국)
　⑥ 1963(46세)- 동아시아교회협의회(EACC) 실행위원회(실론) 참석.
　⑦ 1964(47세)- 동아시아기독교교회협의회(방콕) 참석. 세계기독학생연맹총회 참석.
　⑧ 1965(48세)- 세계교회협의회 실행위원회(콜롬보), 동아시아교회협의회 실행위원회.
　⑨ 1966(49세)- WCC '교회와 사회위원회' 세계대회(제네바)에 참석.

구에서도 활발한 활동과 공헌한 인물임을 알 수 있다.

그는 인류의 문제와 교회의 사회적 책임 수행방법을 WCC와 CCA에서 듣고 배운 에큐메니칼적인 사고와 접근 방법을 통해 한국의 구체적인 삶의 자리에서 창조적으로 적용하고 실천하고자 하였다. 그가 왕성하게 활동하고 있던 세계기독교 교회들(WCC)의 존재 목적과 그들이 추구했던 주요 과제 세 가지는 다음과 같다. 첫째는 교회일치와 연합이요, 둘째는 교회의 선교와 복음전파요, 셋째는 고통 속에 있는 세계현실 속에서 그리스도인으로서 책임적인 봉사와 증언을 하자는 것이다. 이 세 가지 중 특히 셋째 과제인 '교회의 사회적 책임'은 당시 분열을 일삼던 한국교회의 연합을 촉구하며 변혁의 기점으로서 교회의 역할에 대한 개념을 사회로 확장하는 계기가 되었다.

세계의 모든 교회가 직면한 사회문제에 대하여 이야기하기 시작한 것은 1925년의 스톡홀름 회의 때였다. 이 때 37개국 600명의 대표가 처음 한자리에 모여 '하나님의 인류에 대한 목적과 교회의 임무'라는 주제로 토론하였다. 에큐메니칼 운동을 바르게 이해하려면 교회의 사회문제에 대한 책임을 교회의 기본적인 과제로 삼고 있다는 사

---

⑩ 1968(51세)- 동아시아교회협의회 부회장 피선. WCC 중앙위원 피선,4차총회 참석.
⑪ 1973(56세)- 아시아교회협의회(CCA) 회장에 피선. WCC 선교협의회 참석(방콕).
⑫ 1975(58세)- WCC 중앙위원및 실행위원직 피선. WCC 총회참석(케냐).
⑬ 1976(59세)- CCA 실행위원회(파키스탄), WCC 실행위원회(제네바) 참석.
⑭ 1977(60세)- 아시아교회협의회(CCA) 회장직 사임, WCC 중앙위원회참석(제네바)
⑮ 1978(61세)- WCC 타종교와 대화 회의 참석(트리니타드), WCC 중앙위원회(자메이카)
⑯ 1980(63세)- 한국기독교교회협의회(KNCC) 회장직 맡다. WCC 중앙위원회 참석.
⑰ 1982(65세)- 한국 기독교 100주년 기념사업회 대표회장직 맡다.
⑱ 1983(66세)- WCC 제6차 총회(뱅쿠버) 참석.
⑲ 1986(69세)- 아시아종교인평화회의(ACRP)회장 피선. 세계종교인 평화회의 참석(북경)
⑳ 2000(84세)- 사단법인 '평화포럼'설립. '남북평화를 위한 NGO의 역할' 포럼 개최. '동아시아의 평화와 화해'주제 국제회의 주관(2001. 서울 아카데미)

실을 이해해야 하고, 에큐메니칼 운동의 사회문제에 대한 기본적 태도는 이때에 결정된 것이라고 보아서 옳을 것이다. 즉, 내부에서 교리문제로 분열만 일삼아 오던 교회가 사회문제를 교회의 기본과제라고 단정한 것과 교회연합 없이는 이 과제를 인식도 감당도 할 수 없다는 깊은 자각을 한 것은 개신교에 있어서 혁명적인 전환점이었다.[12]

그는 이처럼 에큐메니칼 운동의 최종 목표를 사회문제에 대한 책임을 교회가 먼저 인식하고 사회 구조적인 개혁을 통해 근본적인 해결안을 제시하며 적극적으로 이뤄가는 것에 관심이 있었다. 그는 1961년 뉴델리에서 열린 WSCF(세계기독학생연맹 WCC 학생 조직) 대회에서 했던 주제 강연을 했다. 이 강연에서 그는 사회 문제에 대한 기독교회의 오랜 입장, 즉 구호와 자선으로 접근하는 것의 근본적인 문제를 지적하면서, 문제를 '구조적 모순'인 것으로 인식하고 '구조적 모순에 깊은 통찰력'을 가지고 해결해야 하는 방법으로 "기독교인의 사랑은 보다 큰 정의를 실현할 사회구조 자체의 개혁을 통해 구현돼야 한다."[13]고 했다.

그의 활동은 WCC의 움직임에 따라 변화해갔다. 양차 세계대전에 대한 반성에서 출발한 WCC는 창립 이후 자유·정의·복지를 실현하는 '책임 사회'의 건설을 목표로 했고, 강 목사는 이에 맞춰 근대화에 대한 성찰, 양극화 극복, 정치적 민주화, 중간집단 교육 등에 중점을 두었다. WCC가 1975년 케냐 나이로비 총회 이후 자연환경·기후·생태계 위기 등 창조질서의 파괴 문제에도 관심을 기울였다. WCC 총

12) 강원용, 「에큐메니칼 운동과 사회문제」, 『벌판에 세운 십자가』(서울 : 현암사, 1967), 35.
13) 강원용, 「아시아의 혁명과 크리스챤의 응답」, 『강원용전집 2』(서울 : 동서문화사, 1995), 97.

회 활동을 통해 참된 예수 그리스도인은 인종, 성별, 문화적 다양성을 인정하며 예수 그리스도 안에 하나가 되어야 함을 강조했다. 이런 취지하에 그는 여성 목사 안수의 필요성을 주장했고, 제3세계 국가의 빈곤층을 위한 지원기금 조성을 촉구하기도 하였다. 또한 그는 아시아기독교협의회(CCA)와 아시아종교인평화회의(ACRP)를 이끌며 평화운동에 앞장섰으며, 서울 경동교회에서의 목회 현장 뿐 아니라 국내 한국크리스챤아카데미(현 대화문화아카데미) 활동을 병행하며 대내외적으로 에큐메니칼 정신에 입각한 교회의 사회적 역할을 온 삶을 다해 실천하였다.

또한 강원용은 1955년 유니온 신학교에서 토인비의 강연[14]을 통해 종교 간의 대화에 눈을 떴다. 가톨릭교회의 제2차 바티칸 공의회와 비슷한 시기에(1965년), 세계교회협의회(WCC)의 조직기구 안에도 '종교대화국'이 설치되었는데, 그는 이를 계기로 1965년 10월 용당산에서 처음 모였던 '한국 제 종교의 공동 과제'라는 주제로 종교간 대화 모임을 가지게 되었으며, 개신교, 천주교, 불교, 유교, 천도교, 원불교 등 6대 종교 지도자들이 한데 모여 다른 종교와의 만남을 시도한 것으로서 혁명적인 사건으로 기억되었다. [15]

1976년에는 싱가포르에서 아시아종교인평화회의가 구성되는 등 세계적으로도 종교간 대화운동이 하나의 흐름으로 자리 잡았는데, 크리스챤 아카데미에서 종교 간의 대화를 위해 1965년부터 1980년대까지 15년간 열린 모임이 17회였다. 이 모임에 의의로는 다른 나라 경우처럼 '종교간의 갈등'을 극복하려는 의미에서 출발한 것이 아니라는 것, 종교간의 대화를 한국 사회의 제 문제의 해결을 위한 실

---

14) '배타적 심성을 가지고 자기 종교만이 유일한 진리의 종교라고 믿는 것은 죄악의 마음으로써 그 죄악이란 바로 교만'이다.
15) 박근원, 『여해 강원용 목사 평전』, 452.

천적인 장으로 삼아야겠다는 목표, 상대방을 '개종' 하려는데 목적이 있지 않음을 밝혔다.[16] 이 종교간의 대화 모임은 에큐메니칼에 나타난 종교간의 대화에 대한 부분을 한국사회에서 적용할 뿐만 아니라, 더 발전시키기 위한 노력을 하였다.

1960년대 중반에 로마 가톨릭교회는 '제2차 바티칸 공의회'의 '거룩한 전례헌장'을 통해 전통적인 교회력과 성서일과의 혁신에 영향을 주었는데, 이것이 에큐메니칼 예배 운동에서 교회력과 성서일과라는 것이 생겨났는데, 그는 세계교회의 흐름의 중심에 있었기에 한국교회에서 맨 먼저 자신의 예배와 강단에 수용하였다.

2) 한국기독교신풍운동

1970년 6월 8일 '기독교신풍운동'(The Movement of christian Power in Korea)은 개신교 12개 교단의 목사와 천주교 신부들로 이뤄진 젊은 30대 부목사 42명으로 발족되었다. 이 시기는 한국교회가 교계적으로 부흥의 시대이기도 하지만 정치적으로는 장기 독재를 꿈꾸던 박정희의 유신 준비기였기에 이 운동의 기치는 다음과 같았다.

> 첫째, 한국교회가 갱신되고 연합하여 '크리스천 파워'를 형성, 시대적인 사명을 수행해 나간다는 것. 둘째, 한국교회가 기독교문화를 창출하여 이 땅에 기독교가 뿌리내리도록 한다는 것. 셋째, 민족화합과 남북의 평화통일을 이룩하여 북한선교와 세계선교의 사명을 이룩해 나간다는 것[17]

---

16) 강원용, 『역사의 언덕에서 3』(서울 : 한길사, 2003), 140-42.
17) 신풍운동편집위원회 엮음, 『한국기독교의 신풍운동』(서울 : 대한기독교서회, 2016), 16.

이 운동의 특징 중 하나는 보수와 진보 진영이 하나로 뭉쳤을 뿐
아니라 가톨릭까지 함께하는 명실상부 '에큐메니칼적인 화합'이었
다.[18] 당시 에큐메니칼 운동에 대해 부정적인 생각을 가진 교계 인
사들이 많았으나 가톨릭까지 참여케 한 신풍운동을 통해 말씀뿐만
아니라 사회 참여에 적극적으로 활동한 귀한 사역으로 한국 교회 역
사에 남아있다.

이 시기에 크리스챤 아카데미 원장 강원용목사가 2차 세미나를
1971년 9월 6-8일과 9월 20일에 신풍운동 회원과 타교회 지도자를
초청하여 개최[19]하였고, 1976년 2월 26일에 세미나에서 '나이로비
총회 이후 한국교회와 선교'[20]라는 주제, 1987년 6월 29일 '신약성서
에 나타난 평화사상'[21], 1990년 7월 9일 '교회갱신과 선교를 위한 목
회자의 사명'[22]으로 강연을 하였다. 또한 이 신풍운동의 세미나 장소
로 크리스챤 아카데미 하우스에서 자주 열렸다. 이것을 통해 볼 수
있듯이 신풍운동의 전면에 나서지 않고 배후에서 이 운동을 할 수 있
도록 조력했던 사람이 바로 강원용이었다.

Ⅲ. 강원용의 사상적 배경과 내용

1. 배경

그가 활동한 시기는 사회적으로는 이념대립과 정치적으로 독재와

---

18) 「경향신문」, 1970년 9월 23일.
19) 신풍운동편집위원회 엮음, 『한국기독교의 신풍운동』, 103.
20) 위의 책, 287.
21) 위의 책, 292.
22) 「국민일보」, 1990년 7월 7일.

유신의 폐쇄적인 현대사의 흐름 속에서 교회사 역시 양극화 현상이 심화되고 있었다. 이렇듯 끊임없이 반복하는 갈등의 시기에 그의 중심 사상인 "제3의 길"과 "대화"의 방법론은 당시 문제를 해결하기 위한 해안으로써 한국 현대사 뿐 아니라 교회사에 있어서 큰 공헌을 하였다.

1) 지역

(1) 함경도

그는 함경도라는 지역적 배경을 두고 그곳에서 기독교에 입교하여 성장한 신앙적 경험과 장공 김재준과의 만남이 그의 사상적 바탕에 큰 영향을 끼쳤다. 그에게 그리스도교 신앙을 전해준 사람은 외삼촌 염쾌석이다. 처음 신앙을 가졌을 때 그는 율법주의적, 보수적 신앙을 추구하였지만, 그가 훗날 진보적인 성향을 가지고 세계를 향한 발돋움을 하는 결정적인 계기를 마련해 준 것은 '함경도'라는 독특한 지역적 성향을 반영한 신앙 배경과 그곳의 선교사역에 주류를 이루고 있었던 캐나다 장로교 선교사들의 영향이다.

한국 기독교 교회사에서 함경도지방과 만주 간도지방을 중심으로 한 캐나다 선교부의 공헌은 재조명받아야 한다. 평양을 중심으로 한 서북지방 못지않게 함경도와 간도를 중심으로 한 동북부지역에서 김학연, 김재준, 문재린, 강원용, 문익환, 문동환, 안병무, 윤동주, 이상철 등 큰 인물이 배출되었다는 것은 캐나다 선교부의 선교정책이 큰 영향을 끼쳤다.

그들은 다른 선교부들과 달리 교파주의적 성향보다는 평등 지향적, 민주적이고 진보적이었다. 교회사랑, 나라사랑을 하나로 생각하는 믿음, 평신도지도자를 존경하고 여성의 지도력을 키워내려는 정의감이 높은 사람들이었다. [23] 캐나다 장로교 선교사 덩킨 맥레이가 함흥을 방문했을 때 회자하며 남긴 회고록에 의하면 그들의 사상이 함경도의 지역적 성향과 매우 닮아 있음을 확인할 수 있다.

수 세기 동안 이 도시는 유배당한 정치적 반항아들의 수용소였다. 정부를 공개적으로 혹은 은밀하게 비판한 사람들은 서울 안의 정부 권력 집단으로부터 단절되어 정치적 수감자들이 되었다. 많은 사람이 반도의 먼 북동쪽 고립된 지역으로 유배당했고 이들 자유로운 사상가들의 혼이 담긴 강건한 독립심은 이곳의 주민들에게 스며들어 있었다. 그러므로 꼿꼿하고 지조 있는 문화와 행동 방식들이 남쪽과 서쪽의 도시와 지역보다 함흥도시와 함경 지역에서 발달했다. … 성품과 인격의 특징은 이들 북동쪽의 조선인들을 그리스도교 신앙에 대한 훌륭한 부호로 만들었으나, 동시에 그들 사이에서 선교사로서 사역하기에는 어려움이 있었다, 그들을 그리스도에게로 이끄는 것은 쉬운 일이 아닐 것이다. [24]

또한 이 선교부가 개방적이라고 하는 것은 1933년 함남 여전도회 연합회는 103명의 청원을 받아 1934년 제22회 교단 총회에 정식으로 헌의[25]했다. 함경도 지역 캐나다 선교부는 1953년 한국기독교장로교와 손을 잡고 1955년 5월 제41회 총회에서 여자 장로제도를 채

23) 박근원, 『여해 강원용 목사 평전』, 231.
24) 헬렌 멕레이, 연규홀 옮김, 『팔룡산 호랑이』(오산 : 한신대학교 출판부, 2010), 130-31.
25) 조선예수교장로회, 『조선예수교장로회 22회 총회회의록』, 65.

택[26]하였고, 1974년 9월 제59회 총회에서 여자 목사제도를 채택[27]할 수 있는 성향의 개방성을 지니고 있는 것으로 볼 수 있다.

(2) 북간도 용정

그는 북간도 용정에 있는 은진중학교에서 청소년기를 보냈다. 북간도 용정이라는 곳은 '민족혼'과 '그리스도교 신앙'이 함께 용틀임을 하는 곳이었다. 북간도는 지리적 위치 덕분에 식민지 상황에서도 비교적 신앙의 자유가 확보된 공간이다. 본래 북간도 지역은 1891년 재한 각국 선교기관의 '교계예양(敎界禮讓)' 정책에 의해서 캐나다 장로교회가 맡아 선교하던 곳이었으나, 캐나다 본국에서 1926년 교파 일치운동이 결실을 맺어 캐나다 연합교회(UnitedChurch of Canada)라고 하는 단일교회가 성립되면서 한국 선교도 그 연합교회가 맡아 하게 되었다. 그들은 근본주의 신앙을 가진 미국 장로교 선교사들과는 달리 우리 민족의 문화와 민족의 독립운동을 존중하면서 다양한 차원에서 도움을 주는 역할을 수행하였다.

교파 교회를 전파하는 것이 아니라, 예수의 '복음'을 전하려는 데 애를 썼다. 따라서 북간도 교회들도 서로 협력하고 연대하는 방식을 통해서 민족을 위한 독립운동을 전개할 수 있었고, 신앙적 차원에서도 서구 기독교의 신앙을 주체적으로 수용하여 토착화된 민족의 종교로 승화시켜서 '북간도 기독교' 만들어 낸다. 그들은 독립운동을 단순히 민족을 위한 노력으로 인식하지 않는다. 그들은 일본 군국주의를 '하나님의 다스림'에 맞서는 거대한 폭력적 구조로 이해하였다. 즉

---

26) 한국기독교장로회, 『한국기독교장로회 41회 총회회의록』, 84.
27) 한국기독교장로회, 『한국기독교장로회 59회 총회회의록』, 75.

그들은 이 땅에 하나님의 정의가 선포되고 평화가 실현되어 모든 피조물들이 공존하기를 원하시는 하나님의 뜻에 부합하지 않는 일본에 대하여 예언자적 사명감을 갖고 누구보다 치열하게 저항했던 것이다. 김경재는 북간도 기독교를 가리켜, "예수 믿고 천당 가는 것에 머무는 개인적 종교가 아니라 노예 처지에서 신음하는 민족 전체를 살리는 출애굽의 종교"[28]라고 해석한다.

한편 역사학자 서굉일은 북간도 기독교의 구성 3요소를 '캐나다 장로교 선교사', '기독교민족운동가', 그리고 '민중'으로 손꼽는다.[29] 이것은 그들 공동체가 소수 몇 사람의 결정에 의해 공동체의 방향을 결정한 것이 아니라 다수의 구성원이 의사결정의 중요한 주체라는 의미이다. 신학자 에른스트 트뢸치(E. Troeltsch)와 리차드 니버(H. Richard Niebuhr)가 밝힌 바, 하류층(민중)은 종교에서 가장 강렬한 힘과 의미를 가진 집단이며 종교의 생명력을 주도하고 발전시키는 계층적 의미를 지닌다.[30]

맹목적이기보다 이성적으로 민중을 설득시킬 논리를 찾고자 애쓰면서 점차 체계화시켜 나갔다. 이런 맥락에서 북간도 기독교를 서북 기독교를 대체할 만한 '식민지 조선 밖에 있던 조선 기독교의 심장'[31]으로 볼 수 있는데, 그곳은 강원용의 신앙과 신학, 삶에 형성에 큰 역할을 했던 지역이다.

28) 김경재, 『공공신학에 관한 한국 개신교의 두 흐름, 공공철학 시리즈16』(동경: 동경대학출판회, 2006), 417-447쪽.

29) 서굉일, 『일제하 북간도 기독교 민족운동사』(서울 : 한신대학교출판부, 2008), 8.

30) 김치성, "윤동주 시의 발생론적 연구 북간도 기독교 공동체의 에큐메니컬 정신을 중심으로", 「우리말 글」69(2016.6), 200.

31) 밀란 쿤데라가 '예루살렘 연설'에서 이스라엘을 가리켜 '유럽 밖에 있는 유럽의 심장'이라고 한 것처럼, 북간도 기독교는 남다른 의미를 지닌다(밀란 쿤데라(Milan Kunder)

2) 인물

(1) 프란체스코와 가가와 도요히코

그는 외삼촌 염쾌석을 통해 성경 이야기를 들려주었을 뿐 아니라 톨스토이, 심지어는 일본의 프란시스라 불리는 빈민전도가 가가와 도요히코에 대해서도 알게 해 주었다.[32] 그는 명치학원 영문과에 입학하여 세계문학전집과 사상전집을 탐독하며 그의 교양과 사상의 세계를 확장시켰다. 특히 일본 유학을 통해 만나게 된 빈민 활동가였던 가가와 도요히코를 만났고, 그의 생활 중에 중세 신부인 프란체스코의 사상이 들어져 있음을 보게 되었다. 또한 이 사상은 만우 송창근으로부터 장공 김재준, 강원용에게까지 전해졌다. 그들의 성빈생활의 밑바탕을 이루고 있었는데 이들은 그에게 전도운동과 하나님나라 운동은 사회개혁과 끊을 수 없는 관계임을 깨닫게 해 주었다. 특히 송창근은 건강한 교회는 곧 사회화된 교회로 나아가야 한다고 했다. 강원용의 교회이해에 지대한 영향을 주었으며 '선린형제단'은 그가 추구하는 교회론적 이상의 실제적 모델일 뿐만 아니라 프란체스코의 사상을 실천하는 곳으로 인식되었다.

(2) 김재준, 라인홀드 니버, 폴 틸리히와의 만남

사람이 살아가는 데 만남의 인연은 중요하다. 강원용의 사상적 영향은 많은 사람들과의 '대화'와 '만남'을 통하여 형성이 되었다. 가장 중요한 사상적 만남이 있는데, 그것은 김재준, 라인홀드 니버, 폴 틸

---

32) 박근원, 『여해 강원용 목사 평전』, 30.

리히의 만남라고 할 수 있다.

그의 글에서 "내 중학 시절에 있어서 김재준 선생님과의 만남은 사상적으로 가장 중대한 사건[33]으로 언급하고 있는데 그는 은진중학교 2학년 때 장공 김재준 선생을 통해 율법주의 신앙을 극복했고 이를 바탕으로 신앙운동과 계몽운동을 벌였으며 이를 계기로 농촌운동에 관심을 가지고 해방 후 선린형제단을 통한 기독청년운동을 펼치게 된다.

또한 그는 두 신학의 거장인 라인홀드 니버와 폴 틸리히의 신학방법에 큰 영향을 받았다. 그는 이들의 사상을 바탕으로 본인만의 신학방법을 구축하였는데 강원용의 글들을 보면, 니버로부터는 '정의'를, 틸리히에게서는 '사랑'을 그 핵심 사상으로 인용했음을 알 수 있다.

> 내가 기독교에 입문한 후 신앙에 있어서 새로운 전환기를 처음 맞게 된 것은 용정에서 김재준 목사를 만났을 때였다. 그 후 니버는 기독교 사회윤리라는 면에서 내게 새로운 눈을 뜨게 해줬고, 틸리히 교수를 알게 되면서부터는 인간실존에 대한 문제에 있어서 기존의 해석과는 전혀 다른 깊이와 넓이를 가진 리버럴한 시각을 갖게 되었다. 그만큼 그는 죄의 문제, 자유의 문제, 사랑의 문제 등에 있어서 나를 완전히 흔들어 놓았던 것이다.[34]

라인홀드 니버는 사회질서와 정의는 힘의 조직화와 균형을 통해 더 완전한 형제애로 접근하도록 노력해야 하나, 정의가 단지 상식과 현상의 수준에서 다뤄진다면 정의의 이해를 그릇되게 이끌어 갈 위

---

33) 강원용, 『역사의 언덕에서 1』, 64.
34) 강원용, 『역사의 언덕에서 2』, 253.

험성이 있다고 경고한다. 정의란 존재론적 탐구와 관계가 없는 하나의 사회적 범주(範疇)가 아니라, 존재론을 가능케 하는 범주이기 때문이다. 보다 완전한 정의, 수준 높은 정의를 구현하기 위해서라도 정의는 그것의 판단자로서 뿐만 아니라 궁극적인 목표로서 사랑을 필요로 할 수 밖에 없다는 것이다. 정의는 자신의 보다 완전한 고양된 수준과 성취를 위해서 사랑을 필요하게 되고 동시에 정의는 사랑을 역사 안에서 실현한다.

폴 틸리히가 말하는 정의는 사랑 속에 포함되어 있다. 서로 사랑하는 관계에 있는 사람들은 행위 하는 특성과 이를 받아들이는 특성을 모두 가지고 있다. 서로 사랑한다는 것은 하나님의 힘에 의해서 일어나는 존재의 한 흐름이다. 우리는 이러한 사랑이 잘못된 힘의 관계를 바르게 정정하고, 서로를 창조하고 해방하는 과정으로 이해해야 한다. 사랑과 정의는 하나님 안에서 결합되어져 있고 세계 속에서 신의 창조의 하나로 나타나며 사랑과 정의는 인간 존재에 있어서도 하나이며, 존재 자체이신 하나님 안에 내포되어 있으면서 존재 자체가 된다. 사랑은 정의의 궁극적 원인이다. 결과적으로 사랑, 힘, 정의는 하나님 안에서 결합되어 있고, 세계 속에서의 하나님의 새로운 창조활동에 있어서도 하나로 나타난다.[35]

니버의 사상은 사회활동에 뛰어든 강원용에게 이정표 역할을 하였다. 첫째, '사회 정의와 사랑'을 통해 참여파나 보수파 사이에서 선택을 해야 할 경우 사랑은 정의를 통해 사회 속에서 실현되고 그 정의는 항상 사랑이 밑받침되어야 한다는 것을 수렴하였다. 둘째, 규범을 실현하는 태도 중 도달해야 할 목표를 분명히 하되 현실과 목표의 거

35) 폴 틸리히, 남정길 역, 『사랑 힘 정의』(서울 : 전망사, 1986),85.

리를 점진적으로 줄여나가는 방법인[36] '근사적 접근'을 규범실현의 구체적 방안으로 수용하였다. 또한 그의 사상적 배경이 된 틸리히의 인간의 양심과 지성과 이성으로 기독교를 세상 속에서 변증하는 '상관의 방법' 뿐만 아니라 틸리히의 '은총의 신학과 사랑의 신학'은 사랑이야말로 신의 본성이고, 죄의 정반대라고 보는 신학방법론으로써 그에게 영향을 주었다.[37]

3) 성 야고보 전도교회와 에큐메니칼 운동

(1) 성 야고보 전도교회

해방이후 조선신학교의 자주적인 신학교육에서 비롯된 '세 교회'가 탄생했다. 성남교회의 전신 '성바울 전도교회', 영락교의 전신 '베다니 전도교회' 경동교회의 전신 '야고보 전도교회'가 그것이다. 이 세 교회의 이름의 공통점은 '전도교회'라는 것이다. 그리고 '야고보 전도교회' 전신이 앞서 언급한 '선린형제단 전도관'인 것으로 보아 '전도관'이라는 명칭에서 김재준과 강원용의 복음 전도를 강조한 교회사역의 중심이해를 찾아볼 수 있다.

> 우리가 '교회'라는 말 대신 굳이 '전도관'이라는 명칭을 쓴 것은 제도화된 교회에 염증을 느낀데다가 선린형제단의 행동강령 1호가 '그리스도 복음의 전도'였기 때문이다. 당시에 대학생들이나 고등학생들은 기성 교회에 불만이 많아 무교회주의에 매력을 느끼고 있었으므로 우리

---

36) 강원용, 『역사의 언덕에서 2』, 253.
37) 김경재 외 6명, "여해 강원용 그는 누구인가? : 한신대 신학대학원 목요강좌 강연집" (서울 : 대화문화아카데미, 2013), 27.

는 이런 학생들이 다닐 수 있는 교회를 만들어보자는 생각을 갖고 있었다. [38]

이처럼 '선린형제단 전도관'은 복음전도와 복음을 삶에서 실천할 수 있는 사회 실천적 요소를 겸비하는 것을 강조하였다. 이는 1946년에 '성 야고보 전도교회'라는 이름으로 바뀌었고, 그 전도교회는 사랑을 실천하는 야고보의 정신을 이어받아 젊은 세대와 지역을 상대로 전도하는 교회를 이루고자 하였다.

선린형제단 모임의 중심 취지는 "착한 사마리아 사람으로 고난 받는 겨레를 위해 함께 살자"는 것이었다. 재산도 공유하고 미래의 전공도 분담하자는 공동체적 합의는 기성교회에 각성해 주는 바가 컸다. 이들이 주로 펼쳤던 사업목표는 아래와 같다.

> 우리는 기독교 신앙을 통대로 한 민족성 개조와 선교사업, 병들어 고생하는 사람들을 위한 의료복지사업, 계몽과 육영사업, 농촌 봉사활동과 도시지역 사회사업 등을 목표로 하고 각자 한 분야를 택해 공부하기로 했다. 이 단체가 바로 1945년 9월에 정식으로 발족해 경동교회의 뿌리가 된 선린형제단의 모체였다. [39]

이 단체는 "하나님의 영광과 우리 민족의 진정한 행복을 위하여 생활의 온갖 방면에 그리스도의 심정이 구현되도록 하는 것"에 목적을 두고 기성교회에 대한 대안적 모델로 이상적인 교회를 제시하며 복음전도와 사회갱신이라는 분명한 목표를 가지고 실천하였다.

---

38) 강원용, 『역사의 언덕에서 1』, 205.
39) 위의 책, 205.

(2) 에큐메니칼 운동

강원용의 사상과 WCC가 일맥하는 부분은 1948년 WCC 암스테르담 창립 선언문에서 찾아볼 수 있다.

"기독교회는 공산주의와 자본주의 양자의 이데올로기를 거부해야하며, 또 양극단 중 하나를 택하는 것이 유일한 대안이라는 잘못된 가정으로부터 사람들을 벗어나게 해야 한다. 공산주의나 자유방임적 자본주의 모두 이행할 수 없는 약속을 하였다. 공산주의자의 이데올로기는 경제 정의를 강조하며, 자유는 혁명이 완수된 후에 자동적으로 올 것이라고 약속한다. 자본주의는 자유를 강조하면서 정의는 자유기업의 부산물의 결과로 생기게 될 것이라고 약속한다. 이것 역시 거짓임이 드러난 이데올로기이다. 정의와 자유가 다른 한 쪽을 파괴하지 못하도록 하는 새롭고 창조적인 해결책을 찾도록 하는 것이 기독교의 책임이다."[40]

이 선언문은 냉전의 시대 그리스도인을 비롯한 모든 인류가 '책임사회'의 건설에 부름 받고 있다는 것을 표명하는 것으로 에큐메니칼에서 언급한 '책임사회'라는 의제에 대해 강원용목사는 이미 미국 유학시절 폴틸리히, 라인홀드 니버, 존 베셋 등으로 들은 바 있는 것이었다. 특히 암스테르담 총회에서 거대한 교회의 기구형성에 주력한 것이 아니라 분열된 교회의 죄가 얼마나 무서운 것인가 하는 것을 절실히 깨달은 교회지도자들이 하나님 앞에서의 회개를 통하여 교회의 일치를 진심으로 모색했고, 분열된 세계의 무질서를 극복하여 교

---

40) Man's Disoder and God's Design, *The Amsterdam Assembly Series*(New York: Haper & Brothers, 1948), 192. 유석성,"에큐메니컬 운동의 신학과 사회윤리의 주제"「신학사상 103」(1988), 71 재인용.

회가 새 책임사회 형성에 책임을 지자는 깊은 자각에 도달[41]해야 함을 밝혔다.

그는 '급변하는 세계' 속에서 교회의 사명을 추구하기 위해 과거에 그랬던 것처럼 대표적 신학자나 성직자들이 모이고 회의를 주도하는 것이 아니라 학문과 사회 각 분야에서 활동하는 그리스도인 평신도들의 적극적 참여와 활동에 큰 감명을 받았다. 에큐메니칼 운동정신의 중요한 모토인 '다양성 속에서 일치'라는 의미를 기독교내의 신학, 교리, 성서해석방법, 성례전 이해들의 차이와 특성에 나타난 다양성을 이해하기 위한 그리스도 신앙 안에서 일치 통합만을 추구하는 것을 넘어서 인간의 문화적 역사적 삶과 현재상황의 다양성과 다원성이라는 것으로 확장시켜 깊이 이해하고자 하였다.

다음은 한목협 제6회 수련회 대담에서 옥한흠목사와 강원용목사의 대담부분에서 볼 수 있는 것이 있다.

옥 : 교회일치를 하는데 있어서 넘어야 할 벽은 무엇이라고 생각하는가?

강 : 첫째, 우리가 그리스도의 몸으로서 교회를 생각할 때, 그리스도가 교회를 통하여 뭘 할까를 성서에서 분명히 안다. 신학의 가장 핵심의 문제가 텍스트와 컨텍스트의 문제다. 텍스트가 거기에 머물러 있으면 돌판에 새겨놓은 비석에 불과하다. 오늘 우리의 상황에서 텍스트를 재해석해야 한다. 루터, 칼빈, 웨슬레는 위대했다. 그러나 지금은 루터의 독일도, 칼빈의 제네바도 아니다. 우리는 21세기의 한국에 살고 있다. 오늘 우리가 그들의 말을 살려야 한다. 그 문제를 풀면 교회일치의 기술적인 문제는 별 것 아니다.

---

41) 강원용, 『강원용 전집 5 : 세계를 향한 목소리』(서울: 서문당, 1979), 272.

둘째, 개인구원이냐 사회구원이냐 하는 얘기도 다 집어치우자. 이유는 간단하다. 예수는 갈라디아서 2장에서, 나의 옛사람은 죽고 그리스도가 내 안에 살아 있다고 했다. 그를 통하여 구원 얻은 것이다. 그러나 그리스도가 어찌 내 안에만 있느냐. 공동체의 몸이다. 마태복음 25장을 보면, 굶주리고 헐벗고 병든 사람들이 있다. 그들을 따로 보지 말자. 21세기 우리 교회는 새로운 개혁을 일으켜야 한다. 골로새서 1장 15-20절이 개혁 문구이다. 천지만물을 주관하시는 하나님, 모든 것은 그리스도 안에 있다. 그것을 완성하는 것이 개혁이다. 예수를 우주 안에 있는 예수로 깨닫는다면, 죽어가는 공기, 물은 어떻게 할 것인가[42]

그는 그만의 고유한 사상과 실제적 방법론을 구상했고 당대의 영향력과 실천력을 겸비한 기독인으로 그 시대 세계교회협의체(WCC) 에큐메니칼 운동을 바탕으로 한국사회와 한국교회 변혁의 중심에서 기독교적인 사회발전에 크게 기여하였다.

삼위일체의 하나님에 대한 신앙고백을 바르게 하고 복음을 바르게 증거하며 한 그리스도의 몸인 모든 교회가 하나가 되는 길을 모색하여 우리나라 안에 하나님의 의가 실현되어 모든 사람들이 하나님의 형상으로 지음 받은 사람으로서의 권리를 지키고 의무를 다하게 하며 인간답게 사는 공동체를 형성[43]하는 일에 이바지하는 일을 감당하는 과제가 있다고 이야기하였다.

2. 사상: 인간화와 교회이해

당시 근대 산업화에 가리워져 있던 인간문제에 관심을 두고 인간

---

42) 교갱뉴스, 2004년 6월 21일.
43) 강원용, 『강원용 전집 5 : 세계를 향한 목소리』, 393.

이해에 대한 필요성을 피력하였다. 그는 1970년대 들어서면서 1960년대의 '근대화'에서 '인간화'로 방향을 바꾸는 운동을 펼친 이유를 아래와 같이 설명하였다.

> 1970년대에 접어들면서 나는 '이제 우리가 주목해야 할 것은 공업화나 도시화나 성숙도가 아니라 현제 우리 사회에서 인간이 과연 어떻게 되어가고 있느냐는 것'이라는 생각을 굳히고 있었다. 그 무렵 우리 사회는 물량적·가시적 성장 일변도여서 가장 근본적인 문제인 인간의 문제는 도외시되거나 뒷전에 쳐져 유예된 상태였다. 따라서 산업현장을 비롯한 곳곳에서 비인간화 현상이 비명처럼 터져 나오고, 인간 사이의 연대와 인간성 회복이 절실하게 요구된 시기이다.[44]

또한 그의 교회관은 성도들 사이에서만 머물지 않고 사회를 향해야 함을 강조였음을 볼 수 있다. 그는 사회는 하나님의 사랑이 중심이 되는 화해 공동체여야 하며 현실에서 실천하기 위한 사회적 표현이 '인간화', 이를 위한 과정과 방법은 '대화 운동'으로 정의한다.

1) 인간화

'인간화'라는 슬로건의 선택은 1960년대 중후반 이래 WCC와 KNCC에서 '하나님의 선교'가 공식화되고 '인간화'와 '인간적 발전'이 활발히 논의되고 있던 흐름에 영향을 받은 것이었다. 강원용은 한국 사회의 급속한 사회적 변동으로 인한 인간성의 훼손과 소외의 문제에 집중하는 가운데, 모든 인간에게 구원과 해방을 선포하는 기독교

---

44) 박근원, 『여해 강원용 목사 평전』, 231.

의 그리스도론적 '인간화'의 문제에 본격적으로 나아갔다[45]. 사람이 사람 되는 길, 사람이 사람 되는 사회, 사람이 사람 되는 문명을 위해 힘을 썼다.

그가 오늘날 물량주의의 서구문명의 발전은 인간을 신과 적대하게 하고 인간의 삶을 물량주의의 노예가 되게 하였다. 그러나 정치, 경제, 문화 ,교육, 사회의 모든 활동은 인간을 위한 수단이고 방편일 뿐이다. 모든 가치의 기준은 인간화에 있다. 물질주의를 넘어서는 인간화를 지향하는 새로운 차원을 언급하고자 했다.

그는 인간을 존재론적 한계를 가진 하나님의 피조물로 이해하며, 인간은 이것을 인식하고 받아들일 때 존재의 참 뜻을 알게 된다고 하며 인간이 한계와 유한을 느낄 때 절대성을 추구하면서 인간이 무가치한 존재로 비극적으로 받아들이기보다 인간의 한계를 인정함으로써 하나님이 인간을 창조하실 때 부여한 존엄성을 깨달아야 함을 발견하였다.

하나님의 인간창조과정에서 두 가지의 의미를 찾았다. 첫째는, 하나님의 형상으로 지음 받았다는 말에서 모든 인간은 인격적으로 동등하다는 의미와, 두 번째로는 하나님께서는 인간을 지으시고 생령을 불어넣어주셨기 때문에 인간은 하나님의 영이 거하는 성전이라는 것이다. 그는 이러한 하나님과 인간의 관계로부터 그는 인간과 사회, 공동체 안에서 관계성으로 의미를 확장하여 그 유기적인 관계를 설명하였다.[46] 또한 인간이해 속에서 사랑과 정의에 대해서 다음과 같이 이야기 하였다.

그리스도의 사랑은 절대적인 가치를 담고 있다. 이 사랑이 구체적이고

---

45) '한국사회의 「양극화」 인간화를 위한 진단과 처방' 「동아일보」 1971년 4월 6일자.
46) 박명림 장훈각, 『강원용 인간화의 길 평화의 길』(파주 : 한길사, 2017), 30-31,

현실적인 영역으로 확대되고 지속 가능을 확보하는 가치가 바로 정의인데, 정의가 없는 주관적인 사랑은 '감상주의'가 되고, 사랑이 없는 정의는 '불의'가 된다[47].

강원용은 "기독교인의 사랑은 보다 큰 정의를 실현할 사회구조 자체의 개혁을 통해 구현돼야 함"[48]을 강조하였다. 개인과 개인 사이의 관계에 있어서 개인윤리의 관점에서 이웃사랑도 중요하지만 그가 궁극적으로 중요하게 생각했던 것 세속에 것들이 참된 정의라 볼 수 없기에 개인적인 사랑으로 깰 수 없다고 보았다. 참된 사회적인 정의를 실현하기 위해 자체의 개혁을 통해 구체화된 사랑의 정의가 세상의 어두움의 세력들을 몰아낼 수 있는 능력이다.

죄인으로서의 인간은 그리스도를 믿음으로써 그 죄에서 풀려나 구원을 얻고 하나님과 이웃과의 관계가 새로 맺어져서 새 인간이다. 그는 그리스도 안에서의 새 인간! 이것만이 위기에 직면한 현대적 인간이 구원을 얻을 유일의 길이다. 기독교의 사명은 세상을 기독교화하는 데 있는 것이 아니라, 인간화하는데 있다[49]고 피력했다. 그는 한국의 근대화와 발전이 부침을 겪는 이유를 무엇보다 책임의식을 지닌 근대적 시민사회가 형성되지 못했기 때문이며 따라서 교육과 훈련을 통해 사회의 정신적 기초를 개혁하는 일이 관건이라는 생각을 가지고 있었다.

47) 고범서, 『강원용과의 대화』(서울 : 평민사, 1987), 217.
48) "통합의 중재자 지향한 강원용" 「주간동아」 1018호(2015. 12), 201.
49) 강원용, 『빈들에서 2』(서울 : 열린문화, 1993), 320.

2) 교회이해

강원용의 인간이해, 대화의 신학, 화해와 사랑이 교회이해에 나타난다. 그는 교회라는 공동체를 "실천적인 관점에서 이해"했기 때문이다. 그가 말하는 교회의 의미는 삼위일체 하나님과 성도의 친교가 이루어지는 곳, 성도와 성도사이의 친교가 이루어지는 곳이 교회이다.[50] 교회가 하나님의 사랑 안에서, 그 사랑의 힘으로 사회 정의의 파수꾼이 되어야 한다고 선포했다. 그는 교회를 세상을 섬기는 공동체, 실천하는 공동체, 그리스의 몸이라고 정의하였다. 그뿐만 아니라 그의 교회이해는 더욱 진취적이었는데 하나님의 말씀을 증거 해야 하는 대상을 교회로 국한시키지 않고 하나님의 백성의 삶의 현장이 모두 그 대상이어야 함을 주장하였다. 또한 교회는 하나님 나라의 사역이 이뤄지는 곳[51]일 뿐만 아니라, 성령의 역사가 이뤄지는 곳, 성령이 일하시는 장소이며 무대이다.

그는 교회는 두 가지다. 하나는 에클레시아, 다른 하나는 디아스포라이다. 하나는 모으는 것이다. 예배하는 공동체이다. 그러나 거기 머무르면 그 교회는 예수님의 교회가 아니다. 교회는 세상을 위하여 있는 존재이다. 하나님이 세상을 이처럼 사랑하여 독생자를 주셨다. 교회가 성육신 되는 것은 평신도이다. 이 균형이 필요하다. 경동교회 예배당 안에 들어오면 높은 십자가 하나가 정면에 있다. 나갈 때는 스테인드 그라스로 된 여러 개의 십자가가 있다. 신도 각자의 십자가를 뜻한다. 예배, 성례전, 교육, 이것을 교회 공동체가 안 하면서 세상 이야기 하면 소용없다. 그러나 밖에 나가서도 그리스도인이 되어야 한다. 그런 점에서

---

50) 박명림 장훈각, 『강원용 인간화의 길 평화의 길』, 31.
51) 강원용, 『강원용전집 1: 폐허에서의 호소』(서울 : 동서문화사, 1995), 121.

> 신도가 세상에서 어떻게 살아야 하는가를 바로 가르쳐야 살아 있는 교
> 회가 된다.[52]

  교회는 인간의 존엄이 훼손되는 모든 곳에 가서 하나님의 뜻이 땅에서 이루어지도록 해야 한다. 그가 말하는 교회는 하나님의 백성인 동포들의 전생활 영역에서 모든 비인간화의 세력을 추방하고, 모든 인간들이 하나님의 자녀로서의 자유와 권리를 행사할 수 있게 해 주는 그 일을 위해 존재하는 것이다. 하나님의 말씀을 증거하고 그를 통한 구원사역이 이뤄지는 곳, 인간의 자유를 위해 일해야 하는 곳이다. 교회는 역사에 대한 책임적 참여를 해야 한다고 강조했다. 복음을 통한 거듭남과 온전한 인간화 없는 외적인 변화나 해방은 한계를 지닌 것이다. 교회는 끊임없이 인간 존재의 갱신을 촉발해 나아가는 생명과 구원의 원천이 되어야 한다[53]고 주장했던 송창근 목사의 사상이 그 속에 있었다. 결론적으로 그는 교회가 인간성의 참 회복과, 나와 너의 진정한 만남, 대화가 이루어지는 장소가 되어야 한다고 주장했다.

3. 두 개의 실천적 요람

1) 경동교회

  그의 목회 방식은 말씀을 통한 목회였고, 개혁교회의 전통방식 목

---

52) 교갱뉴스, 2004년 6월 21일.
53) 전 철, "만우 송창근의 교회론 연구", 「신학연구 67」(2015. 12), 129

회를 고집했다.[54] 그의 목회는 교회영역을 넘어 세상을 향하였다. 그의 모든 설교에는 개개의 영혼을 대상으로 하나 하나님의 말씀을 통해 변화 받은 개인은 세상에 나아가 그 안에서 사명을 다해야 한다고 강조한다. 그리고 그의 목회 주체에 대한 관점은 목회자가 주도하는 목양이 아닌 능동적인 회중의 참여를 돕는 조력자로서의 목회를 강조하였다. 이러한 관점은 그가 섬겼던 경동교회의 예배의 특징인 '축제'의 형태로 나타났다. 이렇든 그의 교회갱신운동 중 하나는 기독교를 한국 문화 속에 토착화시키고 예배를 축제와 결합하는 예배의 갱신에 있었다.[55]

그에 따르면 축제를 통한 하나님에 대한 감사와 찬양은 하나님을 만날 수 있도록 해 주고 하나님 앞에 선 인간성을 새롭게 회복시켜주며 축제에 이어 말씀과 성만찬을 통해 이러한 교회공동체를 세우는 것 자체를 선교로 보았다. 따라서 그는 예배에서 축제가 사라지면 비인간화가 일어난다고 보았으며 사회의 모든 삶의 영역은 선교의 대상이고, 사회를 개선하는 선교는 교회의 신앙과 분리할 수 없다고 하였다. 그는 선교를 통해 세상에서 화해를 이루고자 했으며 '대화의 신학'이라는 방법론을 사용하였다.[56] 경동교회는 '연합선교'[57]라는 특징을 보여주는데, 교회와 사회가 이분법적으로 나눠지지 않고 긴밀한 관계를 맺고 있음을 볼 수 있다.

---

54) 박근원, 『여해 강원용 목사 평전』, 201.
55) 위의 책, 224.
56) 위의 책, 245.
57) 교회의 선교와 사회적 활동이 겹치기도 하고 함께 하기도 한다.

2) 사회참여 활동 : 크리스챤 아카데미 운동과 대화

그는 5. 16 이후 독재 권력을 바탕으로 이뤄지는 급속한 산업화와 경제발전 속에서 일어나는 '비인간화'에 주목하였다. 권력을 가진 사람은 노동자에게 물리적, 정신적 폭력을 가했고 노동자들은 살인적인 중노동과 권리탄압을 받았다.[58] 그는 우리 사회의 비인간화의 가장 근원적인 원인을 '양극화'에 있다고 판단하고 이 간극을 줄이는 것이 양극화의 해결이며 인간화의 방법이라고 생각했다.[59] 하나님의 형상을 지닌 인간의 존엄성'을 지키고 현실 속에 구현시킨다는 '인간화' 정신과 극단의 대결이나 독단독선주의를 거절하고 대화를 통한 상생의 길을 모색하는 기독교의 '화해의 정신'이라고 보았다.

그는 인간화의 구체적인 방법으로 '대화운동'을 선택했다.[60] 그에게 대화운동은 인간화를 이루기 위한 방법이자 민주문화 형성을 위한 점진적 사회개혁운동이다. 이 운동을 선택한 이유는 한국의 민주주의는 '대의를 상실한 민주주의'라고 생각했기 때문이다. 그는 한국 사회에서 여러 양극의 문제 등에서 합의된 발전방향이 존재하지 않는다고 주장하며 서로 간의 이해를 바탕으로 한 대화 없이는 문제를 해결할 수 없을 뿐만 아니라, 비민주적이며 비합리적인 것을 개혁하고, 갈등을 평화적으로 해결하며, 서로 다른 의견들을 융화시키고자 노력하였다.

'책임사회론'은 크리스챤 아카데미의 모든 프로그램에 형성된 주제, 그의 평생 실천해 온 '사이 너머(Between & Beyond)'와 '제3의 길', '인간화' 그리고 '중간집단의 양성'에 근간을 이루고 있는 주된 이론과

---

58) 박근원, 『여해 강원용 목사 평전』, 353.
59) 「경향신문」 1970년 9월 23일, 「동아일보」 1971년 3월 30일.
60) 박근원, 『여해 강원용 목사 평전』, 353.

일치한다.

사회참여활동의 사례를 통해 확인할 수 있는 곳이 바로 1959년 크리스챤 아카데미의 전신인 '기독교사회문제연구회'(이하 기사연)를 조직한 것이다. 기사연은 초기에 사회의 문제들에 대해 서로 의견을 주고받는 개인적 모임이었으나, 4.19 혁명 같은 정치적 격변을 거치며 기독교인이 가지는 인간의 존엄성, 사회정의를 실현하고자 하는 목적의식이 강해졌다.[61] 그래서 그는 "한국교회는 정확한 사회과학적 인식을 기반으로 하나님의 뜻에 따라 현실개혁에 나서야 한다고" 생각했다.

그는 취리히의 아카데미 하우스 모임에서 에버하르트 뮐러를 만나 그를 통해 아카데미는 "루터교와 국가기관이 협력하여 나치로 인한 독일 국가의 실패를 극복하고, 기독교적이고 민주적이며 평화로운 독일을 논의하기 위한 대화"의 장소였음을 알게 되어 그러한 정신을 한국의 아카데미 운동을 도입, 실천에 옮기기 시작했다.

그는 1965년 한국기독교학술원의 설립으로 본격적인 아카데미 운동을 시작하였다. 이름이 중산층의 거부감을 살 수 있다는 이유로 '한국 크리스챤 아카데미'로 명칭을 변경하였으며[62] 크리스챤 아카데미는 교회의 선교와 사회봉사, 소외그룹, 여성 등 다양한 주제에 주목했다. 그 시대에 한국의 가장 긴급한 과제는 민생고 해결과 경제발전이었으므로 "아카데미는 '사람들로 하여금 생각하게' 하며 '피차 말하게' 하는 방법체제를 유치함으로써 민주주의 기본적인 훈련의 기회로 삼고자" 하였다.[63]

강원용이 사회참여활동을 하면서도 놓지 않으려 했던 기본적인 원

---

61) 박명림 장훈각, 『강원용 인간화의 길 평화의 길』, 199.
62) 「경향신문」, 1966년 11월 16일.
63) 박명림 장훈각, 『강원용 인간화의 길 평화의 길』, 205.

칙이 있다. Between and Beyond(중간 그리고 그것을 넘어서), 제3지대, 근
사적 접근(approximately approach) 등이다. 이 바탕에는 강원용의 화해의
신학이 있음을 염두에 두어야 한다.

'Between and Beyond'는 니버의 저작에서 얻은 통찰을 이론화하
는데 기준이 되었던 원칙이다. 폴 틸리히(Paul Tillich)가 스스로 '경계
선상'의 신학이라고 했던 것과도 닮아 있다. 강원용은 현실 속에서
양극단을 화해시키려 부단히 노력했으며 이 둘을 뛰어넘는 가치관
을 제시하는 일에 전력을 다했다. 강원용에게 전자는 'Between'이었
으며, 후자는 'Beyond'였다. 강원용은 이것을 다음과 같이 표현하고
있다.

> 나는 평생 이상과 현실 사이에서 균형과 조화를 이루려고 시도하며 살
> 아왔다. 나는 이상주의자도 될 수 없었고 낭만주의자로 살 수도 없었
> 다. 또 허무주의자로도 살지 않으려고 노력해왔다. 모든 것이 대립과
> 양극화된 상황 속에서 정치적으로나 종교적, 사회적으로 일관되게 내
> 가 지켜온 자리는 양극의 어느 쪽도 아니고 그렇다고 중간도 아닌, 대
> 립된 양쪽을 넘어선 제3지대였다.

제3지대는 현실정치에서는 균형의 길로 나타났다. 자신만이 옳다
는 믿음 위에 서 있는 사람은 이 길에 설 수 없었다. 강원용은 인간의
모든 결정, 전제, 행동은 항상 잘못이 있으며 제한적이기 때문에 하
나님의 심판 아래에 두어야 한다고 생각했다. 따라서 그는 스스로 절
대적인 선(善)이라고 생각하는 보수파와 급진파의 길에 몸을 두지 않
으려 했다. 오히려 보수와 혁신을 화해시키면서도, 제3의 길 또는 제
3지대에서 양심과 타협하지 않고 싸워나가는 길을 선택했다. 강원용

은 중간집단을 육성함으로써 장기적으로 체제변화와 개혁의 원동력이 민중 속에서, 민중에 의해 성장할 수 있는 방법을 택했다.

강원용에게 화해는 그리스도의 십자가로부터 비롯한 개념이었다. 궁극적으로는 십자가의 구원과 해방을 통해 사랑에 기반한 인간관계를 의미했다. 미움을 미움으로, 악을 악으로, 복수를 복수로 갚지 않는 것, 그리하여 서로 이해하며 사랑함으로써 공존하는 것이 화해였다.[64] 화해는 사회문제를 해결하는 강원용의 이상이 응축된 개념이었다. 중간집단에게 부여된 가장 중요한 의무도 대화를 통해 사회 내에서 화해를 실현해내는 일에 앞장섰다.

크리스챤 아카데미 이념의 밑바닥에는 '하나님의 형상을 지닌 인간의 존엄성'을 지키고 현실 속에 구현시킨다는 '인간화' 정신과, 극단의 대결이나 독단독선주의를 거절하고 대화를 통한 상생의 길을 모색한다는 기독교의 '화해의 정신'이 깔려 있다.

IV. 나가는 말

강원용은 기독교의 사회적 책임을 강조한 분이다. 사회에 복음의 메시지가 전달되어 온 피조물 전체가 하나님의 나라로 새롭게 되기를 소망했다. 20세기 기독교는 세계교회의 흐름 안에서 많은 시대적 과제를 안고 움직여 왔다. 그런 풍랑과 도전 앞에서 그는 에큐메니칼을 통해 한국의 현실과 세계교회의 방향을 연결시키는 중요한 가교의 역할을 해 왔을 뿐만 아니라 한국기독교의 에큐메니칼적인 전통과 경험을 전하는 데 중요한 기여를 했다.

---

64) 위의 책, 238,

그는 또 다른 대화적 삶의 틀을 만들어 내고 헌신했다. '종교간의 대화'를 한국 땅에서 창시한 목회자다. 종교간 대화는 구원론에 관한 대화담론이 아니다. 오히려 '종교인들'의 참된 '종교인 모습', 곧 종교인들의 세상구원을 위한 '인간화'를 말하려고 했다. 즉, '종교의 대화'가 아닌 '종교인들의 대화'였다. 그는 '사이'와 '넘어'가 공존하는 신앙, 이웃 사랑과 하나님 사랑이 합일되는 십자가 신앙, 보수와 진보가 결합해 제3의 길을 찾고자 하는 중간 매개 집단의 형성, 환경문제를 중심으로 한 세대간의 대화와 연대의 틀 닦기 등을 통한 '하나 됨'의 모색에 집중했다.

그는 '인간화'를 위한 노력으로, 크리스챤 아카데미를 통한 많은 교육 프로그램과 중간집단 형성에 기여를 하였다. 언제나 양극화 된 갈등 상황을 해소하고자 노력했으며 대립관계를 뛰어넘는 가치관을 제시하며 대화와 화해라는 장을 마련하고자 했던 목회자이자 사상가다. 그는 특히 교회의 반복되는 이분화 현상을 해결하기 위해서는 하나의 공동체로서 사회와 서로 긴밀하고 상호보완을 통해 성장을 이루어야 함을 강조하였다.

그가 빈들에서 외친 소리는 여전히 지금도 침묵과 무기력함에 서 있는 우리 모두에게 대화와 희망과 굳건한 믿음으로 현실을 바라보고 하늘의 소리를 외쳐야 한다. 특히 한국 사회와 교회관계에서 있어서 교회는 세상 도피적인 부분을 극복하고 역사에 대해 책임을 저야 함을 이야기하며 노력했던 그의 활동과 사상적 의의를 본 고찰을 통해 현 사회 안에서의 한국교회의 나아갈 길을 제시해 줄 것을 기대하며 그의 사상이 내포되어 있는 크리스챤 아카데미에 대한 심도 있는 연구가 계속 되어야 하겠다.

연보(年譜)

1917년 7월 3일 함경남도 이원군 남송면 원평리 출생

1931년 기독교에 입교

1940년 일본 메이지학원 영문학부 졸업

1948년 한신대 졸업

1949년 경동교회 목사

1955년 동 당회장(堂會長)

1954년 캐나다 매니토바대 졸업

1956년 미국 뉴욕 유니언신학대 졸업

1961년 세계기독교교회협의회 실행위원

1962년 명예 신학박사(캐나다 매니토바대)

1963년 크리스찬아카데미(현 대화문화아카데미) 원장(~1995)

1968년 세계기독교교회협의회 중앙위원(-1983)

1970년 국토통일 고문(-1984)

1972년 세계기독교사회운동기관협의회장

1973년 아시아기독교협의회장

1975년 세계교회협의회 실행위원

1980년 기독교교회협의회장, 국정 자문위원(~1988)

1984년 아시아종교인평화회의(ACRP) 회장, 세계종교평화회의 한
        국위원장(~1999)

1986년 한국종교인평화회의(KCRP) 회장, 아시아종교인평화회의
        총회장(~1996) 경동교회 명예목사(-2006)

1987년 서울올림픽조직위원회 문화예술행사추진위원회 위원장

1988년 방송위원회 위원장(~1991)

1994년 명예 철학박사(원광대), 세계종교인평화회의(WCRP) 공동장·명예의장(~1999)

1995년 명예 문학박사(이화여대)

1996년 크리스찬아카데미 이사장, '97세계공연예술축제대회장, 아시아종교인평화회의 명예회장(~2006)

1998년 통일부 통일고문회의 의장, 2002월드컵축구대회조직위원회 자문위원, 방송개혁위원회 위원장, 실업극복국민운동위원회 공동위원장

1999년 크리스찬아카데미 명예이사장(~2006)

2000년 한국기독교 100주년기념사업회 이사장, (사)평화포럼 이사장(~2006)

2001년 세종문화회관 후원회 총재(~2006)

2004년 (재)실업극복 국민재단 이사장

2006년 8월 17일 별세

1장 김필례 참고문헌

김필례, 최영욱.『성교육론』, 서울: 조선예수교서회, 1935.

김필례. "도와주며 사는 나라."「새가정사」통권 142호, 1966년 10월호.

_____. "희생적 봉사의 미덕을."『정신』1969년 1월 15일자.

_____. "가정과 청결."『새가정』, 1954년 7월호.

_____. "가사과(家事科)를 존중하라."『조선일보』, 1928년 1월 4일자.

_____. "주입적 교육의 폐혜: 교사는 사람 본위로 채용하고 학생은 열쇠 꾸
러미를 차 보라."『시대일보』, 1924년 3월 31일.

Mrs. CHOI PHIL LEY. The Development of Korean Women during the
Past Ten Years, *The Korean Mission Field*, November, 1923.

고춘섭.『연동교회 100년사』, 서울: 연동교회, 1995.

김명구.『복음, 성령, 교회』, 서울: 예영커뮤니케이션, 2017.

김영삼.『정신75년사』, 서울: 정신여자중·고등학교, 1962.

김정회.『송암 함태영』, 서울: 연세대학교 출판문화원, 2022.

민경배.『서울YMCA 100년사』, 서울: 서울YMCA, 2004.

서울여자대학교50년사편찬위원회.『서울여자대학교 50년사』, 서울: 서울여
자대학교, 2012.

연동교회90년사편찬위원회.『연동교회90년사』, 서울: 연동교회, 1984.

이기서.『교육의 길, 신앙의 길 - 김필례 그 사랑과 실천』, 파주: 북산책,
2012.

이송죽 외 4인.『김필례 그를 읽고 기억하다』, 파주: 열화당 영혼도서관,
2019.

이연옥.『대한예수교장로회 여전도회 100년사』, 서울: 신앙과 지성사, 1998.

이원화.『서울YWCA 50년사』, 서울: 동영인쇄주식회사, 1976.

유성희.『한국 YWCA 100년의 여정』, 서울: 대한기독교서회, 2021.

장영숙.『고종의 정치사상과 정치개혁론』, 서울: 선인, 2010.

정신100년사 출판위원회.『정신100년사』, 서울: 정신여자중고등학교, 1989.

함재봉.『한국사람만들기 Ⅱ - 친일개화파』, 광주: H프레스, 2021.

_____.『한국사람만들기 Ⅲ-친미기독교파』, 광주: H프레스, 2020.

엘리자베스 매컬리. 유영식 역,『케이프브레튼에서 소래까지』, 서울: 대한기독교서회, 2002.

이만열. 옥성득 편역,『언더우드 자료집』Ⅱ, 서울: 연세대학교출판부, 2006.

제임스 S.게일, 최재형 옮김.『조선, 그 마지막 10년의 기록 (1888~1897)』, 성남: 책비, 2018.

_____, 유영식 편역.『착한목자 - 게일의 삶과 선교 1,2』, 서울: 도서출판 진흥, 2013.

Anthony A. Hoekema. Created in God's Image, Michigan: Wm. B. Erdmans Publishing Company, 1994.

W. E 그리피스, 신복룡 역.『은자의 나라 한국』, 서울: 집문당, 1999.

김주용. "의사 김필순의 생애와 독립운동."「연세의사학」제21권, 2018년 1월호.

김문준. "김장생의 예학정신과 한국가정의 문화전통,"「한국사상과 문화」, 2017, 제90호.

도현철. "권근의 유교정치 이념과 정도전과의 관계," 「역사와 현실」 84권,
    2012년 6월호.
한규무. "한국개신교회의 기년(紀年)과 소래교회", 「기독교와 문화」, 제11
    집, 2019.

『대한예수교장로회 총회 제42 회록』

『고종실록』
『대한매일신보』
『한국기독공보』
『조선일보』
『동아일보』
『정신신문』

http://www.kwangsankim.or.kr/.

2장 이상재 참고문헌

게일. "사설-기일씨(奇一氏) 조선관(朝鮮觀)."「조선일보」1928년 11월 2일.

김권정.『월남 이상재 평전』. 서울: 도서출판 이조, 2021.

김을한. "일화로 살펴본 월남 선생 면모."『나라사랑 9집: 월남(月南)이상재 선생 특집호』. 서울: 외솔회, 1972.

김제관(金霽觀). "사회문제와 중심사상."『신생활』1922년 7월호.

김호일. "일제하 민립대학설립운동에 대한 연구."『中央史論』1(1972).

마서 헌트리.『한국 개신교 초기의 선교와 교회성장』. 서울: 목양사, 1995.

문정창.『軍國日本朝鮮强點 36年史 (上)』. 서울: 백문당, 1965.

민경배.『서울 YMCA 운동사』. 서울: 로출판, 1993.

_____.『日帝下의 韓國基督敎 民族·信仰運動史』. 서울: 대한기독교서회, 1991.

박찬승. "1920-1930년대초 민족주의 좌파의 신간회 운동론."『한국사 연구』. 한국사 연구회, 1993.

송진우. "전민족의 균등한 발전."『革進』 創刊號(1946. 1).

신흥우. "우리의 활로."『靑年』7권 8호(1927. 10).

_____. "조선일보 사설을 읽고."『청년』1926년.

여운홍. "헐버트박사와 나."『民聲』, 10월호(1949).

_____. "파리강화회의에 갔다가."『三千里』제10호(1930. 11).

月南社會葬儀委員會.『月南 李商在』(1929).

유재천. "일제하 한국신문의 공산주의 수용에 관한 연구."『동아연구』제9집 (1986. 10).

윤종일. "1920년대 민족협동전선연구." 박사학위 논문, 경희대학교 대학원,

1991.

윤치영.『윤치영의 20세기』. 서울:삼성출판사, 1991.

윤치호. "物質重視."「동아일보」1922년 4월 1일.

_____.『윤치호일기 5』1899년 1월 9일, 30일.

이광린. "舊韓末 獄中에서의 基督敎 信仰."『동방학지』, 1985.

이기형.『몽양 여운형』. 서울: 실천문학사, 1984.

이덕주.『한국 그리스도인들의 개종이야기』. 서울:전망사, 1990.

이상재. "我韓國人民의 當然한 義務."「황성신문」, 1909년 11월 14일.

_____. "光龍(承倫)三兄弟及長春妙一同見." 월남이상재선생동상건립위원
    회.『月南李商在硏究』. 서울: 로출판, 1986.

_____. "寄承倫諸昆季."『月南李商在硏究』. 서울: 로출판, 1986.

_____. "上政府書(二)."『月南李商在硏究』. 서울: 로출판, 1986.

_____. "時務書."『月南李商在硏究』. 서울: 로출판, 1986.

_____. "警告〈東亞日報〉執筆智愚者."『月南李商在硏究』. 서울: 로출판,
    1986.

_____. "祝新年."『月南李商在硏究』. 서울: 로출판, 1986.

_____. "警告〈東亞日報〉執筆智愚者."『月南李商在硏究』. 서울: 로출판,
    1986.

_____. "하나님의 뜻이 과연 무엇이냐."『百牧講演 2집』. 경성: 박문서관,
    1921.

_____. "청년이여."『靑年』6권 4호(1926. 3).

_____. "余의 經驗과 見地로브터 新任宣敎師諸君의게 告흠."『신학세계』
    제8권 6호.

_____. "연설-조선청년에게." 월남 이상재의 유성기 녹음,「제비표 조선레
    코-드 B143-A, B143-B」.

李仁. "植民敎育에 맞선 民立大學運動." 『新東亞』, 1969년 10월호.

전택부. 『한국 기독교청년회 운동사』. 서울: 정음사, 1978.

정병준. 『우남 이승만 연구』. 서울:역사비평사, 2005년.

정옥자. "紳士遊覽團考." 『역사학보』27(1965).

조병옥. 『나의 회고록』. 서울: 민교사, 1959.

조지훈. 『한국민족운동사』. 서울: 고대민족문화연구소, 1964.

차재명. 『朝鮮예수교長老會史記 上』. 경성: 조선기독교창문사, 1928.

한국학문헌연구소 편. 『朴定陽全集 3』. 서울: 아세아문화사, 1884.

_____. 『朴定陽全集 6』. 서울:아세아문화사, 1984.

한규무. "게일의 한국인식과 한국 교회에 끼친 영향." 『한국 기독교와 역
        사』. 한국 기독교 역사연구소, 1995.

한철호. 『친미 개화파 연구』. 서울: 국학자료원, 1998.

함상훈. "我黨의 主義政策", 『開闢』73號(1946. 1).

함태영. "기미년의 기독교도." 『신천지』통권 2호, 제1권 제2호(1946. 3).

현상윤. "3.1운동의 회상." 『기당 현상윤 전집 4』. 서울: 나남, 2008.

_____. "사모친 독립의 비원, 죽엄으로 정의의 항거-기억도 생생 31년 전
        장거." 『기당 현상윤 전집 4』. 서울: 나남, 2008.

_____. "三一運動 勃發의 槪略." 『新天地』1950년 5월.

Brockman, F. "Yi Sang Chai's Services to the Y.M.C.A," Korea Mission
        Field, 1927년 6월.

Craig, Albert. Chosuh in the Meiji Restoration. Cambridge: Mass, 1961.

F. M. Brockman's Annual Report for year Ending September 30, 1909.

F. M. Brockman's Annual Report for the year Ending September 30, 1907.

F. M. Brockman's Letter to Mr. J. R. Mott. May 13, 1903.

G. A. Gregg's Annual Report for year Ending September 30, 1909.

G. A. Gregg's Annual Report, year Ending September 30, 1907.

Gale, 장문평 역. 『코리언 스케치』. 서울:현암사, 1977.

Gale. J. S. History of the Korean People. Seoul: The Royal Asiatic Society.

Gale, J. S. "YI SANG CHAI," The Korea Mission Year Book, 1928.

Gale, J. S. Korea in Transition. Jenning & Graham Cincinnati, 1909, 신복룡 역. 『轉換期의 朝鮮』. 서울: 집문당, 1999.

Lyon, D. W. "Twenty-five Years Ago." The Korea Mission Field(1925, 12월호).

Moffett, Samuel H. "The Independence Movement and the Missionaries." Transactions, Royal Asatic Society, Korea Branch, Vol. 54, 1979.

Moore, Charles. The Chinese Mind. Honolulu:University of Hawaii Press, 1975.

Mr. Snyder's Report on December 3. 1913(YMCA 소장).

P. L. Gillett's Report for 1907.

松村松盛. "變い行く朝鮮の姿."『朝鮮統治の回顧と批判』. 京城:朝鮮新聞社, 1936.

「高等警察關係年譜」1922년 11월 23일.

高等法院檢查局思想部. "興業俱樂部事件關聯 申興雨 訊問調書." 1938년 9월.

公報室.『月南 李商在先生 略傳 2』.

京畿道警察部.『治安槪況』(1925. 5);『治安槪況』(1928. 5).

京地檢秘 第1253號, 地檢秘 第1253號.「民族革命ヲ目的トスル同志會(秘密結社興業俱樂部)事件檢擧ニ關スル件」1938년 8월 9일,『延禧專門學校同志會興業俱樂部關係報告』(1938년 8월 9일).

『大韓皇城鐘路 基督敎靑年會』(1908).

「독립신문」, 1896년 7월 4일.

「동아일보」1922년 4월 8일; 1923년 3월 30일, 5월 9일, 5월 17일; 1925년 9
　　　월 1일; 1927년 2월 17일.

『齋藤實 關係文書』742호.

朝鮮總督府.『施政 年譜』(1921).

朝鮮總督府.『官報』, 1919년 9월 14일.

朝鮮總督府警察局 編.『朝鮮 高等警察關係年表』(1930).

朝鮮總督府檢查局. "同志會及興業俱樂部の眞相."『思想彙報』16(1938. 9).

朝鮮總督府警務局. "興業俱樂部の檢擧狀況."『最近に於ける朝鮮治安狀況』
　　　(1938).

「조선일보」1927년 2월 16일.

「중앙청년회보」1914년 9월, 1915년 8월호

『皇城基督敎靑年會 開館式要覽』(隆熙2年 12月 1日).

"去年 今日을 回顧하고-民大 期成會 發起 1週年."「동아일보」1924년 3월 29일.

"故 奇一博士 略歷."「基督申報」1937년 2월 27일.

"敎勢, 朝鮮に於ける敎會と基督靑年會."「福音新報」1913. 8. 28.

"국민교육회 규측의 대요."「大韓每日申報」1904년 9월 9일.

"기독교회와 사회."「기독신보」1924년 10월 15.

"民立大學의 必要를 提唱하노라."「동아일보」1922년 2월 3일.

"民立大學期成委員派遣에 대하여."「동아일보」1922년 11월 30일, 12월 16일.

"世界大勢와 朝鮮의 將來."「동아일보」1925년 8월 26일-9월 6일.

"이상재심문조서."『한민족독립운동사자료집 16』.

"조선 목사의 日本觀."「福音新報」843호(1911년 8월 24일).

"韓國의 基督敎運動史,"「思想彙集」16輯(高等法院檢事局思想部, 1938).

海老名彈正. "일한합병을 축하한다."『新人』제11권 9호(1910. 9).

3장 김정식 참고문헌

강규찬, 김선두, 변인서/이교남 역. 『평양노회지경 각 교회사기』. 서울: 한
　　국기독교사연구소, 2013.

孤舟. "今日 朝鮮耶蘇教會의 欠點." 「청춘」 11(1917. 11).

_____. "耶蘇教의 朝鮮에 준 恩惠." 「청춘」 9(1917. 7).

고춘섭 편. 『연동교회 애국지사 16인 열전』. 서울: 대한예수교장로회 연동
　　교회, 2009.

김경완. "開化期小說 「多情多恨」에 나타난 基督教精神." 「숭실대학교 논문
　　집」 제28집(1998).

김교신. "故金貞植先生." 「성서조선」 100호(1937. 5).

김민섭. "1910년대 후반 기독교 담론의 형성과 '기독 청년'의 탄생-동경
　　조선기독교청년회를 중심으로." 「한국기독교와 역사」 제38호
　　(2013. 3).

김인덕. "일본지역 유학생의 2·8운동과 3·1운동." 「한국독립운동사연구」
　　13(1999).

김일환. 『1899-1904년 한성감옥서(漢城監獄署) 수감자들의 기독교 입교
　　에 관한 연구』. 서울: 북랩, 2023.

_____. "김정식(金貞植)의 옥중 기독교 입교와 출옥 후 활동." 「한국기독
　　교와 역사」 제57호(2022. 9).

김정식, "去驕說." 「태극학보」 제5호(1906. 12).

_____. "信仰의 動機." 「성서조선」 100호(1937. 5).

김재우. "구한말기 한국YMCA체육에 관한 연구." 「스포츠정보테크놀로지
　　연구」 1/1(2006).

김천배. 『기독교청년회의 체육 사업』. 서울: 서울YMCA, 1984.

노평구 편. 『김교신전집 6 일기 Ⅱ』. 서울: 부키, 2002.

류석춘, 오영섭, 데이빗 필즈, 한지은 편역. 『국역 이승만일기』. 서울: 대한 민국역사박물관, 2015.

박미경 역. 『국역 윤치호 영문 일기 5』. 과천: 국사편찬위원회, 2015.

_____. 『국역 윤치호 영문 일기 6』. 과천: 국사편찬위원회, 2015.

백남훈. 『나의 一生』. 서울: 解愠白南薰先生記念事業會, 1968.

변성호. "구한말 운동회의 정치적 성격에 대한 고찰: 운동회와 민족주의의 관계." 「한국학」 36/1(2013).

서울YMCA 편. 『YMCA 인물 콘서트-Y를 일군 사람들』. 서울: 한국기독교 역사연구소, 2014.

소금 유동식전집편집위원회 편. 『소금 유동식 전집 제6권 교회사: 재일 본 한국기독교청년회사, 韓國のキリスト敎』. 서울: 한들출판사, 2009.

숭실대학교 한국기독교박물관 학예팀 편. 『共嘯散吟 월남 이상재 선생 옥 사기록(獄舍記錄)』. 서울: 숭실대학교 한국기독교박물관, 2012.

신의연, 김연수, 정호택. "한국 근대 말 운동회의 다양성에 대한 고찰." The Journal of the Convergence on Culture Technology 8/5(2022).

신지연, 이남면, 이태희, 최진호 역. 『완역 태극학보 2』. 파주: 보고사, 2020.

안남일. "1910년 이전의 재일본 한국유학생 잡지 연구." 「한국학연구」 58(2016.9).

유동식. 『在日本韓國基督敎青年會史: 1906-1990』. 東京: 在日本韓國基督敎 青年會, 1990.

유영모. "故三醒金貞植先生." 「성서조선」 100호(1937.5).

_____. "故 金裕鴻, 白樂頵 兩君을 울음(上)." 「동아일보」 1926년 5월 26

일.

_____. "故 金裕鴻, 白樂顥 兩君을 울음(下)."「동아일보」1926년 5월 29
일.

유영식.『착흔목쟈 게일의 삶과 선교 1』. 서울: 진흥, 2013.

유영익.『젊은 날의 이승만: 한성감옥생활(1899-1904)과 옥중잡기 연구』.
서울: 연세대학교 출판부, 2002.

유춘동. "한성감옥서(漢城監獄署)의 〈옥중도서대출부(獄中圖書貸出
簿)〉연구."「서지학보」제40호(2012.12).

윤소영. "일본 도쿄지역 2.8독립운동 사적지 재검토."「한국독립운동사연
구」67(2019).

_____. "일제의 '요시찰' 감시망 속의 재일 한인 유학생의 2.8독립운동."「한
국민족운동사연구」97(2018), 39.

윤일주. "1910-1930年代 2人의 外人建築家에 대하여."「건축」
29/3(1985.6).

이능화.『朝鮮基督敎及外交史』. 경성, 조선기독교창문사, 1928.

이덕주.『새로 쓴 한국 그리스도인들의 개종 이야기』. 서울: 한국기독교역
사연구소, 2007.

_____. "재일대한기독교회에서 한국교회 파견목사의 지위 변천 과정."「한
국기독교와 역사」제42호(2015.3).

이상훈. "초기 재일조선인 선교에 대한 재고찰-미국 선교단체의 역할을 중
심으로."「한국기독교와 역사」제47호(2017.9).

이정선. "일본의 건축선교사 보리스의 생애와 사상 연구." 감리교신학대학
교 석사학위논문, 2006.

이준환. "鄭益魯의『國漢文新玉篇』의 체재와 언어 양상."「大東文化硏究」
89(2015).

이학래. 『韓國體育百年史』. 서울: 한국체육학회, 2000.

전택부. 『한국 기독교청년회 운동사』. 서울: 홍성사, 2017.

정한나. "재동경 조선YMCA의 토포스와 『기독청년』의 기독교 담론." 「인문사회과학연구」 17(2016. 5).

春園. "子女中心論." 「靑春」 15(1918. 9).

최승만. 『나의 回顧錄』. 인천: 인하대학교출판부, 1985.

최호석. "장응진 소설의 성경 모티프 연구-일본 유학 시절 작품을 대상으로." 「동북아문화연구」 제22집(2010).

표언복. "한국 근대소설 속의 기독교 조명 05: 계몽기 소설 속 교회사 풍경 두 장면." 「기독교사상」 통권738호(2020. 6).

하강진. "한국 최초의 근대 자전 『國漢文新玉篇』의 편찬 동기." 「한국문학논총」 41(2005. 12).

Bunyan, John. 긔일 역. 『텬로력뎡』. 경성: 삼문출판사, 1895.

Brockman, F. M. "Korean Students in Tokyo." *The Japan Evangelist* 14/4(April, 1909).

Clinton, J. M. "Korean Students in Tokyo." The Pioneer 4-1 (1909), 2-3.

_____. "The Korean Young Men's Christian Association." *The Christian Movement in Japan* (1908), 252-53.

Gillett, P. L. *Some Facts Regarding Christian Works among Korean Students in Tokyo*, 1909.

朴慶植. 『在日朝鮮人運動史: 8.15解放前』. 東京: 三一書房, 1979.

星野達雄 編. 『ゆたけき人再發見: YMCAをはぐくんだ人々』. 東京: 東京キリスト教青年會, 1983.

神山美奈子. "W. M. ヴォーリズがみた植民地朝鮮." 「名古屋學院大學論集 人文自然科學編」 55/1(2018).

鄭昶源. "W. M. ヴォーリズ(W. M. Vories)の韓國における建築活動に關する研究."「日本建築學會計畫系論文集」589(2005).

『고종실록』,『續大典』,『승정원일기』,『日省錄』,「官報」,「警務廳來去文」,「內部來文」,「開拓者」,「독립신문」,「매일신보」,「신학세계」,「조선일보」,「중앙청년회보」,「학지광」,「황성신문」,『예수교쟝로회대한로회 데삼회 회록』(1909)-『예수교쟝로회죠선총회 데삼회회록』(1914).

재일대한기독교회 동경교회. "교회 역사." http://www.tokyochurch.com/korean_new/intro/history/history.htm?year=&page=3&keyfield=&key=. [2024. 4. 6 접속].

4장 강신명 참고문헌

강신명.『강신명신앙저작집』1: 설교, 2: 강해. 서울: 기독교문사, 1987.

구성수. "예장 통합의 신학의 정체성 연구(1945년-1980년)." 신학박사학위논
　　　문. 서울장신대학교, 2020.

김명구.『소죽 강신명 목사: 교회와 민족을 위한 한 알의 밀알이 되어』. 경기
　　　광주: 서울장신대학교출판부, 2009.

데이턴, 도널드/ 배덕만 옮김.『다시 보는 복음주의 유산』. 서울: 요단,
　　　2003.

매카이, 존 A./ 민경배 옮김.『에큐메닉스』. 서울: 대한기독교서회, 1966.

맥그라스, 알리스터/ 신상길, 정성욱 옮김.『복음주의와 기독교의 미래』. 서
　　　울: 한국장로교출판사, 1997.

베빙턴, 데이비드/ 이은선 옮김.『영국의 복음주의, 1730-1980』. 서울: 한들,
　　　1998.

송인설. "레슬리 뉴비긴의 신학 발전: 에큐메니칼 복음주의에서 급진적 복
　　　복음주의로." 「선교와 신학」42집. 2017.

스토트, 존/ 김현회 옮김.『복음주의의 기본 진리』. 서울: IVP, 2002.

웨버, 로버트/ 이윤복 옮김.『젊은 복음주의자를 말하다』. 서울: 죠이선교
　　　회, 2007.

이강일. "한국개신교 복음주의운동 연구." 한국학중앙연구원 박사학위논
　　　문. 2015.

이형의. "서울장신 교훈의 성서적 고찰: 요 12:24, 땅에 떨어져 죽는 밀알의
　　　의미." 「서울장신논단」12. 2004.

이재근. 『세계 복음주의 지형도』. 서울: 복있는사람, 2015.

정병준. 『강신명 목사의 생애와 사상』. 서울: 한국장로교출판사, 2016.

_____. 『한국교회 역사 속 에큐메니컬 운동』. 서울: 오이쿠메네, 2022.

Bloesch, Donald G. *The Evangelical Renaissance*. Grand Rapids: Eerdmans, 1978.

Bosch, David J. "'Ecumenicals' and 'Evangelicals': A Growing Relationship?" *Ecumenical Review* 40(1988/7-10).

Fackre, Gabriel. *Ecumenical Faith in Evangelical Perspective*. Grand Rapids: Eerdmans, 1993.

Kuenneth, W. & P. Beyerhaus (Hrg.). *Reich Gottes oder Weltgemeinschaft?* Bad Liebenzell, 1975.

Packer, J. I. *The Evangelical Anglican Identity Problem: an Analysis*. Oxford: Latimer House, 1978.

Smith, Timothy L. "A Historical Perspective on Evangelicalism and Ecumenism." in *Mid-Stream* 22(1983).

5장 정경옥 참고문헌

고성은.『철마 정경옥 생애연구』. 서울: 삼원서원, 2017.

권오훈. "요한 웨슬레와 정경옥의 성화론 비교 연구." 미간행 석사학위논문, 목원대학교, 1991.

김경재.『아레오바고 법정에서 들려오는 저 소리』. 서울: 삼인, 2005.

김명구.『복음, 성령, 교회 재한 선교사들 연구』. 서울: 예영커뮤니케이션, 2017.

김영명.『정경옥』. 서울: 살림, 2008.

_____. "정경옥의 생애와 신학연구." 미간행 박사학위논문, 호서대학교, 2007.

김진형. "정경옥의 신학사상 연구." 미간행 석사학위 논문, 연세대학교, 1989.

김재준. 한신대학 신학부 교수단『金在俊全集. 13, 범용기(1), 새 역사의 발자취』. 오산: 장공김재준목사기념사업회, 1992.

김천배. "정경옥 교수의 면모."「기독교 사상」1958년 5월호.

김철손. "정경옥과 성서연구,"「신학과 세계」통권 제5호(1979년).

김흡영. "한국 조직신학 50년: 간문화적 고찰." 이화여자대학교 한국문화연구원 편,『신학 연구 50년』. 서울: 혜안, 2003.

목창균. "복음이란 무엇인가."『성결교회와 신학 3권』. 서울: 현대기독교역사연구소, 1999.

박용규. "정경옥의 신학사상."「신학지남」통권 제253호(1997년 겨울호).

박종천. "그는 이렇게 살았다: 정경옥의 복음적 에큐메니컬 신학(1,2)."「기독교 사상」(7-8, 2002).

선한용. "철마(鐵馬) 정경옥 교수의 생애에 대한 재조명." 『정경옥 저작선집 1: 기독교신학개론』. 서울: 감리교신학대학출판부, 2005.

송길섭. 『한국신학사상사』. 서울: 대한기독교출판사, 1992.

신광철. "정경옥의 생애와 사상에 대한 연구 및 자료의 검토." 「한국기독교 역사연구소소식18」(1995).

심광섭. "정경옥의 복음주의적 생(生/삶)의 신학." 『정경옥 교수 추모기도회 및 강연회 자료집』. 서울: 감리교신학대학교 역사자료관, 2004.

안수강. "한치진의 『基督教人生觀』을 통해서 본 1930년대 한국교회상: 문 제점 진단 및 개선방안 제시를 중심으로." 「韓國敎會史學會誌」 46(2017).

양주삼. "序." 『基督敎의 原理』.

역사위원회 편. 『한국감리교 인물사전』. 서울: 기독교대한감리회, 2002.

이광수. "今日朝鮮耶蘇敎會의 欠點." 「靑春」 11(1917).

이만열. 『한국기독교문화운동사』. 서울: 대한기독교출판사, 1992.

이덕주. "〈교리적 선언〉과 『기독교의 원리』에 대한 한국교회사적 의미." 기 독교대한감리회 교육국, 『교리적 선언과 정경옥의 기독교 원리에 대한 연구』(서울: 기독교대한감리회, 1996)

_____. "감신 삐라 사건." 「기독교세계」 2000년 7·8월호.

_____. "정경옥의 귀거래사." 「세계의 신학」 (여름 2002).

_____. "정경옥의 조선 성자 방문기." 「세계의 신학」 (가을 2002).

_____. "초기 한국교회 토착신학 영성." 「신학과 세계」 제53호(2005.6).

이정혁. "1930년대 한국교회 정경옥과 박형룡의 신학 비교 연구." 미간행 석사학위논문: 감리교신학대학교 신학대학원, 1997.

이재근. "매코믹 신학교 출신 선교사와 한국 복음주의 장로교회의 형성, 1888-1939." 「한국기독교와 역사」 제35호(2011년 9월 25일).

이헌규. "정경옥 신학 사상에 관한 연구: 신학의 시대화와 향토화를 중심으로." 미간행 석사학위논문: 감리교신학대학교 신학대학원, 2000.

유동식. "한국 신학의 광맥(4): 정경옥 편."「기독교사상」(1968.4).

_____.『한국감리교회의 역사 I 』. 서울: 도서출판 KMC, 1994.

윤성범. "鄭景玉, 그 人物과 神學的 遺産."「신학과 세계」(1979.10).

尹致昊日記 8, 1920년 2월 9일. 서울: 國史編纂委員會, 1987.

윤춘병.『한국감리교 교회성장사』. 서울: 감리교출판사, 1997.

_____. "정경옥 교수의 저작전집을 발간하면서",『정경옥 저작전집』.

정경옥 저작편찬위원회 편.『기독교신학개론』, 서울: 감리교신학대학교 출판부, 2005.

_____.『기독교의 원리 외 3종』, 서울: 감리교신학대학교 출판부, 2005.

_____.『기독교사(번역)』, 서울: 감리교신학대학교 출판부, 2005.

_____.『정경옥교수의 글모음』, 서울: 감리교신학대학교 출판부, 2005.

_____.『기독교신학개론』, 서울: 삼원서원, 2010.

차재명.『조선예수교장로회사기(하)』,『한국장로교회 백년사』. 서울: 대한예수교장로회총회, 1989.

한숭홍. "정경옥의 신학사상(1,2)."「목회와 신학」(11, 12월 1992).

Alister McGrath, Evanglicalism& the Future of Christianity, 신성일 정성욱 역『복음주의와 기독교의 미래』. 서울: 한국장로교출판사, 1997.

David Bebbington, Evangelicalism in Modern Britain: *A History from the 1730s to the 1980s*. London: Unwin Hyman, 1989.

Donald W. Dayton, "Some Doubts about the Usefulness of the Category 'Evangelical'." The Variety of American Evangelicalism, ed. Donald W. Dayton & Robert K. Johnston. *Knoxville: The University of Tennessee Press*, 1991.

Thomas Oden, "The Death of Modernity and Postmodern Evangelical Spirituality", *The Challenge of Post-modernism*, ed. David S. Dockery. Wheaton: A Bridgepoint Book, 1995.

「교리와 장정」(서울: 기독교대한감리회 출판국, 2012)

「基督教朝鮮監理會 敎理와 章程」, 1931.

「會況」, 靑年, (1921년 3월호).

「韓國敎會史學會誌」 제44권(2016).

국민일보 (2010. 10. 22.) "혜성 같은 삶 정경옥 목사, 오늘의 한국교회에 말을 건다면."

6장 강원용 참고문헌

강원용. 『역사의 언덕에서 1』. 서울 : 한길사, 2003.

_____. 『빈들에서 1』. 서울 : 열린문화, 1993.

_____. 『역사의 언덕에서 4』. 서울 : 한길사, 2003.

_____. 「에큐메니칼 운동과 사회문제」, 『벌판에 세운 십자가』. 서울 : 현암
　　　사, 1967.

_____. 「아시아의 혁명과 크리스챤의 응답」. 『강원용전집 2』. 서울 : 동서
　　　문화사. 1995.

_____. 『빈들에서 2』. 서울 : 열린문화, 1993.

_____. 『강원용전집 1: 폐허에서의 호소』. 서울 : 동서문화사, 1995.

_____. 『역사의 언덕에서 3』. 서울 : 한길사, 2003.

_____. 『강원용 전집 5 : 세계를 향한 목소리』. 서울: 서문당, 1979.

고범서. 『강원용과의 대화』. 서울 : 평민사, 1987.

김경재. 『공공신학에 관한 한국 개신교의 두 흐름, 공공철학 시리즈16』. 동
　　　경: 동경대학출판회, 2006.

김경재 외 6명. "여해 강원용 그는 누구인가? : 한신대 신학대학원 목요강좌
　　　강연집." 서울 : 대화문화아카데미, 2013.

박근원. 『여해 강원용 목사 평전』. 서울: 한길사, 2017.

박명림 장훈각. 『강원용 인간화의 길 평화의 길』. 파주 : 한길사, 2017.

서굉일. 『일제하 북간도 기독교 민족운동사』. 서울 : 한신대학교출판부,
　　　2008.

신풍운동편집위원회 엮음. 『한국기독교의 신풍운동』. 서울 : 대한기독교서
　　　회, 2016.

조선예수교장로회.『조선예수교장로회 22회 총회회의록』

폴 틸리히, 남정길 역.『사랑 힘 정의』. 서울 : 전망사, 1986.

한국기독교장로회.『한국기독교장로회 41회 총회회의록』

한국기독교장로회.『한국기독교장로회 59회 총회회의록』

헬렌 멕레이, 연규홀 옮김.『팔룡산 호랑이』. 오산 : 한신대학교 출판부,
    2010.

김치성. "윤동주 시의 발생론적 연구 북간도 기독교 공동체의 에큐메니컬
    정신을 중심으로."「우리말 글」69(2016.6).

Man's Disoder and God's Design, *The Amsterdam Assembly Series*(New
    York: Haper & Brothers, 1948) 유석성. "에큐메니컬 운동의 신학
    과 사회윤리의 주제."「신학사상 103」(1988).

이우재. '내가 겪은 사건 2 1979년 크리스챤 아카데미 사건.'「역사비평」
    (1991.2).

전 철. "만우 송창근의 교회론 연구."「신학연구 67」(2015.12).

「경향신문」, 1966년 11월 16일.

「경향신문」, 1970년 9월 23일.

교갱뉴스, 2004년 6월 21일.

「동아일보」, 1971년 3월 30일.

"한국사회의「양극화」인간화를 위한 진단과 처방"「동아일보」1971년 4월 6
    일자.

『하늘문화신문』, 2006년 9월

복음·교회·국가: 서울지역 기독교 인물 연구

초판 1쇄 발행 2025년 4월 14일

지은이 김정회 김명구 김일환 송인설 김석수 김영신
펴낸이 민상기
편집장 이숙희
편집자 민경훈

펴낸곳 도서출판 드림북
인쇄소 예림인쇄
제책 예림바운딩
총판 하늘유통

·**등록번호** 제 65 호 **등록일자** 2002. 11. 25.
·경기도 양주시 광적면 부흥로 847 경기벤처센터 220호
·Tel (031)829-7722, Fax(031)829-7723